KB070671

고교학점제 준비를 위한
북적거림의 학교

머리말

2018년 우리 학교는 '수업실천사'라는 책자를 발간하였습니다. 자발적으로 몇몇 선생님들이 이룬, 수업에 관한 학교 자산이었다고 생각합니다. 수업 개선이라는 교육계 화두 속에서 본교 교사들이 힘을 합쳐 자신들이 실시하고 있는 학생활동중심수업을 소개하는 책이었습니다. 배움의 공동체, NIE, 거꾸로 수업, 토론식 수업, 하브루타 수업, 프로젝트 수업 등 교과의 특성에 맞는 수업을 다른 선생님들께 소개하고, 저변 확대 및 일반화하기 위한 목적으로 편찬하였습니다.

2019년은 더 내실 있고, 밀도 있는 이야기 책자를 발간하기로 선생님들과 약속을 하였습니다. 2018년 수업실천사가 수업에 포커스를 맞춘 책이라면, 2019년 수업실천사는 학생활동중심에 주안점을 둔 이야기가 있는 책입니다.

'북적거림의 학교'라는 이 책의 제목은 2018년 수업실천사 마지막 글에 써진 표현이었습니다. '북적거리다'를 사전에서 찾아보면, '(많은 사람들이 조금 넓은 곳에) 모여 어수선하게 움직이다'라고 의미가 설명되어 있습니다. '어수선하게'를 긍정적으로 해석했고, '움직이다'는 학생활동중심 수업을 하는 학생과 교사의 모습으로 생각했습니다. 우리 학교 학생과 교사의 모습에 가장 최적화된 표현이라 여겼습니다. 이것이 바로 '북적거림의 학교'라는 제목이 탄생하게 된 배경입니다.

제1장은 '조용한 학교'입니다. 지금의 학교 모습이 아니라 오래된 과거 학교 모습을 수필 형식으로 이야기했습니다. 이 글을 읽는 학부모 독자는 과거의 기억을 떠올리며, 회상에 잠기고, 친구들과 그 당시 추억을 대화할 것입니다. 반면에 요즘 학교 다니는 학생들은 신기해하며, 부모님의 학창시절을 간접적으로나마 엿볼 수 있을 것이고, 그래서 부모님을 또한 이해할 수 있을 것입니다.

제2장은 '북적거림의 학교'입니다. 현재 본교에서 실시되고 있는 일부 교육프로그램을 소개하며, 학생과 교사 간의 시끌벅적한 현재 학교 모습을 이야기로 보여주고 있습니다. 학부모 독자는 당신들의 학창시절과 비교해 보며, 크게 변화한 학교 모습을 통해 요즘 학생들이 무엇을 하고, 무엇을 배우고, 무엇을 생각하는지 접하게 될 것입니다.

제3장은 '북적거림의 밑그림'입니다. 제2장에서 소개한 교사와 학생 교육 활동에 대한 본교 교육 프로그램 설계를 일부 제시하였습니다. 아마 이 부분은 교사 독자들에게 유용하게 사용될 것이라 생각됩니다.

2018년, 2019년에 편찬한 이 책은 본교 교사들 스스로 이룬 순수한 결과물입니다. 부서의 일도 아니고, 학교로부터 의뢰받은 일도 아닙니다. 누군가가 주도해서 시작한 일도 아닙니다. 진정성 있는 선생님들이, 자신이 하고 있는 교육활동을 스스로 평가하고, 피드백 받기 위해 자발적으로 시작한 활동입니다. 또한 더 발전하기 위한 우리들의 노력입니다.

2020년에도 아마 또 다른 모습의 수업실천사가 발간될 것입니다. 이 책을 펼 수 있도록 물심양면으로 도움을 준 학교에 감사의 말씀을 전하고, 어떠한 대가 없이 집필해주신 모든 선생님께 감사의 마음을 전합니다.

2019년 11월. 송도고등학교 집필진 일동

3. 북적거림의 밑그림

1 · 조용한 학교

배움의 기쁨

學而時習之[학이시습지]면 不亦說乎[불역열호]아?
배우고 때때로 그것을 익히면 또한 기쁘지 않겠는가?

論語[논어]의 가장 첫 구절입니다.

習[습]은 어린 새가 날기 위해서 날개짓을 하면 하얀 솜털이
보인다는 것으로 꾸준히 날개짓하는 모양입니다.

說[열]은 기쁨입니다.
단순한 기쁨이 아니라 온 몸에 짜릿한 전율을 느끼는 '희열'입니다

성적 향상, 대학 합격, 자격증 획득, 다이어트, 수영 배우기, 외발자전거 타기 등
무언가를 배우면서 목표를 정하고 꾸준히 노력하여
무수히 많은 날갯짓으로 어린 새가 드디어 하늘을 나는 것처럼
목표를 이루는 날은 짜릿한 희열을 느끼게 됩니다.
희열을 많이 느끼는 사람일수록
행복한 삶의 크기도 더 커지게 됩니다.

출처 _ 논어(論語) / 해석 : 한문 교사 송헌

나의 기억
나의 과거 그리고 현재의 나

북적거림의 학교

지리 교사였던 손진창 교장

PROLOGUE

본교 선생님들께서 요즘 수업의 대세인 학생활동중심 수업을 소개하는 책자를 발간하겠다는 의사를 나에게 표현하였다. 2018년부터 본격적으로 본교에서는 전문적학습공동체를 위한 교수-학습센터를 만들고, 선생님들이 자유롭게 그곳에서 수업에 대해 협의하고 소통할 수 있도록 공간 마련을 하였다. 관련 도서를 구입하고, 회의 공간을 마련하고, 협의 중 간단히 먹을 수 있는 간식거리(실상 교사 무료 편의점)를 학교 예산으로 지원하였다. 남에 의해서가 아니라 스스로 공부하여, 연구하겠다는 선생님들이 너무 대견(?)하여 물심양면으로 지원해 드려야겠다는 생각을 하고, 여기저기서 예산을 끌어왔다. 이것이 본교 학생활동중심 수업의 본격적인 서막이었다.

어느 날 선생님들께서 2019년에는 그동안 고생했던 수업에 대한 내용으로 책을 출간하시겠다고 하였다. (사실 2018년도에도 교사들을 중심으로 『수업실천사』라는 책을 발간하였다. 이번엔 한 단계 업그레이드된 책자라 한다. 수업실천사 책이 발간되고 나서 나 스스로 우리학교 , 선생님들의 모습이 정말 아름다워 "걱정하지 마세요"라고 대뜸 말을 내놓았다.

다음 날 다시 모 선생님께서 교장실에 들어오셔서, "교장 선생님, 글 한 편 써주세요"라고 당돌하게 말을 건넸다. 또 앞을 내다보지 않고, "물론이죠" 라고 답변을 하였다. 큰 문제다. 예산과 글… 예산은 어떻게 해보겠지만, 글쓰기는 자신이 없었고(변명하자면 교장으로서 일이 바빠서…), 그렇다고 내뱉은 말을 되돌릴 수도 없고 하여, 과거의 기억(일화)을 끄집어내기 시작했다.

참고로 내가 맡은 주제는 "조용한 학교"였다. 지난날의 우리나라 수업 방식을 서술하는 내용이었다. 어찌 글을 시작할까 하다가 과거의 나의 은사, 그들로부터 배운 나의 수업 방식을 떠올리며 자판을 누르기 시작했다. 사실 나의 글은 현재 학생활동중심 수업하는 교사들의 비교 대상의 글이다. 하지만 이렇게까지 기회를 준 선생님들의 배려에 정말로 기쁘고, 고맙기도 하였다.

써 내려가는 글의 내용을 이해하시는 분들은 어마어마했던 그 당시 과거의 추억(?)에 잠기실 것이고, 이해 못 하는 분들은 "와우~ 예전에 수업이 이랬어?"라고 감탄하실 것이다. 아무쪼록 즐겁게 글을 읽어 주셨으면 하는 바람입니다.

선행학습(?)의 효과

초등학교부터 대학교까지 16년 동안 기억에 남는 선생님들이 계신다. 초등학교 시절 선생님들은 나에게 진로와 진학에 영향을 주셨지만, 그것을 수용하기에는 내가 너무 어렸다. 그래도 칭찬과 사랑을 많이 주셔서 그 분들이 기억 속에 남아 있다.

극성스러우셨던 할머님 덕분에 초등학교 입학 전 '가갸거겨'를 선행한 탓으로 1학년 종업식장에서-당시 베이비부머로 학생 수가 매우 많았음-성적 우수자 수상자로 가장 먼저 이름이 불려 어리둥절했던 기억이 생생하다. 말 그대로 선행학습의 효과를 톡톡히 보았고, 겨우 한글을 해독하셨던 할머니의 선견지명이 빛을 발휘했던 순간이었다. 그 덕분에 2학년 담임 선생님께서는 나를 유독 챙겨주시고 사랑해 주셨던 것으로 기억에 남아 있다. 홍역으로 학교를 못 가고 있을 때에 집에 오셔서 걱정해 주시던 눈빛이 또한 내 맘 속에 생생하다.

반복 학습의 중요성(암기식 교육)

　나는 초등학교 시절, 입학 전 선행학습 덕분에 스타트업을 빨리해서 선생님들로부터 항상 칭찬받는 모범생 대우를 받았었다. 중·고등학교 시절은 세 분의 선생님이 나의 성장에 큰 영향을 주셨다. 중학교 1학년 때의 영어 선생님, 고등학교 3학년 때에 수학 선생님, 중학교와 고등학교에 걸쳐 나의 진로 선택에 가장 많은 영향 주신 지리 선생님.

　중학교 1학년에 갓 입학한 첫 날 영어 수업 시간이었다. 선생님께서는 영어 알파벳 쓰기 노트에 인쇄체 대문자 소문자, 필기체 대문자 소문자를 백 번씩 써오는 숙제를 내주셨다. 그 당시에도 할머님이 계셨지만, 영어를 모르셨는지 연세가 드셨는지 영어에 대한 선행학습 없이 중학교에 입학한 상태였다. 새로운 글자에 호기심으로 정말 열심히 외웠고, 그 덕에 지금도 알파벳 필기체를 누구보다도 잘 쓸 자신이 있다. 그러던 어느 날부터 문장을 배우기 시작하였다. 'I am a boy. I am a girl'. 여하튼 선생님은 그날 배운 것을 무조건 100번씩 써오는 숙제를 꼬박꼬박 내주셨다.

　처음 문장을 배우고 숙제를 한 다음 영어 시간에 지금도 잊지 못할 사단이 일어났다. 선생님께서 숙제 검사 도중에 아이들의 볼을 꼬집으셨다. 그것도 100번씩이나… 영문을 몰라 조마조마한 상태에서 내 차례가 되었다. 역시나 내 볼을 살살 꼬집으면서 말씀하시길 문장의 마지막엔 꼭 마침표를 찍어야 한다고 하셨다. 100번을 쓰기 바쁜 지경에 마침표를 찍는다는 생각은 전혀 못했었고, 사실 그 전까지는 누구도 문장의 마침표를 찍어야 된다고 가르쳐 주신 분들은 없었었다. 그 가르침으로 나는 지금도 문장의 마침표를 열심히 꼭 찍는다. 중학교 1학년 영어 선생님이셨던 오경자 선생님은 반복적인 완전 학습의 원리를 아시고, 우리들에게 적용하셨던 것 같다. 오경자 선생님은 서울에서 고등학교 교장 선생님으로 정년을 마치셨고 지금도 동창들을 만나면 선생님과의 에피소드를 새기며 옛 추억을 회상한다.

공포의 교실(문제풀이를 위한 교육)

고등학교 3학년 때 수학 선생님은 그 해 전근해 오셨었는지 성함은 기억이 안 떠오르지만 선생님의 별명은 또렷하게 기억난다. Viper(독사)였다. 학교 규칙이 엄하던 시절 학생주임이셨던 선생님의 수업 시간은 그야말로 공포의 시간이었다. 그 당시 대학입시제도는 예비고사와 대학이 주관하는 본고사로 진학하였다. 자신이 진학하고자 하는 대학이 위치한 지역과 예비 지역으로 다른 1곳의 지역을 지원하여 지역 정원의 2배수를 뽑는 예비고사의 시대였다. 예를 들어 서울 소재 대학에 진학하고자 할 때는 서울과 다른 지역인 경기도를 선택하여 지원하였다. 서울 소재 고등학교를 다녔던 우리는 서울 지역의 예비고사에 떨어지면 지방 대학을 가야 하기 때문에 전교생 중에서 어느 반은 전원 합격했는가와 누가 서울 지역 예비고사에 떨어졌는지가 관심사였다. 하지만 우리들은 국•영•수를 비롯해서 문과 학생들도 과학 4과목과 기술 공업 과목까지 총 16과목으로 치르는 예비고사에 떨어진다는 생각보다는 대학 본고사 대비에 열중하였다.

Viper 선생님의 수학 시간도 마찬가지로 본고사 대비를 하였었다. 선생님께서도 첫 수업 시간에 교재는 일본 대학 기출 문제집인 일본 책으로 진행한다고 말씀하셨다. 영어 교재도 일본 동경대 기출 문제집으로, 수학도 동경대 기출 문제집으로 수업하신다는 것이었다. 일본어를 모르는 우리들이지만 수학 문제는 일본어를 몰라도 문제를 풀 수 있었다. 그러나 난감했던 것은 교재가 아니라 수업 방식이었다.

선생님께서는 단원의 첫 시간에만 수업을 하시고, 나머지 시간은 몇 페이지부터 몇 페이지까지 숙제를 내주셨다. 수학에 별 흥미가 없는 문과생들인 우리는 '숙제 안 하면 손바닥 몇 대 맞고 말겠지'라는 안일한 생각에 적당히 하고 다음 시간을 맞이했다. 수업이 시작되자 선생님께서는 독사의 눈빛으로 우리를 쏘아 보시면서 '너, 너, 너, 너, 나와서 너는 몇 번 문제, 너는 몇 번 문제를 칠판에 풀엇!'. 교실은 긴장감이 돌았고 고개를 숙이지도 못하고 눈도 마주치지 못한 채 제발 나만 걸리지 말기를 기도하는 마음으로 꼿꼿하게 앉아들 있었다.

문제를 못 푼 아이에게 내려지는 징벌은 우리의 상상을 넘어섰다. 선생님의 찰랑찰랑한 생고무질의 슬리퍼가 아이들의 볼따귀에 사정없이 달라 붙었다. 한 쪽 볼을 꼬집혀서 피하지도 못하고 다른 한 쪽의 맞은 볼은 벌겋게 부어오르고 아이는 바들바들 떨면서 눈물만을 흘렸다. 그야말로 교실은 공포의 도가니로 변하고, 교실은 싸늘한 냉장고가 되었다. 드디어 수업을 마치시면서 '다음 시간은 몇 페이지부터 몇 페이지까지! 반장! 차려~ 엇! 경례!'.

요즘에는 상상도 못 할 체벌이었지만 그 당시에는 공부를 안 하면 맞아도 용납이 되는 시절이었다. 집에 가서는 또 다른 부모님들의 질책이 기다리고 있었다. 위로보다는 맞아도 싸다는 생각이 지배적인 그 시절에는 고등학교 등록금이 없어 학업을 포기해야만 했고, 등록금을 내지 못하면 집으로 쫓겨 가는 시기였기에, 공부가 가장 우선이었고 학교 선생님은 그림자도 밟지 마라는 말이 있을 정도로 선생님은 존경의 대상이었다. 그런 선생님이 '오죽했으면 때렸겠느냐, 너 잘되라고 때리는 것이지'라고 정리되었다. 그런 시절이었으니 하소연할 데가 없는 우리들은 그 날 이후 수업이 끝나면 모여 앉아 다음 수학 시간을 위한 문제 풀이에 골몰하였었다.

점차 시간이 지나면서 우리들은 일본 동경대 기출문제를 거침없이 풀게 되었다. 예비고사를 앞둔 마지막 수업 시간에 선생님께서는 '방정식이든 미적분이든 x 값에 0, -1, 1을 넣고 풀어라'라고 말씀하셨고, 수학을 싫어했던 나에게는 하늘에서 내려온 구원의 황금 동아줄과 같았고 든든한 보험과도 같았던 말씀이셨다. 실제 답은 그 중에 있었다. 10년이 지난 후 교사로서 학교에 부임했을 때도 그 범위를 벗어나지 않아 나의 경험을 학생들에게 비법인 양 알려 주었던 적도 있다.

돌이켜 생각해 보면 고등학교 3학년 수학을 가르치셨던 독사 선생님은 우리에게 자기주도적 학습의 중요성을 일찍이 깨닫게 해주신 분이라 생각된다. 강압적이었지만… 지금도 안경 너머로 우리를 주시하시던 독사의 눈빛이 생생하다.

그 시절 학생활동중심 교육

   나의 진로에 가장 큰 영향을 주신 분은 이수진 지리 선생님이다. 이름을 보면 여자 선생님이 연상되지만 선생님은 남자셨다. 내가 지리학과를 선택하고 지리 교사로 평생을 재직한 것도 모두 이수진 선생님 덕분이다.

   선생님과의 첫 대면은 중학교 1학년 사회 시간이었다. 선생님께서는 칠판에 세계지도를 멋지게 그려 놓으시고 책은 보시지도 않고 수업을 진행하셨다. 선생님 수업 시간이면 마치 여행을 다니고 있는 느낌이 들었다. 미디어 기기가 발달되지 않았던 시절에 우리는 백지도로 수업을 하였다. 지리부도를 펼쳐 놓고 백지도에 색연필로 산맥을 그리고, 평야를 칠하고, 강줄기를 표시하고, 산맥 이름과 평야 이름, 높은 산 이름, 도시 이름을 써놓는 등 온갖 정성을 다해 집중하였다. 등고선을 배울 때는 마분지를 오려서 층층이 쌓은 다음에 고도별로 해발고도가 높은 곳은 짙은 고동색을, 낮은 지역은 옅은 갈색으로 칠하여 한눈에 구분이 되도록 하였다. 쉬는 시간에는 자연스럽게 지명 빨리 찾기 게임으로 이어졌다. 국내 도시 이름뿐 아니라 다른 나라 찾기, 다른 나라 도시 찾기 등 특별한 놀거리가 없던 시절에 교실 내에서 할 수 있었던 게임이었던 것으로 기억된다.

   선생님의 수업은 교과서 내용에만 머무르지 않았고, 각 나라 사람 사는 얘기로 이어져 우리에게 그 나라에 대한 상상의 나래를 펼치게 하였다. 그 당시 유명 인사 중에 세계 여행가로 알려진 김찬삼 교수가 있으셨다. 배낭 하나 메고 전 세계 무전여행을 다니셨기에 모든 사람들의 부러움을 받았다. 먹고 살기가 빠듯해서 한가하게 여행 다닌다는 자체를 생각하기 어려운 시절에, 언감생심 세계 여행은 생각해 본 적도 없었고, 그래서 그 분은 우리들에게 막연한 미래의 한 줄기 희망이었다.

   김찬삼 교수에 기인한, 세계에 대한 막연한 호기심은 그 당시 베스트셀러가 된 '세계 여행기 전집'을 읽고, 더욱 거세졌다. 이 책은 질 좋은 종이에 내용과 더불어 사진도 수록되어 있었다. 지역의 풍경 사진뿐만 아니라 그 지역 주민들과 함께 찍은 사진까지 소개되어 있어 우리들의 호기심을 충족시켜줬으며, 한편으로는 꼭 가보고 싶은 동경의 대상을 만들어 주기도 하였다.

당시 도서 구입은 서점보다는 외판원들의 방문 판매를 통해 이루어졌다. 서점에서 목돈을 주고 구입하기에는 부담이 컸었기에 대부분은 외판원을 통해 매달 갚아나가는 할부로 구입하였다. 이 때 외판원들은 수익을 더 많이 올리기 위해 김찬삼 세계 여행기+국내 여행기+한국 문학 전집 등을 끼워 팔았다. 형제가 4명인 우리 집도 예외 없이 할부 구매로 우리 책상에 꽂히게 되었다. 흑백 TV도 귀하고, 변변한 놀이도 없던 시절이었기에, 시간이 남으면 그 책들을 꺼내서 이리 넘겨 보고 저리 넘겨 보면서 그 시절을 보냈었다. 그 때 끼워팔기로 구입했던 한국문학전집을 중학교 1학년 겨울 방학 동안 독파하여, 동화책을 보던 어린이에서 소설을 읽는 청소년으로 성장했다. 이 때 읽은 한국문학은 고등학교 국어 성적에도 영향을 주었고 지금도 유식한 척(?) 할 수 있는 바탕이 되었다.

우리에게 넓은 세상에 대한 견문을 넓혀 주셨던 이수진 지리 선생님은 지금으로 보면 학생중심 수업을 하셨던 것이다. 지리는 암기할 것이 많은 과목이라는 오명을 듣고 있지만 선생님께서는 '지리는 말 그대로 이해하는 학문'이라는 것을 수업을 통해서 가르쳐 주신 분이었다.

진화하지 못한 '나'

이수진 선생님의 영향을 받아 지리과로 진학한 나는 고등학교 때에 배웠던 것과는 다르게 좀 더 세분화되고, 전문화된 분야에 접근하면서 보다 폭넓은 학문의 세계를 접하게 되었다. 지리 교과 학습을 다시 만나게 된 것은 교생 실습 기간이었다. 고등학교 시절에 배웠던 그 교과서였다. 국토지리 교과서. 교과 담당 지도 선생님이 실제 수업 실습을 하라고 지시한 부분은 내가 교사가 된 후에도 정말 가르치기 답답하고 재미없었던 단원이었다. 동해 어장, 남해 어장, 서해 어장에서 잡히는 어종들에 대한 내용이었다. 수업 발표를 위해 학습지도안을 만들고 지금과 같은 미디어기기가 없던 시절이라 학습용 괘도(chart)를 만들기 위해 지도를 그리고, 지도 위와 옆에 그림과 글씨를 쓴 시청각 자료를 만들어 수업을 진행했지만 결국은 암기를 쉽게 할 수 있는 요령만을 가르친 꼴이 되었다.

교사가 된 후, 나의 수업은 학생들의 내용 이해나 창의력 계발과는 거리가 먼, 그저 학력고사를 잘 치루기 위한 수업이었다. 교과서보다는 보충교재에 의존한 전달식의 수업이었고, 선다형 문제의 정답을 찾기 위한 반복적인 문제풀이가 주된 수업 방식이었다. 학년별로 약간의 수업 방식의 차이는 있었지만 그리 크게 벗어나지 못한 비슷한 수업이었다. 칠판에 판서하면서 설명하는 수업은 내가 학교 다니던 시절의 수업 방식과 같은 형태였다.

대학 시절 교육학 수업은 실제 현장 수업에 관한 내용이 없었다. 대학 교육학 수업 내용은 외국 교육학 이론을 답습하는 과정이었다. 초임 교사인 나로서는 고등학교 시절의 수업 방식을 답습할 수밖에 없었다. 또한 주변 선배 선생님들도 나와 비슷한 수업 방식이었다. 그나마 열정이 있는 선생님들은 학생들이 필기한 공책을 걷어와 도장을 찍어 돌려주면서 정리가 부족한 학생들은 체벌을 하는 것이 일상적인 모습이었다.

교직 초년기의 교사로서 '성적 향상은 학생들의 집중도에 기인한다'라는 생각을 항상 갖고 있었다. 따라서 수업 집중도를 높이기 위해 수업을 엄하게 이끌어 갔다. 그나마 발문 수업으로 진행된 시간은 학생들의 반응을 살펴 가면서 진행됐지만 그나마도 그리 많지는 않았고 기껏해야 '알았지?', '아까 설명했잖아!', '어~ 휴. 이런 돌~들'. '자! 다시 설명할 테니 잘 들어! ~~~ 알았지? 넷!!!', '다음 시간은 교과서 몇 페이지의 지도와 도표를 그려올 것. 이상 수업 끝'. 이게 전부였다.

　모의고사 출제 범위를 맞춰야 했기에 수업은 조금의 여유도 없이 진행되었다. 모의고사가 끝나면 자습(야간자율학습의 옛말)하면서 점수가 낮은 학생들에게는 질책을 쏟아부었다. 여기서 당시 1980년대 대학입시가 어땠는지 잠깐 설명을 하고자 한다.

　학력고사는 인문 계열과 자연 계열로 구분하여 계열별로 수험 교과목이 달랐지만 수험과목 수는 교육부 교육과정에 따라 1981학년도~1993학년도: 총 14 과목. 국어 I, 수학 I, 외국어[A] 비롯 한문, 국사, 국민윤리, 정치, 경제, 지리, 기술/가정, 남학생의 경우, 실업과목 4과목(농업, 공업, 상업, 수산업) 중 택1, 여학생은 가사로 고정, 사회과목 4과목 전부, 과학과목 4과목 중 택1 등 사실상 고교 전 과목이 시험범위였다. 필기 320점, 체력장 20점으로 340점 만점이었다. 학력고사는 사고력 측정이 아니라 암기 능력 시험이기에 외우고 풀고를 반복해야만 했다.

　1994년부터 시작된 대학수학능력시험은 통합 교과서적 사고력을 측정하는 문제로 출제되었고, 수험생의 선택권을 넓히는 한편, 출제 과목 수는 줄여 입시부담을 덜어주는 데 역점을 두었다. 그러나 학교 현장의 수업 방식은 크게 변화하지 못했다. 다만 교과서와 보충교재 위주의 수업에서 교과서 밖에서 지문들이 문항으로 출제되어 고전에 대한 중요성이 더해졌다. 택리지, 동국여지승람 등의 옛 서적들은 비교적 출제의 빈도가 높은 고전에 속하였기에 담당 교사들도 고전 읽기를 하게 되었고, 정기고사 출제 시에도 관련 문헌을 참고하게 되었다. 여하튼 대학입시제도의 변화는 수험생들을 가르치는 교사들에게는 수업 방식의 선택을 요구받게 되었다. 기존의 학력고사를 잘 치르기 위한 수업 방식과 같이 암기 위주의 전달 수업이냐, 사고력 신장 계발을 위한 수업 방식이냐의 선택에 놓이게 되었다.

EPILOGUE

요즘의 수업 모습과 우려… 그리고 기대

지금은 수업을 담당하지 않지만 다른 선생님들의 활발한 수업 연구 활동을 보면서 많은 것을 느낀다. 2020년 마이스터고를 시작으로 2025년도는 일반계 고등학교도 고교학점제 시행을 예고하고 있다. 시행을 두고 몇 가지 걱정이 앞선다. 학생이 자신의 진로를 찾기 위해 선택한 교과목의 개설되어 있는가와 개설된 교과목의 지도 교사 수준이 학생들의 요구하는 전문성을 갖춘 교사인가?

고교학점제는 학생들의 학업 능력 신장에 목적을 둔다. 자기의 진로와 적성에 맞는 과목을 수강하여 자신의 미래를 스스로 개척하도록 하고 있다. 학생은 교사의 수준을 넘지 못한다는 말이 있듯이 교사의 전문성과 능력에 따라 학생들의 학업 능력이 좌우된다. 한 학교에서 학생들이 희망하는 모든 교과를 지원하기 위해서는 현재의 교원 수급 상황으로 전공(교사자격증 표시 과목) 이외의 다과목 지도가 예상된다. 교사들 간의 갈등은 접어두더라도 학생들의 욕구를 충족시킬 수 있는 교사들의 학습지도에 어려움이 예상된다. 개설된 교과목의 교사진이 구성되어 있더라도 어느 교사는 희망 학생 수가 많고 어느 교사는 희망 학생 수가 적어 강좌가 폐강된다면 그 교사의 지위는 어떻게 보장될 수 있는지 등 우려되는 점들이 있다,

최근 학교현장에서 전문적 학습공동체 모임이 활발하게 활동하고 있다는 점은 매우 고무적이다. 여러 교과의 교사들이 모여서 교수- 학습 개발과 나눔을 갖는

다는 것은 바람직하다. 그러나 실제 학교현장에서는 여러 교과의 활동보다는 동교과의 교과협의회가 효과와 효율성이 클 것이다.

학교 현장의 소통 부재는 교사와 학생, 교사와 학부모 사이뿐만 아니라 교사와 교사들 간에도 소통이 원활하지 못하다, 교장, 교감과 교사들 사이는 그렇다 하더라도 고경력 교사와 저 경력 교사들 사이에는 보이지 않게 세대 차와 보수와 진보의 이념 차이 등으로 막혀 있는 것이 현실이다. 이러한 막힘은 학생 지도에도 영향을 주게 된다, 한 학년 동 교과를 여러 선생님이 나누어 수업할 때 학급 간 성취 수준의 차이가 발생하지 않도록 유의해야 한다, 동 교과 교과협의회는 이런 문제점을 최소화할 수 있게 한다,

우리 학교에서는 교과협의회 활성화를 위해 정례화하였다. 국어과 영어과 수학과 사회과 과학과의 5개 교과목을 한 주에 한 번씩 매일 5교시에 정기적인 협의회를 갖도록 하였다. 정례화된 후에 교과별로 차이는 있지만, 전반적으로 학생 활동 중심 수업에 대한 관심이 높아졌다고 한다, 교과협의회의 만남을 통해 수업에 대한 어려움 등을 나누게 되면서 동질감을 갖게 되었다. 선배 교사들의 경험담 후배 교사들의 최근 수업 모형에 대한 얘기로 선후배 교사 사이에 자연스러운 교감이 이루어지고 있다, 교과협의회 활성화는 뜻을 같이 하는 교사들이 모여 전문적 학습공동체로 발전하게 되었다.

전문적 학습공동체는 수업 연구를 위해 거꾸로 수업, 하브루타 수업, 프로젝트 수업 등 그 방면의 수업 연구 전문가를 초청하여 연수를 받거나 수업연구 발표를 통해 자율장학을 실천하고 있다. 최근 교사들의 연구 모임은 이미 중학교에서 자유학기제 활동을 경험한 학생들이 고등학교에 진학한 후에도 수업에 흥미를 잃지 않도록 하는 학생활동 중심 수업 연구에 힘을 쏟고 있다. 또한, 대학입시에서 수시 모집 비중이 크고 수시 모집 중에서도 학생부 종합 전형이 큰 비중을 차지하고 있다.

'수업 – 평가 – 기록'의 일체화는 교사들에게는 큰 부담으로 작용하고 있다. 학

생의 활동을 자세하고 정확하게 기록하기 위해서는 학생 활동 중심 수업이 우선돼야만 하며 수업 중에 다양한 활동이 평가가 이어지고, 정확한 평가는 공신력을 갖는 기록이 된다. 그러므로 이제 교사는 단순한 지식 전달자가 아니라 수업을 디자인하고, 학생들의 창의성을 일깨워 주고 학생들의 미래를 도와주는 조력자를 원하고 있다. 교사들은 이러한 사회적 요구를 귀담아 들어 전문성을 개발하여 수업전문가가 되어야 한다. 이런 면에서 우리 학교 선생님들의 학생들에게 쏟는 열정과 노력에 진심 어린 박수를 보낸다.

나의 조용했던 학창시절 이야기

√ 학생과 교사

나는 3학년이다. 아니 3학년이었다. 26년 전에…

26년이라는 세월, 세월이라고 표현하니까 나 스스로 많이 늙은 듯한 분위기가 느껴진다. 나이는 숫자에 불과하다는 어느 광고 문구가 생각난다. 하지만 나이가 들어가는 내 입장으로는 이 광고 문구가 스스로의 마음을 안심시키기 위한 위안의 표현이 아닐까 생각한다.

16년 전 송도고등학교에 들어와서 교사 생활을 시작했다. 첫 수업을 하려고, 참고 도서를 뒤지며 분주하게, 설레며, 심장이 두근두근거리며 수업 준비를 했던 기억이 아직도 생생하다. 그때 수업 준비는 내가 26년 전 선생님들께서 수업하셨던 방식과 별반 다르지 않은 형식을 따랐던 듯하다. 교과서를 보고, 참고서를 뒤져보며, 관련 내용의 문제를 찾아내 직접교수법으로 수업을 진행했다. 나는 50분 동안 떠들고, 학생들은 초롱초롱(?)한 눈빛으로 내 수업 내용을 받아 적으며 조용히 따라왔다. 내가 고등학생으로서 수업 받던 90년대 초반과 내가 교사로서 수업을 하는 2000년 초반의 모습 속에서 낯설지 않은 느낌을 받았다.

2018년 교감 선생님께서 나를 불러 '교수-학습센터' 업무를 맡기셨다. 그 전까지 3년 간 3학년을 가르쳤기에 생소한 업무가 나에게는 많이 당황스러웠다. 수업 개선 확산을 시키기 위한 업무였다. 그러기에는 나 스스로 수업 개선을 해야 했다. '학생중심수업'. 개념조차 알지 못했던 단어였다. 하브루타, 거꾸로 수업, 배움의 공동체, PBL 등 다양한, 처음 접해보는 수업 기술들이 그간 교육 현장에 뿌려지고 있었다. 처음에는 생소한 수업 기술이었지만, 시대 흐름을 내가 거스를 수는 없었다. 유튜브를 보고, 관련 서적을 찾아보고, 먼저 이런 수업 기술을 적용한 선생님들께 조언을 받아가며 나만의 수업 방식을 만들어 가기 시작했다. 지금은 다소 서투르지만 '배움의 공동체'라는 형태를 내 수업에 도입하여 실시하고 있다. 과거 초년생이던 내 수업 방식과 가장 큰 차이점은 학생활동중심 수업을 하다 보니, 수업 중 누워있는 학생들이 현저히 줄었다는 것이다.

  학교라는 공간은 변화가 다소 더딘 곳이다. 하지만 큰 단위 시간으로 생각하면 분명 변하고 있는 것은 확실하다. 혼자만 공부하면 되던 시대에서 함께 토론하고, 생각을 공유하는 모습으로, 직접교수법보다는 학생활동중심수업으로, 수동적인 학습 자세에서 능동적인 학습 자세로 변모가 이루어졌다. 과거 조용한 학교에서 현재는 북적거리는 학교로 변화를 이루고 있다는 것이다.

√ 1990년대 교실 모습

  1990년도에 나는 고등학교에 입학을 했다. 국민학교(현재 초등학교) 6학년부터 친구들과 농구에 빠져서 중학교 시절 내내 농구만 했다. 그러니 농구부가 있는 송도고등학교에 너무나도 입학을 하고 싶었다 -송도고등학교 농구부는 우리나라에서 매우 유명하다. 유희영, 이충희, 정덕화, 홍사봉, 강동희, 신기성, 김승현, 김선형 등 기라성 같은 선수들을 배출한 학교이다-

  꿈에 그리던 송도고등학교에 입학을 했고, 동아리도 농구 동아리에 가입을 했다. 하지만 대학 입학이라는 관문 앞에 서 있는 나에게 '공부'라는 두 글자는 지극히 현실적인 단어였다. 고3 때 기억을 더듬어 보면 고되고, 힘들고, 숨 막히는 시간이었지만 가장 기억이 또렷한 시절이었다. 반 친구들과 우정을 더욱 돈독히 했고, 짬짬이 나눴던 대화 그러면서 선생님 몰래 했던 이런저런 것들…(?)

아침 자습

나는 등교를 아침 6시(고3 때만)에 했다. 그 당시 송도고등학교는 도시에 있는 바다가 보이는 시골학교였다. 물론 모든 학생들이 이 시간에 등교한 것은 아니고, 대학을 가고 싶어하는 나만의 몸부림이었다. 학생들 대부분은 7시 30분까지 등교를 했다. 그리고 오전 자율학습을 시작한다. 담임 선생님이 교실에 들어오시고, 우리는 조용히, 엄숙히 자습을 시작한다. 우리를 담당했던 담임 선생님은 말수가 적으셨다. 아침 교실에 들어오실 때는 항상 책을 읽으시면서 들어 오신다. 키도 크셨다. 체격도 좋으셨다. 운동을 많이 하신 분이라서 체격이 매우 좋으셨다. 우리는 그분의 카리스마에 눌려 있을 수밖에 없었다. 그래서 우리는 언제나 조용했다.

1990년도 학교는 '때림(?)'의 문화였다. 선생님들 모두는 손에 지휘봉 같은 몽둥이를 하나씩 들고 다니신다. 수업 설명할 때도 사용하시고, 우리들의 신체(엉덩이와 허벅지 중간의 말랑한 부분)와 스킨십 하실 때도 언제나 애용하신다.

조용히 아침 자습을 하다 보면 다른 반에서 곡소리가 들린다. 시작된 것이다. 어제 야간 자습(현재 야자라 줄여 부름) 도망자에 대한 응징의 부가음이다. 그때는 '야자를 빼달라', '엄마가 집에 오라고 한다', '오늘 생일이라서…' 등과 같은 문장이 존재하지 않았던 시절이었다. 진짜로 구급차 실려 가는 상황이 아니면 무조건 남아서 야간 자습까지 했어야만 했다. 물론 우리 반은 자습 도망가보겠다는 상상조차 하는 학생이 없었다. 이유는 담임 선생님 때문이었다. 체벌(공식적 표현. 정확히 구타)을 거의 하지 않은 선생님이었지만 너~~무 무서웠다. 딱 한 번, 도전 정신이 강한 어떤 학생이 시도를 했다. 물론 다음날 적발이 되었다. 프로야구 구경을 갔던 그 친구가 TV화면에 잡힌 것이었다. 체격이 크셨던 선생님은 왜소했던 그 친구를 번쩍 들어 교실 출입구 문에 던져 버리셨다. 그 이후로는 어떤 도전의 미동도 없었다.

수업시간

체육, 음악, 유도, 미술, 교련 과목을 제외한 모든 수업 방식은 똑같았다. 물론 고3이라는 입시를 앞둔 상황이라서 더더욱 그랬겠지만…(사실 1, 2학년 때도 마찬가지였다). 교과목 선생님께서 교실에 입장하신다. 그 당시 우리학교는 교단이라는 것이 있어서 그 위에 선생님들께서 올라가시면 위압감은 더 크게 느껴졌다. "어제 어디까지 했지?", "오늘 며칠이지?" 수업 시작 전 대부분 선생님들의 멘트다. 전자의 멘트는 진도를 묻는 것이어서 큰 두려움이 없지만, 후자의 멘트는 우리를 긴장하게 만든다. "오늘 2일이니까 2번, 12번, 22번, 32번, 42번, 52번 앞으로…"(그 당시 우리 반은 58명이었다). 문제를 풀어야 했다(특히 수학이 가장 심했다). 내 번호가 아니면 다행이지만, 내가 걸렸다면 휴~~~. 물론 문제의 정답을 맞히면 아무 문제가 없다. 하지만 그렇지 않을 경우, 우리에게 다가오는 건 몽둥이로 변신한 지휘봉이 우리의 거기(앞서 서술한 신체의 일부분)와 스킨십을 하게 된다. 그것도 최소 5번 이상으로… 진짜 아프다.

또 다른 선생님은 들어오시자마자 인사를 받고, 판서를 하기 시작하신다. 30분간의 판서. 우리는 그 사이 교과서나 노트에 조용히 받아 적어야 한다. 그리고 20분간의 설명. 설명이라기보다는 판서된 내용을 읽어 주신다. 그러면 50분이 끝난다. 사실 우리 입장에서 생각하면 이런 방식으로 수업하시는 선생님이 가장 편안하고, 평온했다. 우리가 조용히 있기만 하면 우리의 신체도 행복, 안전할 수 있었기 때문이다.

그래도 당대 최고 유행했던 수업 방식은 '밑줄 쫙'이었다. 과목별 내용 중 가장 중요한 것만 골라서, 시험에 출제될 가능성이 높은 내용만 골라서 '밑줄 쫙' 해주시는 선생님이 가장 고마웠다. 학력고사(나는 대학으로 말하면 93학번. 학력고사 마지막 세대)에서는 그것만 외우면 되기 때문이다. 한 때 교육방송에서 한○국어가 유명했었다. 그 강사의 수업 방식이 바로 '밑줄 쫙'이었고, 학교 현장에서도 많은 선생님들이 그 수업 방식을 받아들인 것으로 알고 있다.

요즘 학생들은 수업시간에 누워서 명상(?)을 하는 학생들이 꽤 있다. 학생활동 중심수업으로 전환을 해서 그 수가 줄어들긴 했지만 아직도 존재한다. 예전에는 수업시간에 존다는 것 또한 존재하지 않은 학생들의 행동이었다. 혹여 그런 친구가 있으면 바로 선생님이 호출하신다. 그 친구 역시, 최소 5번의 스킨십이 이루어진다. 그러니 '눈뜨고 잔다'는 말이 그 당시 생겨났다.

지금은 사라진 교육 용어 중에 하나가 '단체 기합'이다. 사실 교육 용어는 아니고 군사 용어라 생각한다. 학교 시험이 끝나고 나면 반 평균이 집계된다. 집계된 반 평균으로 반별 등위가 매겨진다. 우연히(?) 꼴등이 된 반은 또 타작이 시작된다. 시험 잘 본 학생, 성적이 오른 학생들도 열외는 없다. 모두의 잘못이기에 선생님께 단체 기합을 받는다. 모두의 잘못인지는 모르겠는데, 그 당시는 무언가 잘못했다는 느낌을 우리 스스로 가졌고, 단체 기합 받는데 나름 우리 모두 용인했던 거 같다. 반에 도난 사고가 발생할 때, 시끄럽게 몇몇 학생이 떠들었을 때, 시간 약속을 지키지 않았을 때… 단체 기합이 시작된다. 단체 행동의 중요성을 매우 강조했던 시기였던 듯하다.

이 글을 읽는 분들 중 비슷한 시기에 학창시절을 보냈던 분들은 아마 동의하고, 과거의 기억이 새록새록 떠오를 것이다. 아마 요즘 학생들이 읽는다면 거짓말이라고 하거나 글의 재미를 위해 부풀려졌다고 생각할 것이다. 하지만 사실이다.

점심시간

점심시간은 50분이다. 현재 우리학교는 점심시간이 80분이다. 학생들은 그 시간에 자율적으로 동아리와 체육활동을 하고 있다. 물론 점심시간에 점심 식사를 하는 것은 당연한 것이다. 이런 당연한 행위가 우리에게는 당연하지 않았다. 요즘 학생들은 급식을 모두 먹는다(인천은 초, 중, 고등학교 학생 모두 무상 급식이다).

1990년대는 학교에 급식 시설이 없었기에 학생들 모두 점심, 저녁을 도시락으로 가져와야만 했다. 음악 시간에 음악을 하고, 체육 시간에 체육을 하고, 수학 시간에 수학을 해야 한다. 하지만 점심시간에는 점심을 먹지 못했다. 3-4교시 사이, 쉬는 시간에 식사를 해결했다. 배고파서가 아니었다. 점심시간에 내가 좋아하는 농구를 온전히 하기 위한 것도 아니었다. 자습을 해야 했다. 대학을 가기 위한 또 다른 나의 몸부림도 아니었다. 누군가(키도 크고, 체격도 건장한 분)의 지시와 명령이었다. 4교시 종이 치면 그분도 교실에 들어오셔서 독서를 하신다. 명령만이었으면 우리의 불만도 언젠가는 터졌을 것이지만, 담임 선생님께서도 들어오셔서 독서를 하시니, 뭐라 할 말이 없었다. 물론 이 순간도 우리 모두는 조용해야만 했다. 그랬던 그분의 열정이, 아마도 내가 이곳에서 그분과 함께 교사 생활을 하게 만들었는지도 모르겠다.

야간 자습

오전 보충수업이 끝나고, 본 수업을 마치면 다시 오후 보충수업을 한다. 그리고 저녁시간. 정말 즐거운, 하루의 피로를 풀고, 스트레스도 해결할 수 있는 시간이다. 이때는 담임 선생님께서도 교실에 들어오셔서 독서를 하지 않으신다. 퇴근하신다. 가끔 저녁 자습 감독 순번이 되면 학교에 남으시긴 한다.

정확하지는 않지만 오후 6시부터 9시까지 자습을 했던 것으로 기억한다. 58명의 구성원 중 농구부 두 명의 친구만 체육관으로 운동하러 가고, 남은 56명은 또 다시 침묵의 3시간을 버텨야 한다. 철저한 감독 선생님 때문에 그런지 학교 전체가 조용하다. 조금이라도 소리가 들리면 어느 순간 교실에 들어오셔서 응징을 가하신다. 조용히 잠을 자도 응징을 하신다.

이렇듯 1990년대는 공부를 하기 위해서 무조건 조용히 해야 했다. 공부라는 것은 조용한 환경이 뒷받침돼야 비로소 공부하는 것처럼 보인다고 선생님이나

부모님은 생각했던 것이다.

　물론 우리도 그렇게 믿고 있었을 것이다. 요즘은 수업이나 야자 시간에 다소 시끌벅적하다. 개인적인 대화를 나누는 것이 아니라, 교수-학습의 변화로 학생들에게 주어진 과제를 해결하기 위해 삼삼오오 뭉쳐서 토론과 토의를 하는 것이다. 1990년대는 지식을 머릿속에만 간직하게 했던 교육이었다면, 지금은 간직된 지식을 입을 통해 꺼내는, 실생활에 적용하는 교육을 하고 있는 것이다. 지금 나는 공부하기 위해서는 조용히 해야 한다는 전제 조건이 잘못됐음을 말하는 것이 아니다. 그 당시 교육 문화는 그게 정답이었고, 하나의 공부 스타일이었다.

대학 입시

　요즘 대학 입시의 명칭은 대학수학능력시험이다. 물론 이것만으로 대학을 가는 것은 아니다. 수시와 정시 제도로 무수히 많은 전형 방법을 통해서 대학에 입학한다. 그나마 내가 대학을 갔던 방법과 유사한 제도는 정시이다. 대학수학능력시험(수능)의 점수만으로 대학에 입학하는 것이다. 나는 93학번으로서 학력고사 마지막 세대다. 학력고사 아래서 '선지원 후시험' 제도를 겪었던 세대이다. 쉽게 말하면, 내가 가고 싶은(사실 '갈 수 있는'이라는 표현이 더 정확하다) 대학에 먼저 지원을 하고, 전국에 있는 지원한 고등학생들이 그 대학에 모여 시험을 치르는 제도였다.

학력고사는 문과 학생들을 기준으로 볼 때, 국어, 영어, 수학, 정치, 문학, 독일어, 윤리, 국사, 생물, 한문(국어 문제 중 일부), 지리, 세계사 등의 과목을 평가한다. 국어는 75점, 영어는 60점, 수학은 55점, 윤리, 국사는 25점, 나머지 과목은 20점 만점으로 총 320점이다. 거기에 체력장 점수 20점이 추가된다. 결국 340점 만점의 시험이었다.

지금처럼 다양한 전형이 존재하던 시절이 아니기에 수험생 모두는 340점이라는 숫자에 얼마나 가까이 다가가느냐가 합격의 관건이었다. 누가 더 많이 외우고, 여러 번 반복 공부를 했고, 깊게 공부했느냐와 학력고사 시험 성적과는 비례했다. 그래서 항간에 떠도는 소문 중 수학의 정석 10번 이상, 성문 영어 10번 이상 반복 공부를 해야 소위 말하는 SKY에 입학할 수 있다는 말이 있을 정도였다. 4시간 자고 공부하면 대학에 합격하고, 5시간 자면 대학에 떨어진다는 4당 5락이라는 표현도 있었다.

결국 우리는 원하는 대학에 입학하기 위해 책상에 앉아 책을 보고, 연습장에 암기를 위해 수없이 많은 단어를 반복적으로 썼고, 하나라도 더 맞히기 위해 문제풀이만을 학교에서 해왔던 것이다. 그 때의 문화를 비관적으로 보거나, 부정하는 것은 아니다. 그 때는 누구나 그랬으니까… 하지만 지금의 관점에서 본다면 정말로 적막한 공간에서의 공부였던 것 같다. 하지만 장점 또한 있었다. 지금의 대학 입시 제도는 고등학교 들어와서 대학에 합격하기까지 평가에 있어서 한 번의 실수만 있더라도 원하는 대학에 들어가는데 다소 어려움이 있을 수 있다. 하지만 그 때는 학력고사 시험만 잘 보면 되기 때문에 조금 늦게 공부에 임해도 충분히 극복할 수는 있었다.

√ 지금의 우리학교 모습

내가 학창시절 때 학교 와서 하는 일은 단 하나였다. 책을 펴고 외우고, 문제풀이 하는 것이다. 물론 친구들과의 대화, 체육활동 등도 있기는 했다. 요즘 학생들은 확연히 다른 삶을 살고 있다. 우리학교 학생들만의 모습일 수도 있지만, 학생들은 학교에 와서 하는 일이 정말 많고, 다양하다. 학생부 종합전형을 준비하기 위한 활동이라 볼 수도 있지만 우리학교 학생들은 자기가 관심 있는 교육적 프로그램에 매우 진정성 있는 자세로 활동을 한다. 봉사활동, 교과 및 동아리 부스 운영, 동아리 활동, R&E, 토론, 학생회 활동, 과학 실험, 농사, 벌 키우기, 교외 체험활동, 강연회 참가, 모의 유엔, GCF활동 등 하는 일이 정말 많다. 가끔 이런 수많은 활동보다 학력고사 단 한 번의 시험 준비가 더 깔끔하다는 생각을 한 적도 있다.

하지만 이런 교육 프로그램을 준비하고, 참여하는 과정에서 학생들의 사고력이 향상되는 모습, 협업하는 모습, 스스로 성장하는 모습을 보면서 교육 방법도 많이 달라졌고, 이런 방향으로 발전을 해야 한다는 생각을 한다.

나는 조용한 학교에서, 조용히 공부하며, 조용히 생활을 해왔다. 지식을 머릿속에 넣는 활동에만 몰입 해왔다. 지금 학생들은 시끌벅적한 학교에서 북적거리면서 생활을 한다. 머릿속에 있는 지식을 입으로 꺼내고, 서로 친구들과 소통하며 지식을 나누고 있다. 그런 지식의 나눔 속에서, 친구들과의 협업 속에서 어떻게 사회에 적응해야 하고, 앞으로 어떻게 살아가야 하는가를 체득하며 교육 활동을 학생들은 하고 있다.

때로는 조용히, 때로는 북적거리는 요즘 학생들의 학창시절 이야기… 아마 내 제자들은 그런 학창시절의 이야기를 시간이 꽤 흐른 뒤에 이런 지면을 통해서 서술하게 될 것이다.

참고로 앞에서 서술했던, 우리 고3 담임 선생님(키가 크고, 체격이 좋으셨던)은 현재 본교 교장으로 재직 중이시다.

2 . 북적거림의 학교

길고 짧음의 기준은?

尺有所短 寸有所長 [척유소단 촌유소장]
한 자[30cm]의 길이도 짧을 수가 있고,
한 치[3cm]의 길이도 길 수가 있습니다.

물건(物件)은 쓰는 용도(用途)에 따라
가치(價値)가 있을 수도 있고 없을 수도 있으며,
또한 지혜가 있는 사람도 일에 따라서는 어리석은 사람만 못하고,
어리석은 사람도 때에 따라서는 지혜가 있는 사람보다 나을 수 있습니다.

성적이 우수하거나 열등한 학생,
칭찬을 받거나 꾸중 받는 학생,
부지런하거나 게으른 학생,
모두 다
쓰임이 있고 가치가 있는
언젠가는
보석 같은 존재일 것입니다.

출처 _ 초사(楚辭) / 해석 : 한문 교사 송헌

CHALLENGE FOR CHANGE

북적거림의 학교

영어 교사 정현희

큰 열정을 안고 남고 교단에 선 여교사 J

Are you sleeping	Hello, students~!
Are you sleeping	Hello, Britney!
Brother, John	How are you?
Brother, John	I'm so great!
Morning bells are ringing	Let's study hard,
Morning bells are ringing	Enjoy our English.
Ding Dang Dong	It's so good~
Ding Dang Dong	Here we go!

"그 덩치도 키도 큰 남자아이들을 어떻게 가르치니? 막 징그럽고, 무섭지 않아?"

남고에 부임하게 되어 다 큰 남자아이들을 가르친다고 하니, 주변 어른들이 하나같이 J씨에게 이런 걱정어린 말들을 해 주었다.

대학 조기 졸업 후 남들보다 일찍 사회에 나오게 된 여교사 J씨는, 학생들과 몇 살 차이나지 않는 여교사라 남학생들을 대하는 것에 대한 긴장감과 걱정을 안고 학교생활을 시작했다. 하지만, 부임한 송도고등학교 학생들은 영화나 드라마에서 보던 것처럼 거칠고 무례한 아이들이 없이 순둥순둥한 눈빛으로 새로 온 여교사 J씨에게 친절하고 매너 있게 대해주었고 매 수업시간마다 반겨주었다.

J씨는 대학에서 열심히 배운 이론과 교생실습의 경험을 바탕으로 즐거운 수업을 이끄는 멋진 영어 교사가 되리라는 큰 포부를 안고 교단에 섰다. 어떻게 하면 새로 온 영어 선생님에 대한 아이들의 이런 기대에 부응하며 좋은 수업을 해 줄

수 있을까 고민하며, 열심히 교재를 연구하고 핸드 아웃을 만들고 주입식 교육
이 아닌 방식의 다양한 수업을 준비해 보았다.

하지만 일부 아이들은 영어라는 과목 자체를 너무나 어렵게 생각했고, 외국어
가 아닌 외계어라 생각하며 수업 시작 전부터 많이 자고 있었고, 그들을 깨워서
수업의 활력을 불어넣는 데까지 많은 아까운 시간들을 보내야만 했다. 이 시간
들이 아깝다고 생각하여 J씨는 모두가 활기차게 영어 노래로 인사를 대신하여
부르고 신나게 수업을 시작해 보면 어떨까 생각했다.

이런 건 너무 유치하다고 생각할 수 있는 고등학생들에게 누구나 잘 알고 익
숙한 "Are you sleeping Brother, John" 노래의 음을 들려주고, 거기에 맞
춰 인사 노랫말 "Hello, students~!" "Hello, Britney!"를 가르쳐줬다. (여기서
Britney!는 여교사 J씨의 영어이름이다)처음에는 오글거린다며 손사래를 친 아
이들도 있었지만, 수업시간마다 문을 열고 "Hello Students~!" 하며 들어오는
교사 J씨에게 아이들은 큰 목소리로 "Hello~ Britney!"를 외치며 반갑게 맞아
주었고, 평소 수업 전부터 잠들어 있던 아이들도 이 노래를 신나게 부르며 밝은
모습으로 활기차게 수업의 시작을 함께 해 주었다.

"징그럽고 무섭다뇨~ 저희 학교 애들 정말 정말 귀여워요~"

주위 사람들의 걱정 어린 말에 여교사 J씨는 항상 이렇게 마음속에서 우러난
대답을 해주었다. 큰 열정을 품고 시작한 남고에서의 J씨 교직생활은 그렇게 평
범한 듯 조금은 특별하게 시작되었다.

외국어 중점 과정?
국제화 과정의 시작

"송도고등학교는 과학중점학교여서 소위 문과 학생들을 위한 특별한 과정이 없나요?"

"문과 학생들을 위한 특별과정도 있었으면 좋겠어요!"

교단에 선 후, 수년간 같은 방법의 같은 수업을 반복하며 조금의 매너리즘을 느낄 즈음, 이런 학생들과 학부모들의 질문과 의견들이 영어교사 J씨의 교직생활에서 큰 전환기를 마련해 준 계기가 되었다.

그동안 교육청에서 학교에 배정해 준 영어 원어민 선생님에게 어떤 프로그램과 수업내용을 부탁하여 아이들에게 최대한 유익하도록 도움을 받을 수 있을까 고민하다 하나의 아이디어를 얻었다. 영어를 좋아하고 잘하는 학생들을 위한 과정을 만들어, 다양한 방법으로 국내 입시나 해외 유학 등의 길을 만들어 줄 수 있는 특별한 커리큘럼이 있으면 좋겠다는 생각이었다. 그 생각에 꼬리를 물고 영어뿐만 아니라 중국어, 일본어도 함께 하면 더 좋을 것이고, 그렇다면 중국어, 일본어 원어민도 따로 채용을 하여 "영어, 중국어, 일본어" 이 세 가지 외국어 수업을 더 특화하여 가르치는 외국어중점과정을 만들어 보는 게 어떨까 하는 생각을 하게 된 것이다.

외고도 국제고도 아닌데 일반 인문계 고등학교에서 외국어중점과점을 운영한다는 것이 처음에는 많이 걱정도 되고 막막했다. 하지만 과학중점과정을 성공적으로 잘 이끌고 있던 우리학교는 먼저 학교 재단과 협의를 통해 일본어, 중국어 선생님과 협력하여 자체 원어민 선생님들을 채용했다. 신입생들에게 외국어 중점과정 개설의 취지와 목표를 설명하고 학급을 편성한 후, 일반 수업시수는 똑같이 하되, 국·영·수 과목 위주의 방과 후 수업 편성을 영어, 일본어, 중국어 원어민 선생님과의 회화 중심 방과 후 수업으로 외국어 중점과정의 초기 틀을 만들었으며 "국제화 과정"이라는 정식 명칭을 붙였다.

 이 국제화 과정을 정착시키기 위해 이듬해 방과후 수업으로만 추가하였던 외국어 수업을 교육과정 재편성을 통해 다른 과정의 학생들보다 더 많은 외국어 수업시수를 편성하고 원어민 선생님과 코티칭도 실시하였다. 정규 수업뿐만 아니라 원어민 선생님들께 미국, 중국, 일본 문화 강좌와 같은 특강을 개설하여 학생들에게 해당 언어 나라의 문화도 구체적으로 배울 수 있는 시간을 마련해 달라고 부탁했다. 영어교사 J씨도 역시 자신이 미국 유학 시절 보고 느낀 문화의 차이점을 학생들에게 전달해 주기 위해 조금은 부끄러웠지만 용기를 내어 교과 수업 이외의 다양한 활동을 하였다. 예를 들어, 할로윈 같은 날이면 커스튬을 입고 Jack O'Lantern 모양의 사탕바구니를 가지고 와서 사탕을 나눠주며 학생들에게 할로윈의 유래 등을 포함한 역사적인 내용과 더불어 이런 풍습이 있다는 것을 특강자료를 만들어 구체적으로 알려주었다.

 영어교과서와 수능대비 문제지의 빡빡한 지문해석과 문제풀이, 어려운 문법공부, 수많은 어휘암기에 지친 학생들은 이런 문화 관련 수업과 다양한 특강 프로그램 등이 정말 새롭고 신선하게 느껴진다고 했다. TV나 기타 매체들을 통해 많이 보았던 외국 풍습이지만 익숙하지 않고 낯설게만 느껴지던 외국 문화 하나하나를 자세히 알게 되니, 그 의미를 알고 즐길 수 있게 되었다는 아이들의 피드백들, 그로 인해 외국 문화에 대한 더 깊은 호기심들이 생겨나 영어 학습에 또 다른 동기부여와 자극이 되었다고 말하는 학생들의 모습에서 영어교사 J씨는 뿌듯함을 느꼈다.

북적거림의 학교

"SONGDO SEA DRAGONS"
대한민국 최초의 고교 미식축구부의 탄생

일반 인문계 고등학교인데 국제화반이 있다고 하니 해외에서 유학을 하다 귀국한 학생들이 송도고등학교에 들어오기 시작했다. 그 학생들은 일반 한국의 인문계 고등학교 교육과정이라면 문화 차이 등으로 학교생활에 적응이 매우 힘들어하는 경향이 있는데, 송도고의 국제화 과정은 그들에게 숨통을 트게 해주는 반일 것이라 큰 기대를 했다.

그 중 한 학생 K군은 한국에서 태어났지만 어린 시절 미국으로 가서 오랜 시간을 지내다 중학교 때 한국으로 돌아와 언어도 문화도 다른 한국 학교생활 적응에 힘든 중학교 시절을 보냈다고 했다. 그 와중에 스트레스를 풀던 유일한 탈출구는 마음이 맞는 몇몇 친구들과 틈틈이 자신이 좋아하는 미식축구 놀이를 하던 것이었다고 했다. 하지만 고등학교에 진학해서는 입시위주의 빡빡한 교육과정과 타이트한 학교생활에 더더욱 적응하지 못하겠다던 그 K학생과 상담을 하면서, J교사는 송도고에도 이 학생이 즐길 수 있는 미식축구부가 있으면 좋겠다고 생각했다. K학생은 이 생각을 무척 반겼고 스스로 동아리를 만들기 위해 학생들을 찾아다니며 미식축구가 무엇인지, 또 어떻게 활동할 계획인지를 설명하며 팀원을 모으기 시작했다. 의외로 이 생소한 미식축구는 아이들에게 인기가 많았고 정식 스포츠클럽 활동 부서로 등록을 하게 되었으며, J씨는 졸지에 미식축구부 담당교사가 되어서 아이들의 활동을 지원하기 위해 나섰다.

미식축구부라니… 당시 몇몇 대학교의 동아리로는 있었지만 한국에서는 그다지 대중적이지 않은 스포츠다 보니 중고등학교 스포츠클럽으로 미식축구부가 있는 곳은 전국에 전무했다. 이 스포츠는 경기의 특성상 단순히 공만 있으면 되는 것이 아니라 여러 가지 장비도 많이 필요했는데, 이런 것들을 어디서 어떻게 구하는지도 몰랐던 J교사는 검색을 통해 대한미식축구협회가 있다는 것을 알게 되었다. 협회로 연락을 하여 이런 학교 상황을 설명하였더니 협회장님께서는 대한민국 최초의 고등학교 미식축구부를 창단하는 것을 매우 반기시며 적극적으로 지원해주시겠다고 약속하셨다. 대한미식축구협회에서 대학생 미식축구선수나, 국가대표 미식축구선수들이 입고 쓰던 중고 장비를 저렴한 가격으로 구입할 수 있게 도와주셨고, 주말에 협회 분들이 자진해서 학생들에게 기본훈련을 시켜주기 위해 지원을 나와 주셨다. 뜻이 있는 곳에 길이 있다더니 미식축구부를 시작하고 싶어 했던 K군은 학교생활에 큰 활력을 얻었고, 덕분에 새로운 스포츠를 접한 다른 학생들 역시 열정적으로 기본기를 익히고 훈련하며 매우 즐거운 모습을 보였다.

하지만 이런 대한민국 최초의 고교 미식축구부를 담당하게 된 J교사는 미국 유학시절 동네 학교 운동장에서나 TV에서 미식축구 경기를 하는 것만 보았지 공 한번 만져보지 않았었는데, 어떻게 이 팀을 이끌고 가야 할지 막막했고 솔직히 누구에게든 이 클럽을 떠넘기고 싶은 마음이 컸다. 하지만 하고자 하는 아이들의 열정도 대단하였고, 이 팀에 대한 소식이 전해지자 여러 신문사와 지역 방송국 등에서 취재까지 나오는 등 유명세를 타자 부담감도 커졌지만 기왕 맡은 이상 진짜 이 팀을 잘 이끌어야겠다는 사명감이 들었다.

그러던 중 J교사는 미식축구가 미국인이 가장 좋아하는 스포츠인 만큼 미국의 문화도 많이 녹아있다는 생각이 들어, 이 스포츠 활동을 하면서 아이들이 어떻게 영어 학습과 접목시킬 수 있을지를 고민해 보았다. 기본적인 포지션이나 룰도 당연히 영어로 되어있으니 왜 그 용어를 쓰는 것인지를 해석하여 가르쳐주고, NFL 주요 경기도 모니터링 하면서 영어 스포츠 해설을 통해 나오는 관련 영어 패턴도 함께 익힐 수 있도록 했다.

실전 경기를 위해 국내 대학팀과의 경기 일정을 준비하던 중, 서울 용산의 미군부대 내에 있는 '서울 미국인 고등학교'에 미식축구팀이 있다는 것을 알게 되었다. J교사는 먼저 그쪽 학교 미국인 체육선생님과 연락을 하여 우리가 어떤 학교며 어떤 팀이라는 것 등을 자세히 설명한 후 함께 친선경기를 할 수 있는지를 여쭤보았다. 그 미국인 학교는 처음 받은 이런 제안에 당황해하였지만 미국인 학교 학생들 역시 한국학교 학생들과 경기를 해 보는 것은 매우 새롭고 흥미로운 경험이 될 것이라 생각한다는 긍정적인 답변을 들었다. 마침내 송도고 팀은 미군부대 관리자들의 협조를 얻어 일반인의 출입이 제한된 미군 부대 내에 들어가 그곳의 잘 마련된 정식 미식축구경기장에서 경기를 할 수 있도록 초청을 받았다.

경기 일자가 잡히고 송도고 미식축구팀 아이들은 긴장도 했지만, 빡빡한 스케쥴에 맞춰 훈련을 하면서 열심히 실전 경기 준비를 했다. 그 와중에 아이들에게는 또 하나의 걱정거리가 있었다. 미국인 학생들과 만나 인사를 하고 경기를 치르고 하면서 영어로 의사소통을 해야 한다는 것에 역시 많은 긴장을 하였다. 영어로 하는 기본 인사말부터 상대방의 파울에 대항할 때 쓰는 말 등 여러 가지 상황의 대화를 영작해 보며 막히는 표현을 주저하지 않고 J교사에게 질문하는 모습들을 보였다. 그 때 체육교사가 아닌 영어교사인 J교사는 빡빡한 스케쥴의 미식축구부를 담당하며 체력적으로 많이 힘들어 깊은 회의감이 들기도 했었는데, 아이들의 그런 영어 학습의 의지를 보이는 모습에서 새로운 빛을 보았다. 아이들에게 특히 남학생들에게 이 미식축구라는 스포츠는 스스로 영어를 배우고자 하는 강한 동기와 의지를 심어준 현실적인 계기가 되었음을 지켜보며, 그런 과정에 자신이 도움을 줄 수 있었다는 사실이 많은 위로와 격려가 되었다.

멋지게 선수 입장과 선수단 인사를 한 후, 휘슬을 불자 송도고 선수들은 정말 연습한 대로 열심히 뛰기 시작했다. 미군부대 내의 좋은 잔디구장에 제대로 된 미식축구 경기라인과 골대, 그리고 점수를 알려주는 전광판 등이 있는 곳에서 경기를 할 수 있다는 점에 많이들 상기된 모습이었다. 덩치 좋은 미국 학생들에게 밀리기도 하고, 또 부상도 많이 당해 힘들었지만 교체할v 선수가 없어 달리고 또 달리기도 하며 경기에 최선을 다했다. 결국 송도고 팀은 엄청난 점수 차로 패배를 맛봤지만, 경기를 마친 후 양측 선수단은 멋진 경기였다며 서로를 칭찬하고 악수를 나눴다. 미국인 고등학교에서 준비해 준 식사를 함께 하며, 송도고 미식축구부원들은 그동안 경기만큼이나 진지하게 준비한 영어 실력들을 뽐내며 상대였던 또래 미국인 팀원들과 어울려 대화를 나누며 즐거운 식사를 하였고, 서로의 연락처를 주고받으며 다음 경기에서 또 만날 것을 약속하였다.

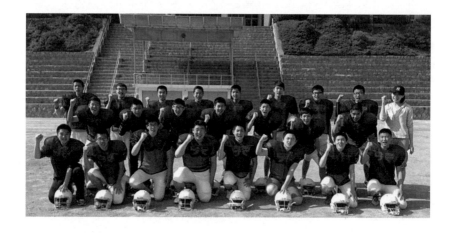

송도고 미식축구팀이 창단된 이야기, 미국인 고등학교 팀과의 경기가 기사 등을 통해 전국에 전해지자 전국의 다른 고등학교에서 벤치마킹을 위해 송도고로

문의를 해왔을 뿐 아니라, 오산에 있는 미군기지 내 미국인 고등학교 등에서도 송도고와 경기를 해보고 싶다며 먼저 연락을 주었다. 송도고 팀원들은 자발적으로 평일 점심시간과 주말에 시간을 내어 단체훈련과 개인 포지션별 연습에 더욱더 집중하였고, 서울, 오산의 미국인 고등학교, 국내 여러 대학 미식축구부와의 경기 등을 통해 실력이 매우 향상되었다.

이런 미식축구부 경험을 바탕으로 아이들은 체육특기자 전형으로 대학에 진학하거나 심지어 미식축구를 하려고 미국 대학으로 진학한 학생도 있었다. J교사는 미식축구에 대한 관심과 흥미가 아이들의 진로를 바꾸고, 유학도 결심하고, 또 그것을 위해 영어를 능동적으로 공부하게 하는 것을 보며 이것이 진정한 영어 학습의 동기가 될 수 있구나 하는 것을 다시 한번 생각 했다.

해외 학교들과의 MOU
학생 교류의 시작

　J교사는 국제화반 학생들을 고려해 해외 많은 학교들로의 진학 방법을 알아보던 중, 해외 고등학교들과 자매 결연을 맺어 또래 외국 학생들과 서로 교류를 해보며 배움의 폭을 넓혀 주는 것은 어떨까 생각했다. 농구로 유명한 송도고는 이미 일본의 고등학교와 자매 결연을 맺고 한-일 학생들의 교류를 이어가고 있었는데, 미국은 물론 중국의 학교와도 그런 교류 활동을 하면 좋겠다는 생각이었다. 국제교류진흥원장을 역임하셨던 당시 송도고 오성삼 교장 선생님께서 많은 도움을 주시어 미국 시애틀에 있는 "Federalway high school"과 MOU를 맺고 학생 교류 활동을 시작하기로 하였다. 말로만 MOU가 아니라 실질적인 상호 교류와 협력을 하는 프로그램을 만들기 위해 원격 수업이나 학점 교류 등 큰 계획을 세웠지만 학제 등 여러 가지 여건상 뭐 하나 쉽게 시작하긴 어려웠다.

　그러던 중 미국 학교에서 먼저 송도고 학생들을 초대하였고, J교사는 신청한 학생들 20명을 인솔하여 방학을 이용해 미국으로 갔다. 세월호 사고 직후였던 터라 학생 체험학습 인솔이 매우 큰 부담이었던 시기였는데, J교사는 홀로 20명의 학생들의 안전을 9박 10일 동안, 그것도 먼 미국 땅에서 책임져야 한다는 사실이 여간 부담스럽고 신경이 쓰이는 게 아니었다. 하지만 체험학습에 참가하기로 한 학생들은 미국에서 또래 학생들과 같은 교실에서 수업을 받으며 미국 학교생활을 체험한다는 사실에 들뜨기도 하고 긴장하여, 가기 전 영어공부를 조금이라도 더 열심히 해야겠다고 자극받아 공부하는 모습을 보였다.

　20명의 학생들이 미국학교에 도착하여 현지 학생들과 함께 미국 교육과정의 다양한 수업도 받고, 카페테리아에서 식사도 함께 하며 즐겁게 소통하는 모습을 보니 J교사는 정말 뿌듯했다. 아이들은 미국 친구들과 대화를 하다가 막히는 영어 표현이 있으면 J교사를 찾아와 그 표현을 배워가고, 또 그 표현들을 잊지 않고 다음에 다시 잘 쓰려고 노력했으며, 그동안 더 열심히 영어 공부를 해 오지 않은 것이 정말 후회스럽다고 했다. 아이들이 그렇게 말하는 모습들에서 이미 충분한 영어 학습의 동기를 느끼고 있는 것으로 보였다. 지도 교사인 J씨도 역시 그 학교에서 수업을 참관하며 다양한 교수 방법과 교수 내용을 지켜보았고, Federalway high school 교장, 교감 선생님들과 소통하며 두 학교 간의 교류를 앞으로 어떻게 더 진행해 나아갈 것인지에 대해 많은 논의를 하였다.

미국 고등학교 생활 체험과 더불어 다양한 교육적 프로그램들을 준비하였는데, 시애틀과 샌프란시스코 등을 다니며 University of Washington, Stanford University, UC Berkeley와 같은 유명 대학을 탐방하며 학교 안내를 받았고 현지 대학생들과 이야기를 나눠 보는 시간을 갖도록 미션투어를 했다. 명문 대학들이니만큼 그 대학 학생들과 이야기를 하면서 배울 점도 많았고,

자신도 공부 열심히 해서 이곳 대학교로 유학을 오고 싶다는 학생들도 많았다. 대학 뿐만 아니라, Boeing, Intel, Facebook, Microsoft, Google과 같은 세계적인 기업들도 탐방하며 그곳 담당자들로부터 이 기업들에서 일하는 사람들의 모습들을 둘러볼 수 있었는데, 이 때도 아이들은 열심히 공부해서 이런 곳에서 일하고 싶은 생각이 든다는 이야기를 많이 했다.

　J교사에게 학생들과 함께 한 9박 10일은 학생들의 안전과 유익한 프로그램을 만들고자 여기저기 열심히 다니며 조금이라도 더 교육적인 자극을 주고, 더 일깨우게 해주는 계기를 주려고 신경을 많이 썼던 터라 결코 짧지 않은 시간이었지만, 아이들은 모두들 그 시간이 너무나 짧았다며 한국으로 돌아가는 길에 모두들 아쉬워했다. 하나같이 한국에 돌아가서는 무엇보다 열심히 영어 공부를 해야겠다고 입 모아 이야기를 하는 것을 보자 J교사는 그간 이 프로그램을 이끄느라 노력한 시간들이 아깝게 느껴지지 않았다. 학생들에게 유의미한 이런 해외교류 프로그램을 앞으로도 더 많이 준비하여 진정한 체험학습이자 살아있는 교육을 해 주어야겠다는 생각이 들었다.

인천모의유엔(IMUN)
송도고에서 시작!

  국제화반 학생들은 그 취지대로 외국어 학습을 열심히 하여 수준급의 영어와 일본어, 중국어 실력을 갖춘 학생들이 많았다. 그 중 영어에 관심이 많은 국제화반 학생들이 중심이 되어 새로운 동아리를 만들고자 했는데, 그것은 바로 '모의유엔동아리'였다. 서울의 일부 대학생들이나 전국의 몇몇 외고, 국제고에서 이런 활동을 갓 시작하던 시기였는데, 인천에서는 이런 공식적인 모의유엔활동을 하는 학교가 없었다.

  역시 발 빠른 송도고 학생들은 기특하게도 이 활동을 교내 활동으로 국한시키는 것이 아니라, 인천에 있는 국제고, 외고 등 일반고 학생들 중에서 이 활동에 관심 있는 학생들을 모아 연합동아리를 만들고자 하였다. 단순히 모여서 회의를 하는 모임이 아니라, 말 그대로 모의유엔대회는 유엔에서 하는 회의의 절차와 형식을 갖춰 활동하기를 원하였기 때문에 대회 개최를 위한 장소 대여, 국가별 깃발 준비, 위원회별 이름표 준비 등 갖추어야 할 것들이 생각보다 많았고, 이를 위해 예산도 많이 필요한 상황이었다. 학생들이 사비를 모으기에는 부담이 될 수밖에 없었던 탓에, 이 동아리 구성의 중심이 된 국제화 반 학생들은 이런 고민들에 대해 학교 교장 선생님과 이사장님을 직접 찾아뵙고 말씀드리기로 하였다. 자신들이 하고자 하는 활동이 어떤 것이고, 또 활동들을 위해 학교 및 재단에서 이러이러한 도움을 줄 수 있는지 여쭤 보았고 흔쾌히 통 큰 지원을 받아낼 수 있었다. 그렇게 시작한 것이 바로 '인천모의유엔(IMUN)'의 시초였던 것이다.

　학생이 주도하여 만든 동아리였으니 아이들은 어느 누가 시키지 않아도 열정적으로 활동했다. 송도고등학교 학생들이 중심이 되어 큰 규모의 인천모의유엔(IMUN) 대회를 개최하기 위해 계획 수립부터 행사 진행 전반을 인천 지역 여러 학교 학생들이 서로 협력하고 분담하여 준비를 하였다. 그렇게 해를 거듭해 갈수록 모의유엔 활동은 체계적이고 참가하는 학생들의 수준은 높아져 갔다. 실제 유엔에 다양한 위원회(Commitee)들이 있듯, 참가자들의 관심사대로 UNGA, WHO, UNESCO, UNEP, UNCHR 등 여러 위원회들로 나누고, 각 위원회마다 위원장과 대사, 그리고 스탭들을 뽑아 회의 형식을 갖추었다. 위원회별로 회기마다 다른 주제를 가지고 각 나라별 대사들이 입장표기문(position paper)을 작성하고, 기조 연설문(Opening Speech)을 통해 자신들의 의견을 영어로 발표한 후 열띤 토론을 하였으며, 마지막에 결의안(Resolution)을 작성하는 것까지 수준급으로 진행해 갔다.

　이렇게 멋지게 활동하는 학생들의 모습은 지역신문 기사로 실리기도 했으며, 이런 활동을 하는 선배들의 모습에 송도고 신입생들은 모의유엔동아리에 대한 로망이 커졌고 줄지어 가입하고자 했다. 동아리 면접을 온 신입생들은 각자 자신의 영어회화 실력을 뽐내기도 하고, 아직은 부족하지만 어떻게 실력향상을 위해 노력하겠다는 식으로 열심히 어필을 했다. 입단 후 신입생들은 선배들의 멘토-멘티식 가르침을 통해 모의유엔 절차를 익혔고, 몇 개 학교 간 연합세션을 통해 배운 절차대로 여러 번 실전 모의 회의를 진행해 보았다. 다양한 글로벌 이슈에 대한 자신의 의견을 영어로 표현할 수 있도록 하기 위해 각자 해외 뉴스를 찾아보며 영어공부를 더 열심히 하는 것은 물론이거니와, 여러 분야의 책들도 많이 찾아 읽으며 배경지식을 쌓으려 노력하는 모습을 보였다.

 그렇게 한 해 한 해 거듭할수록 송도고 주최 모의유엔대회는 유능한 학생들의 많은 지원으로 그 규모가 커졌으며, 그간의 축적된 노하우를 바탕으로 모든 행사들이 성공적으로 치러졌다. 여러 학교에서는 이런 송도고의 모의유엔동아리 시스템을 벤치마킹하기 위해 또 많은 연락을 하였고, 그 때마다 지도교사 J씨는 처음 함께 힘들게 동아리를 만들어 나갔던 졸업생들의 모습을 떠올리며 뿌듯함을 느꼈다. 더불어 아이들을 움직이게 하여 배우고 성장하게 하는 것은, 역시 누군가에 의한 강제성이 아닌 아이들의 자발성이라는 것을 다시 한 번 느끼게 해주었다.

재충전 그리고 재출발

정신없이 하루하루 수업을 준비하며, 담임으로서 학급도 관리하며, 동아리 지도에 스포츠클럽까지… 스스로를 돌아볼 시간 없이 바쁜 시간들 속에서 J교사는 지쳐갔다. 휴식이 절실히 필요한 시기가 되었단 것을 깨닫고 큰 결단을 내렸다. 그동안 갖고 싶었던 자신을 위한 배움의 시간을 위해 휴직을 하고 캐나다로 떠났다.

캐나다에서 국제영어교사 자격증인 TESOL 공부도 하고, 취미로 즐기던 요가를 심층적으로 더 배우기 위해 유명 마스터가 있는 학교를 찾아가 지도자과정에 등록하여 세계 공인 요가 지도자 자격증(RYT)을 위한 공부를 시작했다. TESOL 공부를 위해 영어교육학의 기본부터 TEE를 위한 여러 가지 수업 기법 등을 다시 배우며 영어교사로서의 초심을 다졌고, RYT를 따기 위해 캐나다 여러 선생님들로부터 Anatomy(해부학), 인도 철학, 산스크리트어 등 생소한 분야까지 열심히 공부했다. J씨는 캐나다에서 TESOL과 RYT 자격증을 딴 것에 그치지 않고, 거기서 배우고 공부한 새로운 내용들로 송도고 복직 후 자신이 가르치는 학생들에게 또 다른 가르침을 줄 수 있도록 해야겠다고 생각했다.

2년의 짧다면 짧은 재충전의 시간을 보낸 후 학교로 복직한 J교사는, 마치 방학을 지나고 돌아온 것처럼 익숙한 학교생활에 다시 금방 적응하였다. 전처럼 다시 국제화반 담임을 맡고, 모의유엔 동아리를 담당하며, 기타 외국어로 소개하는 학교홍보동아리 등을 새롭게 만들어 지도하였다.

그러던 중 새롭게 MOU를 체결한 괌의 "John F. Kennedy High School" 학생들과 교사단을 송도고로 초청하여 송도고 학생들과 함께 수업도 받고 다양한 체험을 할 수 있도록 프로그램을 만들었다. 그 학생들은 한국 방문이 거의 처음이었기 때문에 한국에 오면 가고 싶거나, 보고 싶거나, 하고 싶은 것들이 무엇인지 미리 의견을 받아서 함께 할 계획을 세웠다.

예전 미국 학교로 학생들을 인솔하여 찾아갔던 것과는 반대로 송도고로 찾아오는 외국 학생들을 맞이하기 위해, 송도고 학생들은 매우 상기된 모습으로 자신이 소개하고픈 내용을 영어로 잘 준비하는 모습을 보였다. 그들과 학교생활을 함께 하며 송도고의 역사나 한국의 학교문화 등에 대해 알려주는 것은 물론이고, 함께 DMZ 방문이나 놀이동산도 가며 괌에는 없는 한국의 문화와 역사 등 다양한 면을 친절히 설명해 주었다. 그런 송도고 학생들의 모습에 괌에서 온 학생들은 모두 고마워하고 떠나기 아쉬워하며 다음 만남을 괌에서 하기로 약속하였다. 역시나 학생들에게 영어공부에 대한 동기부여가 되었고, 영어학습의 자극이 되어준 기회였다.

현재까지 J교사는 기존 모의유엔 동아리 활동 지도와 더불어 요가 동아리를 만들어 학생들의 자세 교정과 심신 수련을 돕고 있으며, 기후환경변화에 관한 대응책을 GCF(국제기후환경기구)에 제안하는 프로젝트 팀을 만들어 학생들이 영문 제안서를 만들고 발표할 수 있도록 돕는 프로그램도 운영하고 있다.

송도 글로벌 캠퍼스의 많은 해외대학과의 교류도 진행 중이고, 기타 해외 학교 자매결연 체결 업무도 계속 지원하면서 순둥순둥 귀여운 송도고 학생들과 다양한 활동으로 에너제틱한 나날들을 보내고 있다.

EPILOGUE

아이들 때문에 웃고, 화내고, 힘내고, 지치고... 하루에도 다양한 감정의 기복을 겪으며 북적북적 지내고 있는 J교사, 정현희입니다. 현재 고3 담임을 하며 이 책의 원고 제의를 받고 많이 망설였으나, 틈틈이 이 글을 쓰기 위해 지난 시간들을 거슬러 올라가 잊고 있던 일들을 떠올려보고 오랜 사진들도 찾아보았네요.

비록 짧은 시간 내에 급히 쓰느라 조잡하기 짝이 없는 글이지만, 이 글을 쓰기 위한 시간들이 저 자신에게는 10여 년 간 송도고에서의 시간들을 되돌아 볼 수 있어서 정말 좋았던 기회였습니다.

"A man may lead the horse to the water, but he cannot make him drink"

말을 물가로 끌고 갈 수는 있어도 억지로 물을 먹일 수는 없다

라는 속담이 있습니다.

영어교사로서 저는 아무리 노력을 해도 영어에 흥미를 도통 가질 생각을 하지 않는 아이들에게 억지로 영어공부를 강요하기보다는, 스스로 영어 학습의 필요성을 느낄 수 있도록 다양한 방법으로 학습 동기를 심어주어 자발적으로 재미를 느끼며 학습할 수 있도록 도와주는 게 더 중요하다고 생각합니다.

그러기 위해서는 교사가 항상 고정된 틀에 묶여서 하던 대로 하는 것이 편하기는 하겠지만, 다양한 변화를 시도하면서 학생들의 학습 동기를 자극하려 노력하지 않으면 학생들도 즐겁게 공부를 하려고 하지 않을 것입니다.

개인의 발전을 위해서도 저는 항상 도전하는 자세를 갖고 살아가자는 것이 저의 신조인데, 제가 몸담고 있는 학교가 변화하는 것에 대한 도전의 길에도 제가 함께하며 조금이나마 보탬이 될 수 있었던 것이 뿌듯하게 느껴집니다.

글에서 언급한 여러 가지 국제화 관련 프로그램들은 저 혼자서 할 수 있었던 것은 없었습니다. 모두 교장, 교감 선생님을 비롯한 주변 선생님들이 많이 도와주셨기에 가능했던 일들이었죠. 우리 송도고 학생들에게 훗날 대학 진학이나 진로를 결정하는 것에까지 영향을 미치는 유익한 프로그램들을 다양하게 만들어, 앞으로도 더욱 발전하는 송도고를 위해 작은 보탬이나마 되도록 노력하는 교사가 되겠습니다. 감사합니다.

나는 도시 자연인이다

생물 교사 송영욱

I. 도시 연못

나는 생물 교사다. 생물이라는 과목을 정말 사랑하는 생물 교사다. 생물 과목에서 배우는 것은 참으로 많다. 또한 생물을 가르치는 목적도 다양하다. 가장 대표적인 것이 인문계 고등학교에 있는 나에게, 혹은 학생들에게 있어서는 대학 입학이라는 것을 간과할 수 없다. 하지만 내 맘 속에 자리잡고 있는, 생물을 학생들에게 가르치는 최고의 목적은 바로 생물의 다양성이다. 현재 지구 생태계가 무너지면서 기상 이변이 생기고 있다. 이를 바로 잡기 위해서는 지구 생태계를 예전처럼 유지하는 것이다. 그렇게 함으로써 다양한 종류의 생물들이 어우러져서 현 상황을 타개할 수 있다. 이것을 미래의 주역인 학생들에게 가르치고 싶다. 책으로써, 인터넷으로써가 아닌 스스로 체험하고, 느끼며 깨닫고, 실천할 수 있는, 그런 것을 가르치고 싶다.

그러던 중 예전부터 생각만 해오던 것을 생각에서만 머물지 말고, 실천으로 옮겨야 하는 생각을 구체화하기 시작했다. 그것은 바로 '도시 연못'이었다. 우리학교는 도시에서는 보기 힘든 자연 조건과 환경을 지닌 학교이다. 산 중턱에 자리를 잡고 있어서, 건물 뒤는 산, 건물 앞은 인천의 특성상 바다가 보인다. 또한 이곳 저곳에 정원들이 조성돼 있다. 이런 환경 속에서 아쉬웠던 것이 바로 습지 생태계의 부재였다. 그런 아쉬움을 학생들과 함께 해결하고자 생각을 했다.

내가 맡고 있는 생물 동아리인 CELL 학생들과 함께 연못을 만들어 보자는 제안을 했다. 시큰둥한 학생들도 있었고, 적극적인 학생들도 있었다. 우선 적극성을 보인 학생들과 함께 학교 정원 한 구석에 있는 자리를 확보하여 습지 생태계로서 연못 만들 구상을 하였다. 하지만 걸림돌이 몇 개 있었다. 첫째는 기술력, 둘째는 과연 학교에서 승인을 해줄 것이냐는 것이었다. 인터넷과 유튜브를 통해서 연못 윤곽과 배경지식을 쌓은 뒤, 학교에 내가 계획하고 있는 구상을 말씀드렸다. 우려했던 것과는 다르게 바로 OK였다. 이제 남은 것은 기술력. 다행히도 행정실에 근무하시는 정안기 주무관이 이러저런 아이디어와 기술력을 뒷받침해주었다. 이런 걸 보고 천운이라고 하는 것인가 하는 흐뭇함이 다가왔다.

9월부터 학생들과 함께 삽자루를 들기 시작했다. 삽질을 해 본 적 없는 학생들에게 삽질 방법부터 가르쳐 주며 첫 삽을 들었다. 시간 날 때마다 학생들은 자신의 손으로 연못을 만들겠다는 집념으로 쉬는 시간, 점심시간, 저녁시간을 활용하여 한 삽 한 삽 파기 시작했다.

항상 일이라는 것이 생각한 대로 흐르지는 않는다. 또 다른 난관에 봉착했다. 바로 내가 허리를 다친 것이다. 병원을 가보니 디스크 증세까지 있다는 것이다. 입원을 해야 했고, 치료를 받아야 하는 상황이었다. 그렇다고 내년으로 미룰 수는 없는 일이었다. 이런 내 생각은 기우에 불과했다. 학생들이 열심히 해줬다. 아니 파줬다. 결국 우리가 계획한 연못의 틀이 완성되었다. 사실 작은 포클레인으로 한두 번 파면 될 것이었지만, 나와 우리 동아리 CELL 친구들은 모든 것을 본인의 힘으로 이루길 바랐다. 결국 고생은 했지만 해냈고, 마음은 더욱 뿌듯했다.

이제 연못 기능을 위한, 조경을 위한 기술력이 필요했다. 인터넷을 통해 조경의 모습을 결정했다. 행정실에서 근무하고 있는 정안기 주무관이 미니폭포, 물레방아, 자동 먹이 급여기 등을 기존 학교에 있는 재료를 총동원해서 만들었다. 참 고맙고, 맥가이버(요즘 학생들은 누군지 잘 모를 듯) 같은 분이었다.

연못을 완성했다. 그런데 연못에는 생물이 살아야 한다. 마트에 가면 여러 종류의 물고기를 구입할 수 있다. 하지만 나, 정안기 주무관과 학생들은 직접 냇가에 가서 물고기를 잡아 오는 것이 어떨까 하는 아이디어를 제안했고, 우리 스타일대로 바로 실천에 옮겼다. 그래서 우리 연못에는 떡붕어, 갈겨니, 납자루, 민물새우 등과 같은 토종 어류와 생물들이 새로운 집에서 살고 있다.

한 달 동안 학생들과 함께 힘쓴 결과 만들어 낸 우리 연못이다. 단지 조경을 위한 연못이기 보다는 두 가지 측면에서 교육적 효과를 얻었다고 자부하고 뿌듯하다. 하나는 무에서 유를 창조한다는 말의 의미를 학생과 직접 몸소 터득했다는 것이다. 도전 정신이란 바로 이런 것을 뜻할 것이다. 또 하나는 생물의 다양성 속에서 작게나마 생태계를 복원한 것이다. 또한 학생들이 이 작은 연못에서 수생식물, 연못의 사계, 연못에 찾아오는 조류 등을 관찰할 수 있다는 것이다.

내년에는 비단잉어, 미꾸라지 등을 연못에 뿌릴 계획이다. 물론 직접 잡아 올것이다. 그 연못에는 잠자리 유충들도 볼 수 있을 것이다. 이런 연못을 통해 하나하나 얻은 것을 토대로 생물관찰 프로젝트도 구상 중에 있다. 아쉬운 것은 아직 연못의 명칭을 정하지 못했다는 것이다. 내년에는 학생, 교직원, 학부모를 대상으로 연못 명칭 공모를 계획 중에 있다.

나는 생물 교사이다. 학생들에게 진학을 위한 지식을 넣어주는, 문제를 하나더 맞힐 수 있는 방법도 중요하지만, 우리 곳곳에 있는 생물을 아끼고, 보호하고, 공존하고 있다는 것을 학생들에게 계속적으로 보여 주는 것 또한 중요하다. 나는 계속 학생들에게 보여 주고 싶다. 나도 내가 궁금하다. 내년에 또 어떤 이상스런(?) 생각을 하고, 그것을 실천에 옮길지…

이래서 우리학교는 '북적거림의 학교'다.

II. 도시 양봉

싱그러운 봄이 되면, 우리학교 정원에는 분홍 꽃잔디가 활짝 피고, 개나리는 노란 고개를 드러낸다. 4월에 어느 아침이면 온실 옆 왕벚나무에는 하얗디하얀 벚꽃이 피며 언제나 바쁜 꿀벌들이 오고 간다. 이 싱그러운 교정엔 중학교 티를 막 벗은 신입생 1학년들이 서로를 알아가며 즐거이 거닌다. 학교에서 1년을 보낸 제법 고등학생 티가 나는 2학년들은 꼴에 선배라고 어깨에 뽕을 넣고 거닌다. 어느덧 3학년이 된 최고 학년인 3학년들은 제법 수험생의 티가 난다. 그리고 이를 지켜보며 또 한 해의 시작을 알아가는 내가 있다. 교정은 싱그러움을 더하며 무지개 빛 향연을 이어간다.

송도고등학교에서 생물 교사로 재직하며 봄•여름•가을•겨울을 여러 해 보내며 새싹이 돋고 꽃들이 피는 봄은 정말로 생동감이 넘치는 계절이다. 우리 아이들도 알까? 나는 인천과 부천의 경계에 위치한 일신동이란 동네에서 어린 시절을 보냈다. 동네엔 넓은 논과 밭, 소래산이 가까이 위치해 있었다. 이 시절 논으로 들로, 산으로 개울로 나가 놀며, 주변의 흙을 밟고 만지며 거미, 개미, 달팽이, 우렁이, 미꾸라지, 붕어, 가재를 잡고 놀았다. 이게 지금의 내 직업을 결정했던 것을 아닐까…

우리 학생들은 옥련동, 연수동, 송도동 등 예전에 내가 살던 동네와 다른 아스팔트와 시멘트로 뒤덮인 동네에서 살아왔다. 흙을 밟고, 흙을 만지며 여러 생물을 잡고 놀던 기억이 없다. 맨살에 흙이 묻는 것을 두려워하는 아이, 개미가 맨살을 기어오르는 것에 기겁하는 아이, 작은 곤충의 출현에 혼비백산 도망가는 아이, 참으로 나와 다르다고 생각한다. 봄을 느끼고, 계절을 변화를 느끼고, 자연을 느끼지 못한다. 다만 지식으로 알 뿐이다.

우리학교는 인천의 명문고로 자리 잡아가고 있다. 2010년부터 과학중점학교로서 우수한 실적을 내며 좋은 학교라고 소문났다. 이에 따라 우리학교로 진학하고자 하는 우수 학생도 많고, 실제 우수한 학생들이 많이 재학 중이다. 이공계로의 진학을 위해 우리 학생들에게 필요한 역량은 많다. 생물 교사로서 우리학생들에게 강조하는 역량이 있다. 바로 관찰이다.

관찰은 자신의 감각기관과 이 감각을 확장할 수 있는 도구를 이용해서 탐구의 대상인 생물을 살펴보는 행위라고 한다. 과연 우리 학생들은 관찰을 잘할까? 특히 생명과학에 관심이 있는 학생들 중에 자연에 뛰어들어 많은 생물을 겁 없이 관찰할 수 있는 학생들은 몇이나 될까? 이런 생각에서 학교 정원과 뒷산, 텃밭에서 할 수 있는 체험 프로그램을 생각하기에 이르렀다.

2015년. 우리 학교에는 봄철이 되면 많은 학생과 선생님들이 사진 찍는 명소가 한 곳 있다. 바로 본관과 도서관 건물 사이의 왕벚나무이다.

이 왕벚나무는 3월 말 한껏 벚꽃을 피운다. 그리고 윙윙거리는 벌들의 날갯짓 소리가 들린다. 하지만 어느 해부터인가 이곳에 벌들 소리가 들리지 않았다. 벌이 사라지고 있다고 매스컴을 통해 들었지만 가까운 곳에서 이를 실감하니 남의 일이 아니었다. 당시 과학수리부장인 이현철 선생님과 함께 안타까워했고 벌을 키워보면 어떨까 생각했다. 이를 계기로 우리나라 어반비즈서울의 박진 대표와 연락했고, 우리학교 도서관 옥상에서 양봉을 시도해보기로 했다. 학교 내에서 옥상 양봉장을 만들고 양봉에 대해 배울 수 있는 '어반비즈송도(꿀벌 기르기, 자연을 살리다.)' 프로그램을 만들었다. 그리고 "자연을 사랑하는 창의적 과학인재 양성"이란 비전과 "학교 숲을 활용한 꿀벌 살리기 운동에 동참하여 자연을 살리고 이 과정에서 다양한 과

학적 탐구 및 체험을 한다."는 목표를
실천할 학생들을 모집했다. 의외로 많
은 수의 학생들이 참가를 희망했다.
이현철 선생님과 함께 학교 옥상에 동
양종 꿀벌(토종벌)과 서양종 꿀벌을
가져다 놓고, 학생들과 함께 양봉 프
로그램을 시작하였다.

 처음부터 잘할 수 있는 일이 있을 수
없다. 학생들과 양봉을 하며 처음으로
부딪친 문제는 꿀벌들이 마실 식수원
이었다. 벌들은 물을 많이 마시는 편
인데, 양봉장 근처에 개울이 없었던
관계로, 우리 벌들은 학교 운동장과
본관 뒤의 세면대로 향했는가 하면,
분리수거장의 캔, 플라스틱 통으로 모여 갔다. 그곳에 벌들이 마실 수 있는 물과
달짝지근한 음료가 있었던 것이다. 이는 학생들과 선생님들의 안전에도 문제가
될 수 있었기에 이 문제를 해결하고자 학생들과 함께 고민했다. 벌통 안과 벌통
앞에 벌들이 마실 물을 넣은 물통도 두어보았지만 허사였다. 그래서 궁리 끝에
도서관 옥상에 작은 인공하천을 만들기로 하였다. 벌들이 앉을 수 있도록 작은
자갈을 깔고, 물을 길러 올 수 있는 호수를 연결하여 학교 옥상에 드디어 인공하
천을 만들었다. 다행히도 우리 벌들이 와서 물을 마시고 노는 모습을 보면 기뻐
했다.

또한 양봉 과정에서 우리 꿀벌을 호시탐탐 노리는 말벌들이 꼬여 들기 시작했다. 4월에서 9월 사이에 말벌들이 많다. 말벌 트랩을 설치하고, 말벌을 트랩으로 유인할 유인제를 만들어 넣었다. 신기하게도 말벌들이 트랩으로 들어간다. 시중에 나와 있는 말벌 트랩은 말벌의 특성을 잘 파악하여 만든 듯하다. 수평 방향으로 날아와 앉고 고깔 모양으로 생긴 말벌 트랩 안으로 말벌이 쏘옥 빠진다. 일단 안으로 들어간 말벌은 밖으로 다시 나가기 어려운 구조다. 하지만 말벌 트랩만으로 안심하기 이르다. 대다수 말벌은 벌통으로 직접 가기 때문이다. 이 때문에 이현철 선생님과 나는 쉬는 시간과 점심시간, 심지어 저녁 시간까지 반납하며 양봉장에서 말벌을 퇴치(?)하기 위해 양봉장을 지켜야 했다. 이놈의 말벌들은 정찰꾼이 와서 벌통에 마킹(페로몬 흔적 남기기)을 하면 이후 다른 말벌들이 그 마킹된 벌통으로 유인되어 온다. 1마리의 장수말벌은 서양종 꿀벌 1000여 마리를 죽일 수 있을 정도로 강하다. 잘 키운 우리 꿀벌을 지키기 위해 안간힘을 썼지만, 때론 말벌 피해를 막을 수 없을 때가 있다. 바로 여름 방학이다. 이현철 선생님과 나는 번갈아 가며 말벌 퇴치를 위해 노력했지만, 방학에 쉬는 날엔 피해를 보기 일쑤였다. 언젠가 봄과 여름 동안 잘 키운 벌들이 벌통 앞에 나뒹굴고 있는 것을 보고 깜짝 놀랐다.

이뿐만이겠는가. 봄철이 되면 벌들은 새로운 여왕을 만들어 분봉을 한다. 실제 양봉을 하면 봄철에 여러 차례 분봉 신고(?)가 들어온다. '은행나무에 벌들이 모여 있어요.', '윤영하 소령 흉상 뒤 소나무에 벌들이 있어요.' 등 학생들과 선생님들은 분봉된 벌들을 보며 놀라고, 나에게 알려준다. 그럼 사다리, 분봉한 벌을 모을 수집통과 봉솔, 안전 보호 장치들을 들고 신고된 장소로 간다. 분봉 중인 벌들은 사납지 않다. 오로지 여왕 곁을 지킬 뿐이다. 이를 알지 못하는 학생들은 벌들이 쏘일까봐 겁내지만 나는 괜찮다. 사다리를 나무에 대고 오른다. 처음엔 나무 오르기가 마냥 겁나 했던 나지만 한 해 두 해 지나며 나무 오르기가 익숙해졌다. 여왕이 들어가길 바라며 분봉된 벌들을 모은다. 앗 여왕이 없다. 그러면 잡아둔 벌들은 이내 여왕 곁으로 달아난다. 어렵사리 분봉된 벌들을 고이 잡아 새로운 벌통에 넣어주곤 다행인 듯한 숨을 쉰다. 그리고 벌통 한 통을 새로 확보했다는 생각과 큰 사고(?)없이 벌들을 잡았다는 생각이 교차한다. 또 한번 학교에 큰 사건이 저문다.

　지난 4년 동안 봄과 여름 기간 도시양봉을 하면서 생물 교사로서도 한층 성장할 수 있었다. 생물 수업, 생물 동아리, 생물 과제연구 등 교과 관련 내용을 잘 지도했지만, 학생들과 함께 한 양봉 과정에서 머리가 아닌 몸으로 생물을 연구해야 함을 지도할 수 있었다. 도시양봉 프로그램을 진행하며 생물을 연구하는 것이 쉽지 않다는 것을 우리 학생들에게 체득시킬 수 있었고, 생물은 존재하는 것 자체로 존중받아 마땅함을 안내할 수 있었다. 다행히도 우리 아이들은 잘 따라주었고, 자기들 나름의 연구 주제를 설정하여 연구하였다. 동양종 꿀벌과 서양종 꿀벌의 형태적, 생리적 특성을 파악하고, 도시 양봉을 처음 시도하며 느낀 문제점을 개선하고, 도시 양봉이 하나의 문화로 자리매김 하는데 일조하였다. 이러한 연구의 결과를 잘 정리하여 국립생태원에서 주관하는 '생태환경동아리 탐구 발표대회'에 참가하였다. 심사위원들의 질문에 능수능란하게 대처하며 우리 학생들은 자신이 몸소 체득한 양봉의 과정을 하나하나 여유롭게 대답하였다. 그리고 실제 양봉 과정에서 채밀한 꿀과 꿀 성분 안정성 결과지를 제시하는 여유까지… 대회 결과는 물론 대상이었으며, 이를 통해 환경부 장관상이라는 어마무시한 상을 수상할 수 있었다.

III. 함께 해서 행복한 생명 창조 수업

나는 2016년부터 2018년까지 우리학교 2학년 생명과학 I 2학기 수업에서 '극예술 및 연극' 프로그램을 운영하였다. 학생들은 이 수업 프로그램을 통해 생명과학 I의 단원 III과 단원 IV에서 다루는 핵심 개념들을 스스로 재구성하며 다양한 텍스트를 연구하고, 연극 기획자의 관점에서 극본을 작성하고, 연극을 기획하는 법을 배운다. 나는 이 수업을 '함께 해서 행복한 생명창조'라고 칭한다. 이 프로그램을 통해 학생들은 개방적인 태도를 가지고 자신과 세상을 알아가는 자세를 배우고, 수업 방식의 측면에서도 연극을 직접 해보면서 작품을 해석하고 이해하는 법을 습득한다. 매주 생명과학 수업 2차시 중 연극 수업으로 1차시를 쓰고, 이 수업에서는 연극의 요소, 공연의 이해, 극의 유형 등에 대해 가르친다. 이 수업은 배우로서의 소양을 기르기 위한 과정으로써 제공하는 것은 아니다. 오히려 창의력, 발표 능력, 의사결정 능력의 개발을 위한 도구로써 연극을 활용하고 있다. 수업 개요는 다음과 같다.

운영 내용
4명~7명 이내 팀구성(반별 5~6개 조) / 주제 '생명창조'
생명과학1의 '항상성과 건강 자연 속의 인간' 의내용을 학생 스스로 정리
스토리보드, 시나리오 작성하기, 소품 준비하기, 연극 수행하기 등으로 이루어진 학생참여 중심 수업
조에서 수행한 역할극 내 생명과학 지식을 공유하고, 연극을 위한 협업과정, 표현 및 발표력 등 신장
연극 후 학 학급 구성원과의 질의응답을 통해 연극에서 표현하고자 했던 생명 과학 지식을 공유하는 활동 진행

아울러 내가 하고 있는 이 수업 프로그램을 함께 할 선생님들을 위해 수업에 필요한 내용을 제공하고자 한다. 총 10차시로 구성되며 학습 내용과 활동 방법은 다음과 같다.

차시	학습내용	활동 방법(교수학습)
1차시	모둠 편성 및 주제 협의	생명창조 수업 방법 강의
2~4차시	스토리보드 작성	모둠 협력학습(조사, 토의, 토론)
5~8차시	시나리오 작성	모둠 협력학습(조사, 토의, 토론)
9차시	연극 소품 준비	모둠 협력학습(토의, 공작)
10차시	연극 공연	모둠 협력학습(시연)

1차시에서는 수업 개요 설명과 함께 모둠을 편성한다. 편성된 모둠별로 생명과학과 연관된 주제를 협의하여 주제를 선정한다. 이후 참가 신청서, 서약서, 스토리보드, 시나리오 등을 기재할 수 있는 활동지를 학생들에게 제공한다. 제공받은 활동지의 안내와 순서에 따라 우리 학생들은 매주 1시간씩 모둠원들과 함께 활동은 수행한다.

매 차시 수업마다 다른 반의 수업에 방해가 될 정도로 생명과학 수업 교실은 시끌벅적하다. 그래도 아이들이 자지 않고 딴짓하지 않고 열정적으로 내가 설계한 방식의 수업에 참여하는 모습을 볼 때 뿌듯하다. 평소 엎드려 자던 아이라고 생각할 수 없을 정도로 자기 모둠에서 다른 친구들을 이끌어가는 모습도, 평소 생명과학 분야로 진로를 정했던 아이가 영상기획 분야로 진로를 틀어가는 모습은 정말 교사로서 기분 좋은 일이다.

9차시까지 친구들과 함께해서 행복하고 어느 때보다 열정적으로 참여하여 만든 연극을 공연하는 10차시 수업은 학교의 중강당을 대여하여 중강당에서 실시한다. 11월의 어느 날 중강당에 모인 학생들은 저마다 준비한 연극이 수준이 낮을까 봐도, 자신이 연기를 못할까 봐도, 대사를 까먹을까 봐도 걱정하고 불안한 모습을 보인다. 그래도 설렘은 보인다. 그리고 각 모둠마다 본격적인 연극을 시작하면 그동안 어떻게 준비했을까, 내 친구가 연기를 얼마나 잘할까 기대하며 친구들의 공연을 초롱초롱한 눈빛으로 바라본다. 다른 모둠의 공연을 보고 웃고, 평가하며 그동안 준비해온 공연을 모두 마친 뒤 아이들은 각자의 교실로 웃으며 돌아간다.

그리고 모든 반의 공연이 끝이 나고서 학생들은 이 수업의 후기를 작성한다. 아이들이 직접 작성한 후기는 다음과 같다.

□ 김준서
가족들과 평소에 소극장에서 연극을 볼 때에는, 무대 위에서 열연을 펼치는 배우들에게 단순히 동경의 눈빛만을 보내었지만, 이번 생명창조 활동을 통해 모두가 배우가 되보고, 시나리오 작가가 될 수도 있고, 감독이 될 수도 있다는 것을 알게 되었다. 새로운 것을 시도하는 것의 즐거움에 대해 알 수 있었다. 또한 지엽적인 암기가 바탕이 되어 다소 지루할 수 있는 인체의 방어 작용에 대해 팀원들과 협동하여 시나리오를 짜고, 연기하면서도 쉽게 공부할 수 있었던 의의 있는 활동이었던 것 같다.

□ 류승준
인체 내 방어 작용, 1차 방어에서 2차 방어까지의 과정을 일상에서 찾아볼 수 있는 사례 적용을 통해 이론으로만 이해하던 내용을 다른 측면에서 바라볼 수 있었다. 다소 지루할 수 있었던 3단원의 내용이 우리들의 노력으로 재구성 한 것, 그리고 고등학교에서 쉽게 하지 못할 역할극을 생명과학과 연계할 수 있어서 뜻 깊었고, 조원들과의 협동력을 키우는 발판이 되었다. 앞으로도 협동의 미덕에 대해 생각하며 조별활동에 임해야겠다는 생각을 하게 되었다.

□ 강민수
방어작용을 주제로 선정한 이유는 친구들의 오개념을 바로잡아주기 위함이었다. 그 과정에서 나와 조원들이 가지고 있었던 오개념도 바로잡을 수 있었다. 시나리오를 짜는 과정에서 서로의 아이디어가 충돌하다니 갈등이 생겼지만 서로 양보하며 원하는 내용을 추가 시키므로 갈등을 해결했다. 연극만을 남기는 현재 상황에서 우리의 연극을 통해 빈 친구들의 오개념이 바로 잡힐 수 있다면 뿌듯함을 느낄 수 있을 것 같다.

□ 권영민
평소 생명과학 공부를 하다보면 지루하고 막막한 내용 때문에 쉽게 지루해지고 흥미를 잃기 십상이었다. 이번 방어 작용을 주제로 역할극을 진행하면서 조원들과 서로 협력하며 회의 비슷하게 이야기를 주고 받으면서 방어작용 내용을 이해하는 과정이 즐겁게 느껴졌다. 친구들이 처음에 어떤 주제를 가지고 할지 고민이 많았는데 먼저 진취적으로 나서서 의견을 제시했던 대행히도 조원들이 의견에 동참하고 역할극에 반영하는 과정 자체가 즐겁고 좋은 경험이 되었고 뿌듯하고 유익한 시간이었다.

□ 김진오
역할극을 만들면서 평소 잘 알지 못했던 방어 작용에 대해 자세히 알 수 있었다. 그리고 나와 같은 저지의 친구들도 많이 있을 텐데 그러한 친구들에게도 방어 작용에 대해 역할극을 통해 잘 알지 못했던 내용은 더 잘 알게 되고 잘못 알았던 내용은 다시 제대로 알 수 있게 될 것이다. 친구들에게 이러한 점을 보여줄 수 있다는 것이 좋았고, 친구들이 재미있게 본다면 뿌듯 할 것 같다.

□ 신기훈
나는 역할극 시나리오 짜는 것을 어렵다고 생각했다. 하지만 팀원들과 의견충돌이 일어나기도 하였지만, 같이 협업하며, 쉽게 시나리오를 짰다. 생명에 대한 잘못된 개념이 있

는 친구들을 위해 역할극을 만들어 수업보다 쉽고 재미있게 생명에 대한 개념을 잡을 수 있게 해주었다. 그리고 우리가 만든 역할극을 반 친구들이 재미있게 본다면 보람을 느낄 수 있을 것 같다.

□ 이민섭
역할극을 통하여 느낀 점을 말해보면, 우선 친구들과의 협동이다. 이 역할극 활동을 하면서 우리는 의견충돌이 일어났다. 그러나 서로가 조금씩 자신의 생각을 양보해가면서 더 좋은 시나리오로 개선해갔다. 그다음은 나의 흥미에 관련된 주제이다. 나는 질병과 약에 대해 관심이 많다. 몸이 약 치료제를 개발하는 것이기 때문에 방어 작용에 대한 내용도 재미있게 봤고 역할극도 재미있게 참여했다.

□ 공기정
생명 과학 생명 창조 역할극을 이끌어가며 친구들을 통솔하고, 역할 분담을 하는 과정에서 친구들 각각의 성격과 장점을 알아내고, 그 덕분에 자기 자신에게 잘 맞는 역할을 가질 수 있었던 것 같습니다. 또한 평소에 좋아하는 노래 장르인 랩을 통해 제 역할인 뇌하수체 전엽을 표현하는 것이 색다르고, 잊지 못할 기억이었습니다.

□ 김동현
생명창조 활동을 시작하기 전에는 이러한 내용을 단지 교과서에서만 보는 텍스트로 여기고 있었습니다. 그러나 이 생명창조 활동을 시작하며, 친구들과 시나리오를 짜고 제 역할을 조사하여 랩 가사를 쓰니 제 역할인의 교감 신경에 대해 깊이 있게 알 수 있었습니다. 또한, 상대 역할인 부교감 신경이 하는 일과, 둘 사이의 길항 작용에 대해서도 더 많은 지식을 가져갈 수 있었습니다.

□ 김진혁
생명과학 생명창조 역할극을 같은 조 친구들과 같이 수행하면서 협동심을 기를 수 있었습니다. 제 역할의 바이러스를 랩으로 표현하기 위해 내용을 조사하면서 제가 원래 알지 못했던 사실을 알게 되었습니다. 저희 팀은 2명씩 대결구도를 펼치며 디스전을 하였는데 그럼으로써 상대방인 세균에 대해서도 더 자세히 알게되어서 유익한 시간이었습니다.

□ 선동민
이번 역할극에 가장 중요한 시나리오를 작성함으로써 역할극에서의 시나리오의 중요함을 깨달았습니다. 또한 생명과학을 랩에 녹여 라임을 맞추어 후에 대해 설명하는 과정에서 후업을 더 재밌고 흥미롭게 배우게 되었습니다. 교과서에서 배운 딱딱한 내용을 새로운 장르로 승화시키는 유익한 시간이었습니다.

□ 임승찬
이번 생명과학 생명창조 역할극의 주제로 랩이라는 아이디어를 내어 친구들이 역할극에 열심히 참여하는 모습을 보고 뿌듯했습니다. 평소에 랩을 좋아하는 저

지난 3년간 학생들과 함께 수업을 진행하였고, 2018년에는 학생들과의 소중한 추억을 책으로 남겼다. 교사의 일방적인 지식 전달 수업이 아닌 학생들이 서

로 모여 협업하며 학생 스스로 깨우치는 수업을 할 수 있어 교사로서 큰 보람을 느꼈다. 앞으로도 이 수업 프로그램을 계속 진행할 생각이며, 수업에 참여하는 학생들이 함께 모여 나누고, 배우고, 느낄 수 있는 '함께 해서 행복한 생명창조'가 되길 바란다.

나름 학생들과 함께한 수업이 과연 이 친구들에게 도움을 주고 있는지에 대한 피드백이 필요했었다. 내 수업 방식 방향성이 맞는 것일까? 수능이라는 목표를 두고 있는 학생들에게 괜한 시간 낭비를 주는 것은 아닐까? 등등의 고민이 있었던 적이 있었다. 하지만 내 수업 방식과 방향성이 올바르게 가고 있구나 하는 것을 어떤 제자의 편지를 통해서 확신을 갖게 됐다. 편지 보낸 친구 동의하에 첨부하고자 한다.

(사실 글씨를 너~무 못쓴다. 해독을 해야 하는 수준이 아닐까 한다. 경호야 미안하다. 디스해서…ㅋㅋㅋ)

사실 이런 맛으로 교사를 하는 게 아닐까 생각된다.

제자의 편지 : 2019. 02. 졸업생 손경호(서울대 의대 진학)

함께해서 행복한 교육활동
더 같이 함께, 더 가치 있게
학생과 함께하는 교육, 교사가 함께 만드는 활동

수학 교사 김태원

I. 들어가며

선생님이라면 누구나 자신의 수업에 대하여 한 번쯤 고민해 보았을 것이다. 내가 '제대로 수업하고 있는 것일까?', '다른 사람은 어떠한 방법으로 수업을 할까?'라는 의문으로 연구수업과 공개수업을 진행하였고, 다른 사람들의 공개수업과 연구수업에 참석하여 보았다. 지금까지의 수업은 대체로 젊은 선생님이 수업을 진행하고, 연배 있는 교사가 오직 조언하는 입장에서 참여하는 것이 일반적이었다. 수업 연구 방법에서도 보통 수업을 서로 관찰하고 서로 비평하면서 어느 부분이 좋고 어느 부분이 서투냐는 평가로 치우쳐 진행되는 일회성 평가로 진행되어 수업 발표자가 다시 하기 꺼리는 원인이 되곤 하며 몇 년간 공개수업을 하던 나 역시 연구수업 및 발표 수업을 꺼리는 이유가 되기도 하였다. 같은 교사의 입장에서 문제점을 수정하고, 발전적인 방향에 대한 피드백까지 가는 경우는 드물다. 이러한 상황 속에서 모든 교사가 대등한 입장에서 함께 즐거운 수업을 만들어 보고, 학생들과 교사가 교실에서 북적거리며 활동하는 수업을 만들고 싶다는 갈망은 점점 커져만 갔다.

교내에서 동 교과 선생님들과 수업을 개발하기 위해서는 제약 조건이 많았다. 수업 개발에 관심이 있는 다수의 동일한 교과 선생님을 구하기가 어려웠고, 관심과 열정을 가지신 선생님들은 주요 업무를 맡아 시간적 제약이 있었다. 그래서 대등한 입장에서 여러 학교의 교사가 다양한 활동을 진행한 내용을 교류하는 학교 간 전문적 학습공동체를 구성하였으며, 진행하기까지의 내용과 교간 전문적 학습공동체에서 활동하는 이야기들을 적어보려 합니다.

II. 외부 전문적 학습공동체를 하기까지

지금까지 학습해 왔고 대부분의 수학 수업은 칠판과 분필로 이루어진 수업이었다. 그리고 적극적으로 활동하는 선생님들은 수학 교육 보조제를 만들어 수업 시간 칠판에 붙이거나 여러 도형을 보여주어 학생들의 직관적 이해를 돕는 교사 중심수업에 머물러 있는 경우가 많이 있었다. 아이들과의 상호작용을 거쳐 이야기하고 재미난 수업을 진행해도 '저는 수학 포기자예요!'라는 말로 이미 나는 수학 수업과는 멀어진 아이라고 스스로 단정 지어버리는 아이들, 엎어져 자거나 눈치를 보며 자려고 머뭇거리는 아이들을 볼 때마다 어떤 수업을 해야 할지 고민을 하게 되었다.

그러다 문득 운동장을 뛰어다니는 아이들은 몸이 허약한 일부 학생들을 제외하고는 모두 적극적으로 참여하는 것을 보았다. 예체능이라서 그런가? 다른 과목들은 어떨까? 그리고 어땠을까? 하는 의문들이 '수학은 국어처럼 글을 쓸 수 없을까?', '수학은 과학처럼 실험할 수 없을까?', '수학은 사회과목과 같이 토론할 수 없을까?'라는 의문으로 발전하여 '어떻게 하면 수학을 국어처럼 글로 표현할 수 있을까?', '수학의 원리를 찾기 실험 및 탐구 활동을 어떻게 진행하면 좋을까?', '수학을 활용한 토론대회 등을 어떻게 진행할까?' 하는 고민으로 변해갔다.

그리고 그런 프로그램을 진행해보자는 생각을 해보았다. 내가 교사이기 때문에 가르치고 아이들은 듣기만 해야 하는가? 아이들이 가르치면 안 되는가? 라는 역발상으로 1학기 동안 수업할 내용에 대하여 차시별 계획서를 아이들에게 공개하여 발표하고 하고 싶은 부분을 정하여 발표할 수 있도록 유도하였다. 자신이 발표하는 것을 영상으로 촬영하여 유튜브에 공유하고 서로의 발표를 들어보고 자신의 수업을 돌아보며 어떻게 하며 좋을지 학생들과 공유해 보는 시간을 가져보았다. 영상에 자신의 모습이 나오고 목소리가 나와 다른 학생들의 수업을 경청하고 진지한 태도로 임하는 학생들이 다소 증가하였으나 더 재미있는 수업으로 진행할 수는 없을까 하는 고민은 계속하게 되었다.

- 아딱(APPROACH TO A CLASS), 청진기 프로젝트 -

관심 주제별 소모임 활동

  수업에 관심을 가지기 위한 활동으로 다양한 수준의 아이들을 위하여 그럼 수준별로 구성하여 희망하는 학생들을 위한 내용을 구성하고자 다양한 교과의 선생님들이 뭉쳐 아딱(Approach To A Class: 접근식 교수법), 청진기 프로젝트(청소년 진로 탐색 기회 제공 프로젝트)를 만들어 아이들 수준과 관심을 중심으로 교육과정을 재구성하여 방과 후 시간 또 다른 학급을 구성하여 운영해 보았다.

  먼저 공부하고 싶은 열정은 있으나, 공부하는 방법을 몰라 성적을 올리지 못하는 중위권 학생들을 위한 아딱(Approach To A Class: 접근식 교수법)을 운영한 방법을 설명하고자 한다. 학생의 선발은 학생 자신의 희망서와 담임 선생님의 추천을 받아 성실한 학생을 중심으로 선발하였다. 운영의 효율성을 위하여 1학급 규모를 구성할 수 있는 인원만을 선발하여 시작하였다. 국어, 수학, 영어, 과학, 사회 5개 교과에 대하여 요일별 일정을 정하여 각 과목에 해당하는 선생님이 야간 자기주도 학습 시간에 멘토링을 진행하였다. 교과별 수업이 아닌 선생님들이 자신이 공부하였던 공부법, 지문을 읽는 법, 문제의 의도를 파악하는 법 등 개념 학습이 아닌 학습하는 법을 위주로 이야기를 나누고 자신이 학습하면서 생긴 질문에 대한 응답 시간을 가졌다. 요일별 해당 과목만 학습하도록 유도하였다. 그리고 학생별 부족한 과목별로 스터디 그룹을 조성하여 학습 동기를 부여하는 등 학습하는 방법을 안내하였다.

  다른 교과 선생님들의 참관 및 팀티칭 멘토링 등이 언제든 허락되는 오픈형 교실로 타 교과에서 중요하게 여기는 맥락과 학습 방법을 이해하며 다른 선생님들의 수업 기술 및 학습 기술을 알게 되었고 학생들 상담 시 조언 내용으로 활용할 좋은 기회를 가졌었다. 학기별로 인원을 모집하여 운영하여 해당 학생들과 운영한 선생님들은 긍정적인 결과를 낳게 되었다. 교사 간 교과 간 이해할 기회를 가졌고 대부분의 학생은 학업능력이 향상되어 높은 학업 성취도를 이루었다. 하지만 멘토링을 통해 상위권으로 진입한 학생들이 자신에게 맞는 효율적인 학습법을 익히길 원했으나 일부 학생들이 다음 학기에 다시 모집한 중위권 학생들보다 성적이 낮아지는 결과를 가져왔으며, 기존 상위권 학생들과 등수가 역전되는 결과 때문에 학생과 학부모에게 민원을 받는 부작용이 발생하였다.

다음으로는 청진기(청소년 진로 탐색 기회 제공) 프로젝트에 관하여 이야기하려 한다. 아딱과 유사하게 운영을 하였으나 흥미나 의욕이 없이 무의미하게 학교에 다닌다고 생각하는 학생들을 대상으로 운영하였다. 자신이 나중에 무엇을 해야 할지, 무엇을 하고 싶은지 모르는 학생 등 학교를 왜 다녀야 하는지 모르는 학생들을 대상으로 학생들의 지원을 받아 운영하였다. 의욕이 없다 보니 신청하는 학생들이 거의 없었다. 상담 선생님과 담임 선생님들의 추천을 받아 학교에 다니는 의미를 부여하는 목적으로 운영하였다. 학교 업무로 알 수 없었던 선생님들의 재능 기부와 함께 지역 사회의 사회적 기업 상담사로 일하시는 분의 도움, 학부모들의 직업 소개 등으로 프로그램을 운영하였다. 의욕이 없는 학생으로 구성하다 보니 진행의 어려움이 있을 것으로 예상하였으나, 시간이 지나면서 학생들이 적극적인 태도로 변하는 모습을 보았으며 학교에 재미를 가지고 학교에 가는 의미를 찾아가는 모습을 보면서 보람된 마음을 느끼게 되었다. 선생님들의 다양한 재능과 취미를 알게 되어 선생님들이 서로를 잘 알게 되는 기회가 되기도 하였다. 가장 좋았던 점은 절반 정도의 학생들이 자신이 하고 싶은 것을 찾았다는 점이다.

하지만 위와 같은 프로그램을 운영하기 위해서는 학생들과 선생님이 야간에 남아서 운영해야 하는 시간적, 장소적 제약으로 힘든 점이 있었으나, 선생님들이 열정적으로 함께해 주시고 많은 서로가 가지고 있는 인프라를 공유하여 가능하였다고 할 수 있다. 함께 해주시고 많은 것을 알려주신 선생님들께 감사함을 전하고 싶다.

- 수리과학 컨퍼런스 -
수학 토론의 장을 마련하다.

수학을 좋아하는 우수한 학생들이 자신의 수학 실력을 뽐내고 자신의 가치를 높이 평가받고 싶어 하는 학생들을 위하여 수리과학 컨퍼런스를 개최하여 자신의 수학능력을 마음껏 발휘할 수 있는 장을 마련하였다. 대부분의 학교에서 시행되고 있는 수학 경시대회는 문제 풀이 위주의 서열 매기기로 볼 수 있다. 학습한 내용에서 어려운 문제를 누가 더 잘 풀 수 있는지에 대한 일회성 시험에 그치는 경우가 대부분인 수학 경시대회를 벗어나고 싶었다. 그래서 선생님들이 뭉쳤다. 수학을 문제 풀이에만 그치지 않고 발표력과 학습능력 및 과제 해결능력을 총체적으로 보고 싶다는 욕심으로 시작하였다. 무학년제로 학습할 교재를 정리하고 매주 1단원씩 발표할 모둠(3인 1팀) 선정하고, 발표한 내용에 대한 질문과 오류를 다른 모둠의 학생들이 발견하고 수정하여 점수를 획득하는 형식의 진행과 함께 단원의 발표 및 질의응답 후 선생님들이 낸 문제를 모둠에서 토론을 통하여 답을 논리적으로 정돈하여 발표하고, 그 풀이법의 부족한 부분이나 오류를 다른 모둠에서 발견하여 수정하여 점수를 얻는 컨퍼런스를 진행하였다.

　6주 과정의 토론을 거쳐 선정된 3팀의 결승전을 통해 최종 우승자가 선정되는 형식으로 지원자가 적을 것으로 예상하였으나 수학에 관심이 높은 학생들이 많아 지원자가 많이 발생하여 논술식 예선을 거쳐 본선 8팀을 선정하여 첫 대회를 치렀다. 발표 및 PPT 구성 조별 말하기 능력은 토론을 자주 평가하시는 사회계열 선생님들과 함께하여 객관적 평가를 도왔으며, 다른 수학 선생님들의 평가 및 도움으로 수월하게 대회가 진행되었다. 평소 소극적 태도를 보이던 학생들이 모둠의 점수를 얻기 위해 적극적으로 참여하며, 모둠의 점수를 얻기 위해 다른 모둠의 발표 및 풀이를 듣고 논리적 오류를 발견하고자 눈에 불을 켜고 노력하는 모습이 보람된 대회였다. 학생들을 또 다른 경쟁으로 몰아넣은 것은 아닌가 하는 생각이 되었으나 경쟁이 또 하나의 자극으로 긍정적 효과를 나타낼 수 있다면 경쟁도 학생들의 성장에 도움이 되는 좋은 비료가 되었을 것으로 생각하였다.

　수학 토론의 장인 수리과학 컨퍼런스를 개최하고 운영하기 위해 조언과 함께 지원을 아끼지 않으신 교장선생님과 늦은 시간까지 학생들을 지도해주신 운영 선생님들과 조별 멘토 선생님들의 노력으로 학생들이 즐겁게 토론할 기회를 가질 수 있었던 점에 감사드립니다. 홀로 할 수 없었던 부분들을 학교 내 선생님들의 도움으로 가능하게 되었으나 선생님들에게 많은 부담을 드린 점에 대하여 죄송스럽게 생각합니다.

- 수리과학과 인문학의 만남 그리고 그 가치에 대하여 -
수학을 인문학으로 표현하다.

선생님 수학을 왜 배우나요?'라는 질문은 수학 선생님이라면 누구나 들어 봤을 것이다.

수학을 왜 배우는지 알려면 수학이 무엇인지 알고 있어야 한다.

'수학을 말하라?' 이러한 질문에 당신은 어떻게 답할 것인가?

학생들 스스로 질문에 대한 답을 찾고 해결하며, 다양한 교과목에서 진행되고 진행하기를 원하는 스토리텔링을 수학 수업에서 활용할 수 있는 방법은 무엇일까? 라는 생각으로 인문학적 글쓰기를 활용한 수학 수업을 진행하게 되었다.

세계의 언론과 우리나라 교육자들은 우리나라 중·고등학교 학생들이 우수한 지능을 가지고 있고, 그 사실을 뒷받침할 증거들을 곳곳에서 보여주고 있다. 그러나 성인 중에서는 이름을 널리 알리고 있는 사람은 적다. 우리는 종종 스티브 잡스와 같은 인물은 대한민국에서는 나올 수 없다고 이야기한다. 그래서 이에 대한 방안으로 STEAM을 이야기한다. STEAM 교육은 1990년경 미국에서 시작한 STEM 교육에서 영향을 받은 것으로 단절된 지식교육에 중점을 둔 교과교육의 근본적인 변화를 위한 것입니다. 그러나 수학과 인문학은 서로 단절되고 연관성이 없다고 생각하여 연결성을 염두에 두지 않고 있습니다. 수학교육과에 진학하여 국어를 복수전공을 하며 두 과목을 연결 짓는 방법에 대해 고민하고 느낀 생각들을 주변 선배 교사들 수업 참관과 멘토링을 바탕으로 수업 방식에 대한 새로운 메커니즘을 만들어 보려고 하였다.

'수리과학과 인문학의 만남 그리고 그 가치에 대하여'의 필요성 및 취지

수학과는 수학의 개념, 원리, 법칙을 이해하고 기능을 습득하여 주변의 여러 가지 현상을 수학적으로 관찰하고 해석하는 능력을 기르며, 수학적 문제 상황을 수리·논리적 사고를 통하여 합리적으로 해결하는 능력과 태도를 기르는 교과이다.

복잡하고 전문화되어가는 미래 사회에서 사회 구성원에게 필요한 핵심 역량은 창의적 사고 능력, 문제 해결 능력, 정보처리 능력, 의사소통 능력 등으로, 이는 주로 수학적 추론, 수학적 문제 해결, 수학적 의사소통과 같은 수학적 과정의 교수·학습을 통하여 증진된다. 수학적 과정을 통해 길러진 핵심 역량은 타 교과의 성공적인 학습에 기반이 될 뿐 아니라, 나아가 개인의 전문적 능력의 증진과 창의·인성 중심의 21세기 지식 기반 사회의 민주 시민에게 필요한 소양과 경쟁력을 갖추는 데에도 토대가 된다.

한편, 학교 수학에서는 인지적 능력의 증진은 물론 수학에 대한 흥미와 호기심, 수학 학습에 대한 자신감과 긍정적인 태도 등 정의적 영역의 개선과 더불어 상대방을 이해하고 배려하는 바람직한 인성을 길러야 한다. 수학은 개인차가 크게 나타나는 교과이므로 학생의 인지 발달 단계, 학습 수준, 학습 특성 등을 고려하여 적절한 교수·학습 방법을 적용해야 한다.

수학적 의사소통 능력을 신장시키기 위하여 교수·학습에서 다음 사항에 유의한다.

수학적 아이디어를 말과 글로 설명하거나 시각적으로 표현하여 다른 사람과 효율적으로 의사소통할 수 있게 한다.

수학적 아이디어를 표현하고 토론하며 다른 사람의 수학적 아이디어와 사고를 이해하는 과정을 통해 의사소통의 중요성을 인식하게 한다.

위와 같이 수학과 개정 교육과정에서는 다양한 방법으로 수학의 필요성 및 수학적 창의력, 문제해결력을 향상하려는 방법을 제시하고 있다. 실생활과 관련된 문제를 해결하기 위한 실생활 상황을 수학 문제로만 해결하는 것이 아닌 실제 생활을 수학과 연관 지어 생각해 보며 수학적 원리가 실생활에 어떻게 접목되고 있는지 판단하여 지금의 상황을 고민해 보고 인문학적 요소로 작성해 봄으로써 수학이 우리의 실생활과 따로 떨어진 학문이 아닌 함께 존재한다고 생각하고 수학의 필요성 및 수학적 흥미를 느낄 수 있도록 지도하려 한다. 이렇게 생각한 사고는 자신의 삶과 연결성을 가지고 작용하여 개념에 대한 명확한 이해와 함께 오래 기억될 수 있도록 돕고 있다.

교과과정과 내용에 따른 학습지도는 그 개념과 원리를 파악할 뿐, 우리의 삶속에서 '어떠한 형태로 나타나는지?', '수학을 왜 배우지?', '수학의 가치가 무엇인지?'에 대한 끊임없는 의문을 가지게 한다. 그 가치를 알기 힘들어 거리감이 들고 학문의 어려움마저 느낀다. 우리의 삶의 일상적인 내용이나 의미 있는 기억을 수학적 요소와 관련지어 설명할 수 없겠느냐는 의문이 들었다.

고등학생을 지도하며 '단원별 공식이나 주요 개념, 학습한 단원 및 개념을 더 잘 익힐 방법이 무엇일까?'라는 의문에 단순 문제 풀이를 위한 공식암기가 아닌 이론을 만든 수학자를 알아보고 에피소드를 탐구하여 나에게 나타나거나 겪었던 인지적 문제가 무엇이며 이를 통해 얻은 수학적 교훈이 무엇인지? 진로와 관련된 방향과 그에 따른 어떠한 노력을 해왔는지를 고민해보는 기회가 되고, 자신의 느낀 점을 시, 소설, 수필 형태로 작성하여 발표하고 느낀 점과 앞으로의 각오 및 좌우명을 결정한다.

학생들이 단원별 수학적 원리 및 단원의 정의를 다시 생각해 보는 계기가 되며, 어렵고 거리감을 느꼈던 수학을 자신의 다양한 형태로 표현해보고, 주위 친구들에게 설명해보는 시간을 가져봄으로써 수학의 본질에 대해 탐구하고, 수학적 사고 활동을 증가시키며, 흥미를 유발하여 조용하던 수학 시간에 활기를 감동을 불러일으키는 계기를 만들어 보고 싶었다.

먼저 단원과 관련된 자유주제로 발표할 수 있도록 안내하였다. 처음 접하는 학생이 막연하게 생각할 것 같아 양식을 만들고 예시를 제공함으로써 학생들이 이해할 수 있도록 도왔다. 주제 및 분야는 학기 초 오리엔테이션을 통하여 모둠을 편성하고 발표를 희망하는 단원을 정하고 자신이 정한 단원을 발표하고 질의응답을 통해 피드백하는 시간을 가졌다. 이를 통해 자신이 발표한 단원에 대한 이해를 높일 수 있었고 이 단원과 연관된 실생활과 인문학적 요소들을 고민하게 하기 위해 관련 문제를 만들어 보고 그 문제들을 모둠별로 해결하고 발표를 통하여 서로의 생각들을 알아보는 시간을 가지게 한 후 각자가 생각한 인문학적 요소를 발표하게 하였다.

누구든 수학을 인문학으로 말해보라고 하면 당황하며 막연하게만 생각할 수 있을 것 같아 사전에 조사하고 알아볼 수 있도록 기회를 제공하는 시간을 가질 수 있도록 한 것이다. 그리고 발표한 내용 중 우수한 작품은 전시를 통해 서로 알고 수학에 친근하게 다가갈 수 있도록 하였다. 물론 동기 부여를 위하여 학생들의 발표내용을 학생부 세부능력 특기사항에 요약하여 기록하였다. 내신과 학생부에 관심이 많은 상위권 학생들에게 의미 있는 학업 활동으로 제시하기에 좋았는지 다수의 학생이 참여하였다.

수업을 진행하다 보니 소수가 다수의 영역을 해결하기보다는 교사의 적절한 분배 및 편성이 필요하며, 학생들이 어려워하는 부분이나 선호하지 않는 부분은 발표하지 않은 학생에게 편성하여 의욕 없는 수업 진행으로 강의자와 청자 모두에게 부정적인 영향을 미친다. 이러한 단원은 교사의 수업을 통하여 학생들과 같은 시선으로 수업에 임하는 모습을 통하여 학생들과 더욱더 친해질 수 있는 계기가 될 수 있다고 생각하였다.

발표를 위해 준비한 부분을 '나에게 의미 있는 기억들'로 정리하여 이를 바탕으로 '수리과학과 인문학의 만남'을 통해 그 가치를 다시 생각할 수 있도록 시,

소설, 수필 등 자신이 작성하고 싶은 장르로 작성하여 발표한다. 다양한 상황에서 발생하는 여러 가지 문제를 수학적으로 사고하여 해결하는 능력에 대한 조언 및 생활 주변 현상, 사회 현상, 자연 현상 등의 여러 가지 현상을 수학적으로 관찰, 분석, 조직하는 능력에 대해 느낌 전달하여 듣는이의 흥미를 유발한다. 기말고사 후 수업은 학생들의 집중력을 떨어뜨리고 무엇을 할지 망설이는 선생님들이 많이 있다. 이 시기에 자신이 관심을 가지고 발표한 부분을 자신의 의미 있는 기억을 재구성하여 인문학적 장르로 표현한 글을 발표하고, 그 내용을 세부능력 및 특기 사항에 기재한다. 발표 후 수학적 개념에 대해 정리하는 기회가 되며 서로에 대한 공감적 이해와 재미를 함께 느낄 기회가 된다.

과학 중점학급을 대상으로 '창의 수학 문제 제작 발표 수업' 및 '수리과학과 인문학의 만남'이라는 주제로 수행평가 평가 항목으로 도입하려 하였으나, 수준별 수업으로 여러 교사가 각각의 학급 수업을 진행하여 교사의 역량에 따른 운영 방법에 따라 평가의 객관성 및 일관성은 낮아지고 주관적인 평가로 보여줄 수 있어 단위 수가 높고 입시에 민감한 과목이라 수행평가 항목으로 도입하기 어려운 한계가 있었으나 그러한 제약이 없다면 수행평가로 진행하여도 좋을 것으로 판단된다.

여러 활동과 학생 주도적 수업으로 전반적인 학생들의 수학에 대한 흥미가 높아졌으며, 이를 토대로 학업에 대한 관심이 높아지고, 문제해결 및 내용이해의 측면에서 교사의 설명을 듣는 청자의 입장에서 직접적인 수업을 진행하는 교사의 입장이 되어 수학적 원리 및 정리를 적극적으로 탐구하고, 질문에 대한 답변을 위하여 수학적 원리를 한 번 더 고민하는 기회를 제공하게 되었다. 다양한 현상에서 수학적 원리를 찾고자 노력하는 학생들이 늘어남으로 수학과 인문학과의 관계를 이해하는 학생들이 늘고 이를 통하여 자신의 삶에 대하여 성찰하는 학생이 많아졌다. 선생님들은 기말고사 후 수업 진행의 어려움을 겪고 있다. 이 시기에 한 학기 동안 배운 지식을 틈틈이 작성한 인문학적 내용의 발표를 통하여 학습한 수학 내용을 복습하는 기회와 함께 인문학 작품 감상을 통하여 서로에 대한 공감적 이해를 도울 수 있으며, 서로의 생각 및 고민을 알아볼 수 있어 교유관계에 도움이 되는 모습을 볼 수 있었다.

위와 같이 진행하는 데 대부분의 활동이 모둠으로 이루어지는 측면이 있어 같은 모둠 내의 학생들의 의견을 수렴하는 과정에서 교사로서 공정성을 유지하고자 하는 노력이 필요했으며, 실생활 및 자신의 삶과 주변 상황들과 연관된 수학적 원리를 새롭게 찾는 데 학생들에게 어려움을 느끼게 하였다. 이러한 부분을 줄이기 위해 교사가 사전에 충분한 설명과 함께, 우수사례에 대한 예를 제시하는 모형화 활동을 통하여 학생들의 부담을 줄일 수 있다. 그러나 단편적인 모형화는 학생들을 획일화하여 창의성을 발휘할 방법을 줄일 수 있으므로 다양한 방법으로 소개하여야 한다. 그리고 수학과 인문학을 연결하기 위해서는 교사의 인문학에 대한 관심이 있어야 하며 학생들이 작성한 글에 대한 부정적인 말은 지양하고, 긍정적인 발문과 학생이 가지고 있는 의문에 대하여 교사가 고민했던 내용을 안내한다면 학생과 교사와의 관계가 더욱 돈독해지고 발표를 지원하는 학생이 많아지는 효과를 얻었다.

또한, 학생들이 수학을 소재로 작성한 인문학적 글쓰기 내용 중 우수작을 선정하여 교내 전시를 통해 다른 학급의 학생들이 감상하여 수학에 대한 친밀감을 가지고 또 다른 즐거움을 가질 수 있는 모습으로 발전하기를 바라며 우수 작품들을 수집하고 있다. 더 나아가 담당하던 수학동아리에서는 다양한 주제별로 수리과학 체험 교실을 운영하였다. 이는 학교와 교간 전문적 학습 공동체가 주관하여 지역 중·고등학생들을 대상으로 직접 UCC, 학생들이 직접 제작한 창의 교구 체험 및 설명을 통하여 수학에 대한 흥미를 높이는 봉사 활동을 하고 있다. 여기에 수학을 인문학적 요소로 표현한 작품들을 함께 전시하여 수학의 다양한 모습들을 지역 중·고등학교에 알리고 나아가 전국의 학생들이 수학에 흥미를 느끼게 하고 싶은 생각을 가지고 있다.

III. 교간 전문적 학습공동체

   교내에서 학생들과 활동하며 다양한 수업을 진행하였으나 한 학교에 오래 머물 수 있는 교사는 많지 않다. 대부분 선생님이 기간이 되면 다른 학교로 옮긴다. 학교를 옮기게 된다면 새로운 선생님과 또다시 관계를 맺어야 하며, 새로운 학교 환경에 적응해야 한다. 그렇게 되면 교사 서로의 수업 공유가 어려워지는 게 현실이다. 그동안 계획하여 진행하던 활동이 다시 원점에서 다시 시작해야 하거나 시작하지 못하는 경우가 많이 발생한다. 위와 같이 프로그램을 설계하고, 교내 여러 선생님들과 협력하여 만들어도 새로운 학교에는 새로운 선생님과 환경으로 진행하기 어려운 현실이 그 이유이다. 또한, 선생님이 옮기면 프로그램 또한 사라질 위기에 처하게 된다. 그래서 함께하기보다는 혼자서 학급에서 진행할 수 있는 프로그램을 만들다 지쳐 안주하게 되는 선생님들이 대부분일거라 생각한다. 같은 뜻을 가진 선생님들이 모여 지역 내 동일 교과를 중심으로 전문적 학습공동체를 만들어, 수업 모델을 개발하고 탐구하며 서로의 수업 방법을 공유하게 되었다. '혼자 하면 빨리 가지만, 함께 하면 멀리 간다'는 말처럼 함께 멀리 가고 싶은 생각으로 시작하게 되었다.

- MATHTOUR 등 수학 프로그램 개발
수학에 흥미를 갖도록 하기 위한 수학 여행 프로그램

   전문적학습공동체의 첫 주제는 다양한 여행상품, 지역 소개 상품 개발이다. 수학을 편안한 마음으로 접근하고 생활 속에서 수학을 찾으려는 목적이다. 자신이 살고 있는 지역을 수학적으로 표현하여 학생들이 일상에서 수학에 대한 부담을 줄일 수 있는 활동으로 Mathtour 프로그램을 개발하였다. 그 예로 인천 지하철 2호선을 이동하며 체험하는 수학 프로그램, 한국전쟁 때 유명한 인천상륙작전

기념관과 송도 유원지 홍보를 위한 mathtour 등 장소별로 구성할 수 있는 활동 중심 수학 프로그램을 각자가 맡아 여행 상품을 개발하였다. 학생들이 즐기며 할 수 있는 프로그램을 만들기 위해 함께 함께 답사하고, 서로의 생각을 나누고 발전시키는 시간을 통해 지속적인 활동을 유지하고 싶은 생각으로 뜻이 맞는 수학 선생님들과 함께 학교 간 전문적 학습공동체를 구성하였다.

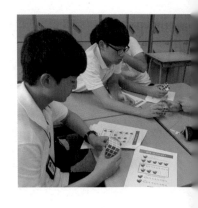

구성원이 동일 학교일 수 있고 다른 학교일 수도 있다. 하지만 교사공동체로 묶이면 소속은 중요하지 않다. 공동체로 함께 할 수 있는 매개체가 있어 마음이 변하지 않는 이상 계속 유지될 수 있다. 매년 초 수업 탐구 교사공동체 공문을 통하여 운영계획서를 계획하고 만들고 신청하여 선정이 되면 전문적 학습공동체를 운영하게 된다. 여러 해 함께하면서 서로가 서로에게 도움이 되고 부담을 주지 않으며, 서로 동등한 위치로 매번 회장과 총무는 돌아가며 맡아 부담을 줄인다. 서로가 동등한 입장이기에 서로의 생각들을 편안하게 이야기할 수 있다. 그리고 이러한 공동체로 묶여 활동하려는 동기가 생겨 적극적인 활동을 할 수 있는 장점을 가진다. 매년 말 다음 해 진행하고 싶은 주제를 토론하고 선정하고 계획서를 꾸민다. 그리고 다음 해는 선정한 주제를 바탕으로 다양한 활동들에 대한 의견을 나누고, 활동들에 대한 지도안을 공유하여 더 풍성한 수업을 구성할 수 있다.

놀고 걷고 이야기로 배우는 수학
놀면서, 걸으면서, 이야기하며 배우는 수학 프로그램 개발
'숨.쉬.기' 프로그램 개발을 통한 수업 속 창의·인성 활동 탐구
숨어있는 수학, 쉬어가는 수학, 기적을 만드는 수학 프로그램 개발

위와 같이 대주제를 1년 간 다루며, 매달 소주제별로 선생님들이 생각한 활동 수업을 테마별로 하나씩 제출하여 공유한다. 소주제별 활동이 정리되면 활동이 가능한지, 더 의미 있게 구성될 수 있는지를 모두가 함께 참여하는 1박 2일 워크숍을 통해 체험하고 의견을 나누게 된다. 평소 혼자서 하기 힘들었던 부분을 함께하고, 생각한 활동을 학교 밖에서 함께 체험하여 재미있는 내용은 학생들과 함께 할 수 있는 기회를 받는다. 서로 다른 구성원으로 어색할 수 있는 분위기는 금방 밝은 분위기가 되는 시간이기도 하다.

- 교간 전문적 학습공동체의 교내 활동에 활용하기

학교 간 학습공동체에서 논의하고 개발한 프로그램을 수업 시간 및 동아리 활동 시간에 운영에 도입하여 다양한 체험활동을 할 수 있으며, 학생들과 함께 프로그램을 만들고 개발하여 전문적 학습공동체 선생님과 공유하여 발전 보완하여 더 좋은 프로그램으로 개발하게 되었다. 동일한 교과목으로 구성되어 있지만 학교급은 다른 선생님들도 함께 구성되어있다. 이러한 구성으로 내가 맡은 동아리에서는 저학년을 대상으로 수학 교육 봉사활동을 진행하고 있다. 그리고 인근 중학교 학생들을 대상으로 수학 체험 행사를 운영하였다. 다른 학교 학생들을 섭

외하거나 다른 학교와 통합하여 부스를 운영하는 데 쉬운 협력관계를 유지할 수 있으며 한 학교에서 운영하기 힘든 큰 활동들도 대부분 선생님이 수학동아리를 운영하고 있어 큰 활동을 운영할 수 있게 되었다. 이는 줄어드는 학생 수에 대한 대응으로 학교 간 협력관계를 높여 소수라 운영하기 힘들었던 부분을 함께라 가능하게 구성할 수 있는 기회가 될 것이라 생각한다.

- 학교 간 협력을 통한 수업의 변화와 활동 변화

서로가 프로그램 개발에만 그치지 않고 수업을 공유하고, 그 발전 방안을 논함으로써 정적이던 수업에 변화가 생기기 시작하였다. 고등학교 수학 수업은 대부분 강의식 수업으로 진행되는 게 일반적이다. 개념에 대한 설명을 듣고, 그 개념과 관련한 문제를 풀이한 후 학생들이 칠판에 적힌 문제를 풀이하는 방법이 내가 배워왔고 대부분의 선생님이 지금까지도 진행하는 일반적인 수업이다. 이런 수업을 좋아하는 학생들이 있으나 수업에 집중하지 않고 학원에 의존하며, 수포자가 발생하는 원인이라 생각하였다. 수업의 공유로 학생이 주도하여 수업하는 거꾸로 수업, 단원별 활동을 진행하여 수학을 잘하지 못해도 모두가 함께하는 협력수업, 주제별 탐구 수업, 그리고 다양한 평가의 활용법 도입을 통하여 수업의 변화 및 평가의 변화가 이루어졌다. 시작이 어려웠지만 수업이 진행될수록 학생들이 주도적으로 이끌어가는 수업을 보면서 학생들에 대한 열정과 애정이 대시 생기게 되었다.

IV. 결론 및 교육적 효과

처음 교단에 섰을 때를 생각하면 설렜던 기억과 함께 막막했던 기억을 떠올리게 된다. 수업을 어떻게 진행해야 할지를 설레며 준비하였지만, 수업 외의 업무로 힘들어하다 보면 수업이 뒷전으로 밀리는 경우가 많기 때문이다. 일과 후 수업할 내용을 공부하고 유명 강사의 강의를 들으며 교수법을 연습하는 선생님들이 많이 있다.

대부분의 학교에서는 신규 선생님에게 공개수업을 시키는 경우가 많이 있다. 공개수업을 배우는 수업으로 듣는 것이 아니라 수업에 대한 평가로 부담감을 느낀다. 대부분이 수업의 발전방향보다는 장단점만을 평가하기 때문이다. 서로의 수업을 숨기는 이유이다. 누구나 처음이 있고 어설프고 부족한 부분을 가지고 있다. 혼자 공부하고 다양한 연수와 활동에 참여하여 다양한 수업을 개발하며 진행하여 학생들이 만족할 만한 수업을 한다고 하여도, 변화하는 시대에 따른 교수법을 따라가기에는 버거워 지친다. 그런데 교육은 계속 변화한다. '혼자서 가면 빨리 가지만 함께 하면 멀리 간다'는 말이 있다. 서로 의지가 되고 함께 수업을 개발하고 연구하는 사람들이 있다면 보다 재미있고 의미 있는 수업을 통해 스스로가 발전하는 기회가 될 것이라 생각한다. 기회가 되는 동안에는 지속해서 학교 간 전문적 학습공동체에 참가하여 새롭고 더 발전된 수업으로 학생들과 함께하고 싶다. '사회가 학교다.'는 말이 실현될 수 있는 첫걸음이라 생각한다.

한국어 교육을 전공한
나의 일본어 교육

북적거림의 학교

일본어 원어민 교사 오노시 마유

유학으로 시작한 한국 생활

'그 교수님 내년에 미국으로 가셔. 1년 동안 한국에 들어오지 않으신대.' 2015년 8월, 한국에서 유학생으로 공부했던 저는 뒤늦게 그 사실을 알아 부득이하게 진로에 대해 고민하기 시작했습니다. 당시 유학생이었던 제가 왜 대학원 진학을 결정했냐면 한국에 더 오래 머물고 싶었기 때문입니다. 그러나 이 이야기를 조교 언니에게 했더니 서두에서 쓴 바와 같은 대답이 돌아왔습니다.

저와 같은 유학생이 졸업 후에도 한국에 체류할 수 있는 방법은 크게 세 가지가 있습니다. 첫 번째는 고등교육기관 진학, 두 번째는 취업, 세 번째는 한국 국적을 가진 사람과의 결혼입니다. 이 세 가지의 공통점은 비자가 발급된다는 것입니다. 아무리 한국어를 잘해도 비자가 없으면 불법체류자가 돼버리기 때문입니다. 그러나 동경하는 교수는 1년 동안 한국을 떠나고 남자친구가 있는 것도 아닌 제가 고를 수 있는 선택지는 단 하나, 취업밖에 없었습니다. '어차피 내년이면 교수님이 오시겠지'라는 아주 짧은 생각으로 취업하기로 한 저는 취업 활동을 시작했습니다. 그때 유학생 시절에 중고등학교에서 1일 일본어 교사를 봉사활동으로 했을 때 가르치는 것에 대한 재미를 느낀 저는 일본어 교육과 관련된 곳에 이력서를 넣었습니다. 그리고 운 좋게 합격한 곳이 지금 근무하고 있는 송도고등학교였습니다. 저는 의도치 않고 너무나도 쉽게 가르치는 사람이 돼버렸습니다.

주객이 전도된 나만의 수업

그렇게 저는 대학교를 졸업하고 그 다음 달부터 일본어 교사로 일하게 됐습니다. 대학교에서는 한국어 교육학을 전공했으나 일본어 교육에 관한 지식은 하나도 없는 상태였습니다. 그러나 별로 걱정하지 않았던 이유는 면접 때 한국인 선생님과의 팀티칭이라고 들었었기 때문입니다. 제가 소속하는 송도고등학교 국제팀은 국제반 학생들을 가르치며 관리하는 부서입니다. 국제반이란 일본어와 중국어 중에서 하나를 선택하며 주요 교과목과 병행해서 외국어를 배우는 반을 말합니다. 시간표는 다음과 같습니다.

시간	월	화	수	목	금
1					
2	3학년			2학년	
3	2학년	1학년			
4			3학년		2학년
점심 시간 (80분)	3학년	2학년	3학년	2학년	3학년
5					
6		3학년	1학년		3학년
7					
방과후	2학년	1학년	2학년	1학년	2학년

시간표

1학년은 방과후 수업을 포함하면 1주일에 4번, 2학년은 방과후 수업과 점심 수업을 포함하면 1주일에 8번, 3학년은 점심 수업을 포함하면 7번의 외국어 수업을 듣습니다. (2019년 8월 현재).

또한 국제팀에는 일본어와 중국어 교사가 두 명씩 있습니다. 한국인 일본어 교사, 한국인 중국어 교사, 그리고 일본어 원어민 교사와 중국어 원어민 교사입니다.

앞서 말한 팀티칭이란 학생들의 모국어 교사와 배우는 언어의 원어민 교사가 같이 수업을 하는 것을 말합니다. 보통 모국어 교사가 주도적으로 수업을 진행하며 원어민은 발음지도를 중심으로 보조적인 역할을 합니다.

그러나 첫 출근 날, 선배 일본어 선생님에게 충격적인 말을 듣게 됩니다. '이 수업은 오노시 선생님 메인이라 선생님의 수업이라고 생각하시면 돼요.' 갓 대학교를 졸업한 제가 갑자기 고등학교 2학년과 3학년 남학생의 수업을 담당하게 된 것입니다. 게다가 한 가지 더 충격적이었던 것은 한국어 사용을 삼가 달라는 지시였습니다. 제가 4년 동안 전공해 온 것들을 전혀 살리지 못하는 데다가 외국인에게 일본어로 수업을 한다는 것은 불가능한 일로 보였습니다. 그래서 전에 계셨던 원어민 선생님들이 어떤 수업을 하셨는지 여쭈어 보았지만 돌아온 대답은 이랬습니다. '글쎄요. 그냥 선생님만의 수업을 하시면 돼요.' 이 말이 활동 중심 수업을 하게 된 계기가 됐습니다.

저만의 수업, 즉 원어민만의 수업이란 원어민이라서 할 수 있는 수업을 의미합니다. 그래서 저는 한국인 일본어 교사와 원어민 일본어 교사의 차이에 대해 생각해 보았습니다. 그 결과 언어의 표현 영역에 대한 지도라는 결론에 이르렀습니다. 언어는 관점에 따라 다양하게 구분할 수 있지만 영역적인 관점으로는 이해와 표현의 영역으로 나눌 수 있습니다. 이해 영역에는 읽기와 듣기, 표현 영역에는 쓰기와 말하기가 있습니다. 한국인 교사는 일본어를 '학습한' 사람이고 원어민 교사는 일본어를 '체득한' 사람입니다. 만 11살을 넘으면 언어는 체득할 수 없으므로 학생들은 반드시 이 이해 과정을 거쳐 표현 영역으로 넘어가야 합니다. 이해에는 효율적인 '학습'이 필요하기 때문에 이해 영역을 가르치는 것은 '학습'으로 일본어를 습득한 한국인 교사가 적합합니다. 반대로 표현 영역은 학생들의 산출과 관련이 있습니다. 즉 학생들이 산출해낸 문장이나 발음을 지도하는 데에 주된 목적이 있는 것입니다. 원어민 교사에게는 '체득한' 수많은 언어 데이터가 있기 때문에 그것을 토대로 보다 자연스러운 일본어를 가르칠 수 있습니다.

즉 저만의 수업이란 학생들이 한국인 교사에게 배운 내용을 쓸 수밖에 없는 상황을 수업으로 만드는 것입니다.

CA와 TBLT

앞서 말한 활동 중심 수업을 실현하기 위해서는 방향성이 필요합니다. 이를 결정하는 데에 있어서 중요한 것이 교수법입니다. 언어 교육의 교수법 중에는 학교 과정에서 실시되고 있는 활동 중심 수업과 유사한 교수법이 있습니다. 의사소통 중심 교수법(Communicative Approach)과 과제 중심 교수법(Task-Based Language Teaching)입니다. 각각 첫 글자를 따서 전자는 CA, 후자는 TBLT라고 불리기도 합니다.

현재 한국의 학교 교육과정에서 실시되고 있는 활동 중심 수업의 특징은 크게 네 가지가 있습니다. 첫째, 유목적이며 학생들의 흥미가 있을 때 교육이 가장 효과적으로 이루어집니다. 둘째, 학생들이 자발적으로 활동을 선택할 수 있습니다. 셋째, 활동 중심 수업은 학생들의 성장과 관련이 있습니다. 넷째, 활동 중심 수업은 학생들의 개인치(성격이나 능력, 사회성)를 입각한 것입니다.

앞서 말한 CA와 TBLT도 이와 비슷한 특징을 지닙니다. 연습이나 과제가 유목적일 때 언어학습이 효과적으로 이루어지며 학습자들이 자발적으로 배우고 싶은 항목을 선택할 수 있습니다. 그렇기 때문에 학생들의 수준에 맞는 수업이 가능합니다. 또한 이 두 교수법은 실제 의사소통을 입각한 것이기 때문에 현실 의사소통 상황에서 일어날 수 있는 것을 반영한 학습이 가능합니다. 실제 의사소통 상황에서는 화자와 청자 간의 정보량의 차이나 말할 내용의 선택권 그리고 화자를 향한 반응 등이 이에 해당됩니다.

저는 이 두 교수법을 바탕으로 수업의 방향성을 결정했고 수업 구성을 하기 시작했습니다.

원어민의 활동 중심 수업

저는 현재 1학년부터 3학년까지 수업을 맡고 있습니다. 각 학년의 수업 내용을 정리하면 다음과 같습니다.

1학년	2학년	3학년
초급	초중급-중급	고급
문자 초급회화	초중급 회화 초중급 작문 일본어능력시험 3,4급 어휘 대비문화	고급 회화 일본어능력시험 2급 어휘 대비 문화 및 시사 문제

이 장에서는 1학년부터 3학년까지 실시한 실제 활동 중심 수업을 소개하면서 방법과 효과에 대해 이야기하고자 합니다. 활동 중심 수업 내용은 다음과 같습니다.

1학년 카드게임으로 배우는 히라가나와 가타카나,
직소 활동으로 배우는 자기소개

2학년 롤플레이로 배우는 일본어 회화

3학년 토론으로 배우는 일본어 회화

▶ 카드게임으로 배우는 히라가나와 가타카나

1학년 학생들은 일본에서 쓰이는 문자를 모르고 입학합니다. 일본은 한국과 달리 세 가지 문자를 쓰기 때문에 문자 부분에서 어려움을 느끼고 포기하는 학생들도 있습니다. 그렇다면 세 가지 글자가 동시에 쓰인다는 것이 어떤 느낌인지 한번 보여 드리겠습니다. 다음 그림을 보십시오. 이것은 영화 "신비한 동물사전"의 일본어 포스터입니다.

판타스틱

비스트

와 마법사의 여행

여기에서는 '판타스틱'과 '비스트'와 같은 외래어는 가타카나로, '와'와 '의'와 같은 조사는 히라가나로, '여행'은 한자로 표기돼 있습니다. '마법사'는 한자와 히라가나가 섞여 있습니다. 원어민은 이 세 가지를 순식간에 구별해 의미를 파악하며 발음합니다. 또한 띄어쓰기가 없는 일본어에서는 이 세 가지 문자를 씀으로써 그 역할을 합니다. 1학년 학생들에게는 먼저 기본적인 히라가나와 가타카나를 가르친 다음 한자 학습으로 넘어갑니다.

외국어를 공부해 보신 경험이 있으신 독자분들께서는 아시겠지만 문자 학습은 굉장히 지루합니다. 저도 학교에서 한글을 배웠지만 선생님이 칠판에 쓰는 글자를 따라 쓰고 발음하는 것을 90분 내내 하니까 지루하기보다는 고통스러웠던 기억이 납니다. 대학생이었던 제가 그렇게 느꼈는데 고등학교 1학년이면 얼마나 더 힘들까라는 생각이 들어서 조금이라도 재미있게 문자를 익혀 줬으면 하는 마음으로 카드를 이용한 이 활동을 만들었습니다.

[수업 방법]
1. 먼저 학생들을 3~5명 조로 짭니다.
2. 학생들에게 배운 히라가나 카드를 나눠 주고 다음 사진과 같이 책상에 펼치게 합니다.

   이번에는 10개를 준비했습니다. 진도를 빨리 나간다면 3~6행 정도를 해도 괜찮습니다. 또한 히라가나를 다 배운 다음에 정리 차원에서 해도 좋습니다.

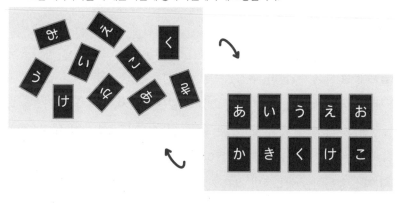

3. 한 학생이 히라가나를 읽으면 나머지 학생들은 그 히라가나를 땁니다.
4. 만약에 읽은 카드와 다른 카드를 따면 한번 쉬게 합니다.
5. 카드를 많이 딴 학생이 이기는 것입니다.
6. 모든 활동이 끝나면 사진처럼 50음도 순서대로 학생들에게 정리하게 합니다.

<교육적 효과>

이때 재미있는 점은 조를 짜는 방법에 따라 학습 효과가 달라진다는 것입니다. 조를 짜는 방법은 크게 두 가지가 있습니다. 하나는 비슷한 실력을 갖춘 학생들끼리 조를 짜는 것이고 또 다른 하나는 히라가나를 덜 외운 학생 한 명과 비슷한 실력을 갖춘 학생들로 조를 짜는 것입니다. 전자는 학생들의 수준이 비슷하기 때문에 서로 경쟁하듯이 놀면서 히라가나를 배울 수 있습니다. 후자는 덜 외운 학생이 히라가나 표를 보면서 읽음으로 그 학생이 히라가나를 외우는 데에 큰 도움이 됩니다. 뿐만 아니라 잘못 외운 것을 서로 지적할 수 있기 때문에 이때 상호적용이 일어나 학습 효과가 늘어납니다.

카드를 만드는 방법은 워드나 엑셀로 히라가나를 입력한 다음 코팅하면 됩니다. 시간적으로 여유가 없는 경우에는 히라가나 카드를 구입하는 것을 추천합니다.

▸ 직소 활동으로 배우는 자기소개

초급은 문형 중심 수업이며 유창성보다 정확성을 더 중요시합니다. 간단한 자기소개부터 시작해 숫자, '이것 저것 그것'과 같은 지정사, 형용사 등 기초를 배우는 단계입니다. 아는 것이 별로 없는 만큼 수업도 주입식이 되기 쉽지만 이때 학생들에게 동기부여를 잘해야 학생들이 따라옵니다. 이번에는 자기소

먼저 직소 활동이란 학생들이 각각 가지고 있는 정보를 교환함으로써 하나의 과제를 수행하는 활동을 말합니다. 직소 퍼즐을 맞추듯이 학생들이 각각 가진 정보를 피스처럼 생각해 끼어 맞추어 나가는 활동입니다. 다르게 말하자면 학생들이 협력할 수 없게끔 만들어 한 과제를 완성하게 하는 것입니다.

[수업 방법]

1. 학생들을 2인 1조로 나눕니다.

2. 그리고 한 학생에게는 아래와 같은 워크시트 A, 다른 학생에게는 워크 시트 B를 나눠 줍니다. A에서는 2번이 비어 있고 B에서는 1번과 3번이 비어 있습니다. 이렇게 서로 비어 있는 부분을 채우게 하는 것입니다. 예를 들어 1번을 채우기 위해서는 먼저 워크시트 B를 가지고 있는 학생이 워크시트 A를 가지고 있는 학생에게 이름과 직업을 물어봐야 합니다.

☆わたしは…

당신이 갖고 있는 워크시트는 A입니다. 워크시트 B를 갖고 있는 친구에게 설명을 듣고 비어 있는 이름과 직업을 채우세요.

<보기>
わたしは まつしげ ゆたかです。
かいしゃいんです。

<보기>
なまえ：まつしげ ゆたか
しごと：かいしゃいん

わたしは いしはら さとみです。

いしゃです。

なまえ：

しごと：

わたしは のだ ようじろうです。

かしゅです。

わたしは あらがき ゆいです。

かいしゃいんです。

なまえ：

しごと：

なまえ：

しごと：

☆わたしは…

당신이 갖고 있는 워크시트는 B입니다. 워크시트 A를 갖고 있는 친구에게 설명을 듣고 비어 있는 이름과 직업을 채우세요.

<보기>
わたしは まつしげ ゆたかです。
かいしゃいんです。

<보기>
なまえ：まつしげ ゆたか
しごと：かいしゃいん

なまえ：

しごと：

わたしは はまべ みなみです。

こうこうせいです。

なまえ：

しごと：

なまえ：

しごと：

わたしは はにゅう ゆずるです。

スポーツせんしゅです。

わたしは さかい まさとです。

ぎんこういんです。

99

3. 교사와 학생이 함께 <보기>를 함으로써 활동 방법을 익힙니다.
4. 2번에서 설명한 바와 같이 학생에게 활동을 하게 하며 서로 비어 있는 부분을 쓰게 합니다.
5. 학생들에게 발표를 하게 해 교사가 피드백을 주고 끝냅니다.

<교육적 효과>

자기소개는 표현이 대체로 정해져 있습니다. '저는 ○○라고 합니다', '제 직업은 ○○입니다'와 같은 표현은 실제로 사용하면서 외우는 것이 중요합니다. 쉽게 말해 입에 붙을 때까지 연습을 시키는 것입니다. 국적이나 직업이 다른 학습자들이 모인 교실 환경이면 몰라도 같은 국적과 직업을 가진 학생들끼리 자기소개를 하는 것은 기계적이며 유목적이지 않습니다. 그래서 이 활동에서는 워크시트에 있는 인물이 됨으로써 학생들이 자기소개 표현뿐만 아니라 일본인의 이름과 직업을 익힐 수가 있습니다.

이 워크시트에 있는 사람은 전부 배우나 가수입니다. 이름은 실명이지만 배우의 직업은 그 사람이 작품에서 맡은 역할입니다. 배우가 맡은 역할은 굉장히 다양합니다. 의사, 은행원, 고등학생, 회사원 등 학생들이 직업을 익히는 데에 효과적입니다. 또한 한국에서 어느 정도 인지도가 높은 배우라면 학생들도 어딘가에서 한번 본 적이 있을 것입니다. 실제로 이 활동은 8번까지 있었는데 저희 학교 학생들은 8명 다 알고 있었습니다.

학생들은 이 활동을 통해 자기소개와 직업뿐만 아니라 일본의 대중문화를 알 수 있으며 나아가서는 동기부여가 됩니다.

▷ 롤플레이로 배우는 일본어 회화

　문형 중심에서 내용 중심 수업으로 넘어갑니다. 1학년 때 배운 회화의 장면이
집이나 학교였다면 2학년 때는 여행지, 축제, 아르바이트 등 좀 더 다양해집니
다. 학생들은 어휘 수와 문법 수가 늘기 때문에 말하고 싶은 것을 말하고 싶어
합니다. 즉 정해져 있는 틀에서 벗어나 학생들은 스스로 의사소통을 하기 위한
학습을 원합니다. 이번에는 '-해 주세요', '-하지 마세요'의 사용을 목적으로 한
롤플레이 활동을 소개합니다.

[수업 방법]

1. 학생들을 2인 1조로 만들어 아래와 같은 그림을 나누어 줍니다.
2. 학생들에게 주의 사항(지정된 문법 항목 사용, 그림 안에 있는 남녀가 말할
   수 있는 횟수 제한)을 설명한 다음 그림을 나열해서 조끼리 대상을 생각해 이
   야기를 완성하게 합니다. 이때 원고지에 그림 순서와 대사를 쓰게 합니다.
3. 교사가 첨삭해 다음 시간에 롤플레이 식으로 발표를 하게 합니다.

<교육적 효과 및 주의사항>

　롤플레이는 실제 의사소통 환경을 교실 안에 가져옴으로써 학생들의 말하기 연습뿐만 아니라 의사소통 능력 향상에도 도움이 됩니다. 그러나 2학년 학생들은 아직 초중급 수준이기 때문에 롤플레이 과제를 바로 할 수 있는 수준이 아닙니다. 그렇기 때문에 먼저 대사를 만들게 함으로써 텍스트를 익힌 다음 롤플레이로 넘어가는 방식으로 수업을 진행합니다. 또한 대사를 적은 원고를 거두어 교사가 첨삭하면 잘못된 부분을 수정할 수 있고 학생들이 쓴 내용이 좀 더 정확해집니다.

　이 수업을 할 때는 두 가지 주의 사항이 있습니다. 첫째 지정된 문법 항목을 반드시 사용할 것, 둘째 그림 속의 남녀는 그림 한 장당 각각 한 번만 말할 수 있다는 것입니다. 이런 규칙을 설정한 이유는 현실성과 자유도를 통제하기 위함입니다. 회화 수업에 있어서 중요한 것은 현실성과 자유도입니다. 현실성이란 말 그대로 실제 의사소통 상황에 어느 정도 가까운지를 나타내며 자유도란 학생들이 말하고 싶어지도록 어느 정도 자유를 주는 것을 말합니다. 물론 현실성과 자유도는 높은 편이 좋지만 어느 한쪽이 너무 높아도 문제가 됩니다. 자유도가 높다는 것은 학생들이 하고 싶은 것을 할 수 있다는 뜻이지만 수업의 취지에서 벗어날 우려도 있기 때문입니다. 또한 학생들이 무엇을 해야 할지 모르는 일이 생깁니다. 이런 일들을 방지하기 위해 사용할 문법 항목과 대사 분량을 규정했습니다.

▷ 토론으로 배우는 일본어 회화

고급은 문장이 길어지면서 어휘나 문법도 복잡해집니다. 또한 내용 중심에서 의뢰, 거절, 사죄 등 기능 중심으로 넘어가는 단계이기도 합니다. 이번에는 영화를 이용하며 연애와 결혼을 주제로 한 토론 수업을 소개합니다.

이 수업은 총 4교시로 이루어지며 지금부터 소개할 수업은 마지막 4교시에 배치됩니다. 1교시부터 3교시까지는 '뉴코스 일본어 Step6'(출판사 다락원)의 1과 '연애' 부분을 통해 자신의 연애관이나 결혼관을 생각하는 동시에 이 두 가치관에 대한 자신의 의견을 남에게 설명할 때 필요한 표현을 배워나갑니다.

[수업 방법]
1. 먼저 학생들에게 자막 없이 일본 영화 '사랑과 거짓말'이라는 영화의 예고편을 보여 줍니다. 이 영화의 줄거리는 대체로 이렇습니다. 저출산화가 심각해지면서 일본 정부는 '초 저출산화 정책'을 마련합니다. 이 정책은 나라가 모든 국민의 유전자 정보를 분석해 과학적으로 궁합이 좋은 결혼 상대를 결정하며 각자에게 통지하는 것입니다. 이 통지는 만 16살의 생일을 맞이한 모든 국민이 받을 수 있습니다. 영화의 주인공도 정부통지를 받지만 그녀에게는 옛날부터 좋아했던 소꿉친구가 있었습니다. 내가 정말 좋아하는 사람, 즉 운명의 붉은 실과 행복이 보증된 사람, 즉 과학의 붉은 실 중 무엇이 진정한 행복인지를 찾아내는 이야기입니다.
2. 예고편에서 파악한 내용을 학생들에게 이야기하게 합니다.
3. 자막이 있는 상태로 보여 주며 이 영화의 주제를 확실하게 파악하게 합니다.
4. 아래와 같은 워크시트를 나누어 줍니다.

運 命の赤い糸 ｖｓ科学の赤い糸
운명의 붉은 실 vs 과학의 붉은 실

テーマ：あなたは政 府 通知制度に賛 成ですか？反 対ですか？
테마: 당신은 정부통지제도의 찬성합니까? 반대합니까?

超· 少 子化対策法
초 저출산화 대책법

1. 満16歳になると、政府から結婚相手が通知される
만 16살이 되면 정부로부터 결혼상대가 통지된다.

2. 政府は 全 国民の遺 伝 子 情 報を分析し、 最 良のパートナーを決定する
정부는 전 국민의 유전자 정보를 분석해 최량의 파트너를 결정한다.

3. 政府通知が来ると、自由恋愛および恋愛結婚は禁止になる
정부통지가 오면 자유연애 및 연애결혼은 금지된다.

4. 政府通知の相手との結婚は 解 消できるが、その後、政府通知は二度と来ない
정부통지 상대와의 결혼은 해소할 수 있으나 이후 정부통지는 다시 오지 않는다.

토론을 위해 일부 내용을 수정했음.

5. 워크시트를 통해 영화에 나온 정책에 대한 이해를 높인 다음 이 정책에 찬성
할지 반대할지를 학생들에게 생각하게 합니다.

6. 각자 의견을 발표합니다. 이때 교사는 학생들의 언어에 대한 피드백을 하면
서 토론이 활발해지도록 의장과 같은 역할을 합니다. 어떤 학생이 말한 내용
을 다른 학생들이 잘 이해하지 못했다면 보다 쉬운 말로 정리해 전달해 주거
나 발표한 학생의 의견을 가지고 다른 학생들에게 질문하거나 합니다.

<교육적 효과>

이 수업의 목적은 세 가지가 있습니다. 하나는 일본어로 의견을 교환하는 것이며 또 다른 하나는 연애나 결혼과 같은 친근한 주제를 다시 생각하는 것이며 마지막 하나는 다른 사람들의 의견을 받아들이면서 자신의 의견을 말하는 것입니다.

이 수업은 2년째 하고 있지만 해마다 학생마다 찬성파와 반대파의 수가 다르며 의견도 각각 다릅니다. 실제로 나온 찬성 의견은 '科学的に幸せが保証されているため賛成だ(과학적으로 행복이 보증되어 있기 때문에 찬성한다)', '結婚は恋愛と違って一生続くものなので簡単に相手を選ぶことができない。国が必ず幸せになれる相手を決めてくれるのはありがたい。(결혼은 연애와 달리 평생 가는 것이기 때문에 쉽게 상대를 고를 수 없다. 나라가 반드시 행복해지는 상대를 결정해 주는 것은 고맙다).' 등이 있으며 반대 의견은 '인권침해다(人権侵害である)', '自分は自分の愛する人と結婚がしたい(나는 내가 사랑하는 사람과 결혼하고 싶다)', '결혼도 사람도 아이를 낳기 위한 도구가 아니다(結婚も人も子供を産むための道具ではない。).' 등이 있었습니다. 전부 고등학교 3학년 학생들이 일본어로 이야기한 것입니다.

또한 이 수업은 내 의견을 어떻게 말하고 다른 사람들의 의견을 어떻게 듣고 받아들여야 하는지를 배우는 데에 주된 목적이 있습니다. 이 토론은 정답도 우열도 없습니다. 나와 같은 의견을 가진 사람도 있고 다른 의견을 가진 사람도 있습니다. 또한 의견은 같더라도 이유가 다른 경우도 있습니다. 이것은 학생들이 앞으로 나가는 사회의 모습과 아주 유사합니다. 사회는 정답이 없는 문제로 가득 차 있으며 지향하는 바가 다르거나 같더라도 과정이 다를 수 있는 사람과 협조해야 합니다. 나의 뜻에 맞는 사람보다 그렇지 않은 사람이 훨씬 많다는 것입니다. 더구나 일본에 유학을 가는 학생들은 언어도 문화도 자라온 환경도 다른 일본인 그리고 외국인과 함께 공존해야 합니다. 나와 다른 의견을 가진 사람을 받아들인 다음에 자신의 의견을 말하며 보다 나은 선택을 하는 연습을 하는 것이 이 수업의 목적입니다.

주객이 전도되지 않은 나의 수업 효과

지금까지 소개한 수업에서 얻을 수 있는 효과는 총 네 가지가 있습니다. 첫째, 학생들이 적극적으로 수업에 참여하게 됩니다. 앞서 소개한 수업은 교사 주도가 아닌 학생 주도 수업입니다. 기존 수업처럼 교사가 앞에 서서 주입식으로 학생에게 가르치는 것이 아니라 학생들이 움직여야만 수업이 진행되기 때문에 학생들이 늘 재미있어하며 그 결과 적극적으로 수업에 참여하게 됩니다.

둘째, 실제 의사소통 능력이 향상됩니다. 현실에서 일어날 법한 상황을 교실 안에 가져옴으로써 보다 정확하고 자연스러운 일본어를 배울 수 있습니다. 제가 만난 학생들 중에 이해력도 뛰어나고 일본어에 대한 지식도 풍부한데 실제 의사소통 장면에 약한 학생이 상당히 많았습니다. 언어를 단순히 지식으로만 아는 것과 실제로 사용할 수 있는 것은 전혀 다릅니다. 앞서 말한 학생들은 지식으로만 아는 것에 만족하며 그 지식을 입 밖으로도 똑같이 내보낼 수 있다고 착각하고 있습니다. 활동 중심 수업을 통해 자신이 할 수 있는 것과 할 수 없는 것을 정확히 알 수 있으며 결과적으로 지식과 운영 사이에 있는 갭(Gap)을 채워 나갈 수 있습니다.

또한 학생들이 다른 학생과 연습하며 발표하는 것을 반복하기 때문에 말하기에 대한 두려움을 극복할 수가 있습니다. 한국인도 일본인도 외모는 크게 다르지 않지만 사용하는 언어가 다르다는 점에서 학생들은 위축되는 경우가 많습니다. 문제를 풀기 위해서는 지식만 있으면 되지만 의사소통을 하기 위해서는 자신감이 있어야 합니다. 활동 중심 수업을 통해서 학생들은 자신의 말하기 능력에 자신감을 가질 수 있습니다.

셋째, 학생들의 사고능력과 비판능력이 향상됩니다. 학생들은 주로 한국어와 일본어를 대조하면서 배웁니다. 이 과정을 통해 학생들은 한국어를 평소와 다른 입장에서 바라볼 수 있으며, 더 나아가서는 한국이라는 나라를 객관적으로 볼 수 있게 됩니다. 배우는 언어가 사용되는 나라에 대한 지식도 물론 중요하지만 그만큼 중요한 것은 자신이 살아온 나라에 대한 지식입니다. 사실 일본어만 잘하는 사람은 일본에 벌써 1억 명이 넘칩니다. 일본이 원하는 인재란 자신의 나라(일본 입장에서는 외국)의 사람이나 문화, 사회에 대해 이해하며 일본과 자신의 나라를 존중하면서 그것을 일본어로 잘 설명할 수 있는 사람입니다. 이런 사람이 되기 위해서는 생각하는 습관이 필요합니다. 친근한 주제로부터 시작해 '일본에서는 이렇지만 한국에서는 왜 이럴까?', '한국에서는 보통 이런 표현을 쓰는데 일본에서는 이런 표현을 쓰는 것은 왜 그럴까?' 등 생각하는 습관을 기루면 역지사지를 할 수 있게 되며 새로운 문화나 습관을 잘 받아들일 수 있게 됩니다. 사고능력의 향상은 상대방을 받아들이는 데에 큰 도움이 됩니다.

넷째, 학생과 교사 사이에 상호작용이 일어나 말하기 능력 향상에 도움이 됩니다. 앞서 소개한 활동은 마지막 과정에 학생이 교사에게 발표하는 시간이 있습니다. 학생은 여기서 자신이 말하고자 하는 내용이 정확하게 전달되는지 확인할 수가 있습니다. 여기서 만약에 교사의 발화를 이해하지 못했다면 쉽게 말하는 것을 요구하거나 반대로 교사가 자신이 말한 내용을 이해했는지 확인하는 과정을 거칩니다. 이런 과정을 통해 학생들은 자신이 말하는 내용에 대해 주의하게 되며 교사가 이해할 수 있도록 자신의 발화를 스스로 수정해 나갑니다. 활동 중심 수업은 이러한 상호작용을 포함하기 때문에 결과적으로 말하기 능력이 향상됩니다.

나의 교육 열정, '도움'에서 시작하다.

단지, 한국에 오래 남고 싶다고 시작한 한국에서의 일본어 수업. 이제는 일본어 수업에서 더 채우고 싶고, 욕심도 생겼고, 초심에 가졌던 열정과는 다른 또 다른 열망과 열정이 내 맘 속에 꿈틀거리고 있습니다.

일본어 교사로서는 학습효과 향상과 학생들의 진로에 도움 주기를 바라고, 개인적으로는 대학원 진학, 한부모 가정 아이들에게 작게나마 도움을 줄 수 있기를 고대하고 있습니다. 또한 활동 중심 수업에 있어서는 학생들의 흥미를 유발하기 위해 본의 아니게 재미 위주로 구성될 경우가 많으며 결국 큰 학습 효과를 얻을 수 없을 때도 많습니다. 더 많은 수업 연구와 교재 연구를 거듭해 학습 효과를 보다 높인 수업을 할 수 있도록 노력하고 싶습니다.

특히 학생들의 진로 도움에 있어서는 일본 대학에 입학을 원하는 학생들을 위한 자료수집이나 원서 작성에 도움을 주고 싶습니다. 국제반에는 일본 유학을 희망하는 학생이 많습니다. 저도 3년 전까지만 해도 한 유학생이었기 때문에 그들이 유학에 대해 가지는 희망이나 고민을 알 수가 있습니다. 교사로서 또한 선배로서 뜻과 능력이 있고 한국보다 일본에서 자신이 하고 싶은 것을 할 수 있다고 생각하는 학생들의 도움이 되고 싶습니다. 반대로 국내 대학으로 갈 바에야 차라리 유학을 가는 것이 낫다고 생각하는 학생에게는 유학을 권하지 않고 적절한 길을 추천해야 한다고 생각합니다.

대학원 진학은 일본어와 교육학의 지식에 대한 부족함을 극복하기 위함입니다. 책 몇 권을 가지고 혼자서 수업 연구를 하기에는 한계가 있기 때문에 같은 목적과 목표를 가진 사람들과 배우면서 자기계발을 하고 싶습니다. 그리고 배운 지식을 최대한 수업에 환원하고 싶습니다.

마지막으로 한부모 가정 아이들의 도움입니다. 저 또한 한부모 가정에서 자랐기 때문에 지금 같은 처지에 놓여 있는 학생들의 모습을 보면서 안타까운 마음이 들 때가 많습니다. 나라도 사정도 다르지만 그런 학생들의 도움이 될 수 있는 기회가 있다면 적극 참여할 생각입니다.

'운'은 스스로 만드는 것이다.

'귀여워서'. 제가 한국어를 공부하기 시작한 이유입니다. 그 이유만으로 고등학교 3학년 진로 희망서에 한 대학교의 한국어 전공을 썼으며, 운 좋게 그 대학에 합격했고, 운 좋게 유학했고, 운 좋게 송도고등학교에 근무하게 되었습니다. 한국어 공부를 시작했을 때는 제가 교사가 돼서 글을 쓰게 된다는 것은 상상조차 할 수 없었습니다. 이런 기회를 주신 한인수 선생님 그리고 정체를 알 수 없는 외국인을 따뜻하게 맞아주시고, 대해 주시는 선생님들과 늘 힘을 주는 학생들에게 감사의 말을 전하며 이 글을 마치도록 하겠습니다. 앞으로도 더 나은 교사가 될 수 있도록 최선을 다하겠습니다. 감사합니다.

<참고문헌>

한국교육심리학학회, '활동중심교육과정',
https://terms.naver.com/entry.nhn?docId=1945117&cid=41989&categoryId=41989 (열람일: 2019년 7월 18일)
ヒューマンアカデミー、(2016)、『日本語教育能力検定試験完全攻略ガイド第3版』、翔泳社
石黒圭 (2015)、『会話の授業を楽しくするコミュニケーションのためのクラス活動40』、
スリーエーネットワーク

모든 학생이 재미있는 물리 수업을 만들기

물리 교사 임덕균

교사가 가장 자괴감을 느낄 때는 언제일까? 바로 학생이 수업을 듣지 않거나, 수업 듣는 것을 지루해할 때일 것이다. 수업을 발전시키기 위해서 교사 1년 차 때에 수업을 직접 촬영해 보았다. 수업 영상을 보면서 가장 힘들었던 점은 스스로 봐도 썩 재미있는 수업이 아니었던 점이다. 학교는 학원과 달라서 성적이 높은 학생이 있는 반면, 아예 공부에 흥미가 없는 학생도 있다. 교과의 내용을 단순하게 전달하는 것이 아니라, 어떤 수준의 학생이 듣더라도 재미있는 수업을 하는 것이 필요했다. 재미있는 수업을 개발하는 것이 나를 교사로서 살리는 길이었다. 수업을 재미없게 하면 학생들이 수업을 듣지 않게 되고, 그런 모습을 보며 자괴감이 들어서 교사를 계속하기 힘들 것 같았다. 그래서 5년 간 교사를 하면서 재미있는 수업을 개발하고 교사로서 전문성을 신장하기 위해 부단한 노력을 했다.

교사의 전문성을 인정받기 위한 가장 좋은 방법은 수업에서 학생의 흥미를 이끌어 내면서 동시에 의미 있는 경험을 하게 하는 것이다. 중등 교사는 학생의 진로와도 밀접한 연관이 있기 때문에 수업 자체가 매우 중요하며 수업을 얼마나 밀도 있게 이끌어 나가는지가 학생에게는 대학의 당락을 결정짓기도 한다. 수업의 전문성을 끌어올릴수록 학생들이 수업에 대한 참여를 열심히 할 뿐만 아니라, 교사에 대한 학생의 만족도도 높아지기 때문에 학생의 생활지도를 할 때에도 한결 수월해진다.

교과에 대한 전문성이 부족한 상태에서 수업이 진행되면 학생의 수업 참여도가 낮아지고, 장기적으로는 과학에 대한 흥미 자체를 떨어뜨리는 치명적 결과를 가져올 수 있다. 학생이 과학 관련 진로로 오도록 결정짓는 가장 큰 영향을 미칠 수 있는 위치에 있는 직업이 중등 과학교사이기 때문에 사명감을 가지고 수업을 하는 것이 필요하다.

수업 전문성을 높이기 위한 첫 단추로 우선 학생이 수업을 듣도록 만드는 전문가가 되어야 한다. 그렇기에 흥미 있는 실험 컨텐츠를 개발하고 학생에게 제공하는 것이 나와 같은 저경력 교사에게 급선무가 된다.

흥미 있는 컨텐츠를 개발하는 것은 수업에서 도움이 되는 것은 물론이고 학생들의 비교과 활동과 동아리 활동을 이끌어 나가는 데도 큰 도움이 된다. 인천에서 접할 수 있는 비교과 및 동아리 활동으로 추천할만한 활동은 인천과학대제전, 주말과학체험마당, 인천 물리토론 대회, 각종 과학관련 봉사활동 등이 있다.

인천과학대제전의 경우 폭 2~3m정도의 부스를 배정받아 동아리에서 개발한 과학적 내용들을 부스에 찾아오는 관람객들에게 발표하는 자리이다. 주로 송도 신도시에 있는 송도 컨벤시아에서 진행된다. 주말과학체험마당의 경우 영종도에 있는 과학관에서 20명 정도 들을 수 있는 작은 공연장 형태의 동아리실을 배정받아 과학관에 체험을 오는 학생들 대상으로 세 타임 정도 과학 공연을 하는 방식으로 진행된다. 인천 물리토론 대회의 경우 물리 관련 실험 문제를 제시하고 이를 풀어 와서 토너먼트로 실험 결과를 발표하는 토론을 하는 대회이다. 학교 자체적으로 진행할 수 있는 각종 봉사활동의 경우 도서관이나 병원 등과 협약을 맺고, 환자나 도서관을 찾아오는 어린 학생들에게 과학 관련 실험을 보여주는 봉사를 진행할 수 있다.

이런 활동들이 의미 있게 진행되기 위해서는 평소 학생들과 함께 부지런한 컨텐츠 개발을 하고 실험을 해야 한다. 실험 관련 컨텐츠를 직접 개발하는 것이 아니라 과학사에서 키트를 사서 과학 부스를 운영하는 것처럼, 시간 투자 없이 비교과 활동을 하는 경우 학생에게 의미 있는 경험을 제공하기가 어렵다.

재미있는 실험 컨텐츠를 개발하기 위해 선행되어야 할 것은 기존에 있던 컨텐츠를 숙지하는 것이다. 기존에 있던 컨텐츠를 거의 모두 숙지해야 관련 연구를 발전시키고 새로운 연구를 할 수 있다. 온라인상에 올라와 있는 실험 영상들을 접할 수 있는 효과적인 방법을 몇 가지 추천하려고 한다.

첫째로, Jolius Sumner Miller 교수의 영상이다. 유튜브 등의 사이트에 검색하면 쉽게 관련 영상 모음을 얻을 수 있다. 역학, 열역학, 파동, 전자기, 물리장난감의 다섯 개 파트로 나뉘어진 40개 이상의 영상이 있는데 각 영상마다 신기한 실험들이 많다.

둘째로, physics girl이라는 이름으로 유튜브에 물리 실험 영상을 올리는 유튜버의 영상이다. MIT 연구원 출신의 영상 제작자는 일반인과 학생이 알아들을 수 있는 쉬운 어법으로 다양하고 심도 있는 주제를 간단하게 실험하며 시연한다. 인포그래픽 효과도 훌륭하기 때문에 다양한 물리현상을 쉽게 설명하는 데 많은 도움을 받을 수 있다.

셋째로, 신과람에서 만든 과학영상 모음이 있는 LG 사이언스 랜드의 과학실험실 영상이다. 서울에서 유명한 신과람 과학교사 단체에서 만든 실험영상이 많이 정리되어 올라와 있는데 구글 등에서 검색하면 쉽게 들어갈 수 있다. 실험들을 직접 따라해 보면서 많은 것들을 익힐 수 있다.

온라인으로 기존에 있던 실험들을 익힌 이후에, 실험 컨텐츠를 개발하는 방법으로 가장 추천하는 것은 교사 동호회에 참여하는 것이다. 인천과학사랑교사모임(이하 인과사)이 인천에서는 가장 활발한 활동을 하는 곳이다. 특히 인과사에서 매년 겨울방학마다 진행하는 전국 과학실험 연수는 4일 정도 밀도 있게 진행되며 1년간 인과사 소속 선생님들이 진행하고 개발한 실험과 수업 방법을 공유하는 자리이다. 인과사 활동을 하면서 매년 실험을 개발하고 이를 통해 연수 강사로 참여했는데 연수를 진행하면서 관련 실험에 대해 연구를 많이 해야 되기 때문에 실험과 수업에 대한 전문성을 효율적으로 기를 수 있다.

매달 정모를 하면서 얻는 실험 컨텐츠도 좋지만 여러 선생님들과 소통하면서 훌륭한 컨텐츠를 만들 수 있고, 수업의 발전에 대한 자극을 받을 수 있다는 것이 가장 좋은 점이다. 인과사 활동을 하면서 전남, 강원, 제주 등의 지역 과학축전에서 부스를 운영할 기회도 있었고, 히로시마 과학 관련 축제에도 참가하여 일본 선생님들과 교류할 기회도 얻었다. 일본 선생님들의 전문성도 매우 높기 때문에 재미있는 수업을 위한 컨텐츠 개발을 하는 데 큰 도움이 되었다. 일본 히로시마에 가서 일본 선생님들과 과학 수업에 대한 교류를 하고, 과학 교사 수업 컨텐츠 축제에 참여하는 경험도 신기했지만, 인과사 선생님들과 주변을 관광했던 것이 교사를 계속 하게 하는데 큰 원동력이 되었다. 전남 과학축전을 운영하면서 지방에 있는 선생님들에게 내 과학 실험 컨텐츠를 전파하고, 나주 곰탕과, 홍어, 산낙지 등을 먹은 것도 기억에 많이 남는다. 제주 과학 축전에서 봉사 온 고등학생들을 상담해주면서 인간적인 교류를 하는 것도 좋은 기억이다. 매년 전국 과학교사를 대상으로 과학 실험 연수를 진행하면서 감사하다는 소리를 듣는 것도 힘이 많이 되고, 가치 있는 일을 하고 있다고 느끼게 된다.

실험 컨텐츠의 개발도 중요하지만 수능 스타일의 문제를 맞게 하는 능력도 중요하다. 이를 위해 1994년 수능이 시작된 이래로 여태까지 있던 모든 수능 문제와 모의고사 문제를 유형별로 분석하여 가장 쉽게 맞출 수 있는 내용들을 정리했다. 이러한 작업이 선행된다면 고등학교 수준의 수능 물리 문제를 푸는 것은 매우 쉽고, 학생들도 쉽게 이해시킬 수 있게 된다. 최소한 물리 과목에 있어서는 노력하고 분석한 만큼 반영되는 것이 수능 문제 풀이이다. 인천에 있는 송도 고등학교에 있으면서 좋았던 점 중에 하나는 모의고사 출제를 들어가는 선생님들이 많기 때문에, 관련 경험을 할 수 있다는 것이다. 인천에는 비교적 물리 선생님의 숫자가 적은데, 전국단위 모의고사를 출제하기 때문에 물리교사로서는 의지만 있다면 모의고사의 출제를 들어갈 수 있다. 전국에서 치르는 모의고사 문제를 출제하는 경험을 하면서 교육과정과 수능 문제에 대한 더 심도 있는 연구를 하게 됐고, 자잘한 규칙들에 대해서도 알게 되었다. 문제를 낼 때 이러한 규칙들을 지키는 것은 학교 시험 문제의 퀄리티를 높이고, 이것은 학교의 위상을 높일 수 있게 한다.

 학생이 과학에 흥미를 갖게 하기 위하여 신기한 시범 실험과 간단히 만들 수 있는 실험들을 교사를 시작하고 3년 이상 연구했다. 그러나 신기하고 재밌는 실험만 연구하는 것은 교사의 발전에 대한 한계가 보이는 느낌이 들었다. 더 재밌고 더 신기한 실험 소재들은 그 숫자에 한계가 있기 때문에 5년 이상 연구한다면 발전이 더뎌지게 된다. 또한 새로운 것을 연구하지 않고 매년 같은 것을 해도 학생들은 신기하게 느끼기 때문에 교사가 지속적으로 변화하며 발전하기가 어렵다. 게다가 실험을 개발하는 과정 자체가 큰 어려움이었다. 과학 실험을 개발하고 이를 매년 전국 과학교사 실험연수 강사로 나가면서 다른 선생님들에게 전달하는 것은 보람 있었지만, 새로운 컨텐츠를 개발하는 것이 지치고 부담도 됐으며, 새로운 것만 추구하면 실험 개발을 하는 것이 학생한테 진정한 도움이 되는가 하는 의문이 들었다.

 그러던 중에 방탈출 카페가 유행이라는 소리를 듣게 되었고, 지인들과 체험을 하게 되었다. 그 때 했던 방탈출은 스토리가 있고 신기한 과학 장치들이 있어서 마치 영화나 소설 속에 들어온 듯한 인상을 받았다. 특히 자외선을 이용한 과학 장치와 볼록렌즈를 이용한 장치, 적외선을 이용한 장치, 발전기를 이용한 장치 등은 실제 물리 과목 수업 시간에도 흥미로운 실험 소재로 사용하는 것들이었기 때문에 친숙했고, 방탈출 수업 플랫폼을 학교 현장에 적용해보자는 생각을 하게 되었다. 이렇게 시작한 방탈출 수업을 2년간 진행해 오고 있다.

 방탈출 수업 플랫폼의 장점은 어떤 과목이든 응용할 수 있다는 것이다. 스토리를 작성하고 이에 대한 문제를 집어넣고 답을 찾도록 하는 방식이기 때문에, 문제를 풀거나 장치를 작동시키도록 유도하는 과목이라면 어떤 것이든 쉽게 학교 현장에 적용을 할 수 있다. 또한 과학에 흥미가 없는 학생이라도 방탈출 자체에 대한 흥미로 인해 수업에 참가하고 과학 원리를 자연스럽게 익히며 흥미를 찾게 되는 긍정적 효과가 있다.

수업을 진행하면서 가장 좋았던 경험은 디자인과 미술을 전공하기를 희망하고 학교에 흥미가 없어서 자퇴를 하고 싶다고 했던 학생이 방탈출 제작을 지원하고 방탈출 수업에 매우 열심히 참여했던 것이다. 평소 어떤 수업시간에도 잘 참여하지 않았었는데, 방탈출 문제를 만들 때 디자인을 하고 문제 그래픽을 그리는 활동과 스토리 작성에 열성을 다했으며, 방과 후에도 남아서 장치를 제작하는 모습을 보았을 때는 창의적인 결과물을 만들어내는 것이 학생에게 동기부여를 얼마나 크게 시킬 수 있는가를 깨닫게 되었다. 학생 개별적인 결과물을 만들어내서 직접 방탈출을 운영할 수 있기 때문에 생활기록부에 교과별 세부특기사항을 적을 때도 수월하게 적을 수 있었다. 대학에서 보았을 때도 참신성과 전문성 모두를 인정받을 수 있을 만한 교과별 세부특기사항이 되었다.

수업에만 적용하는 것이 아니라 외부에서도 핸드폰 어플리케이션과 팜플렛을 이용하여 야외 방탈출 체험활동을 진행할 수 있기 때문에 무궁무진한 확장의 가능성이 있다. 외부에 있는 간판과 조형물을 보고 어플리케이션에 나오는 스토리와 문제를 풀어나가는 활동은 평소 다니던 공간과 스토리가 융합되는 색다른 체험활동을 제공한다. 야외에서 어플리케이션을 이용하여 야외 방탈출을 진행할 때는 예산도 들지 않기 때문에 운영하기가 쉽다. 야외 방탈출의 어플리케이션과 문제 및 스토리를 학생들이 직접 제작하는 제작팀을 운영하였는데, 이를 만들면서 생기는 문제점들을 해결해나가는 과정에서 학생들은 고등학교 때 익혀야 할 필수적인 태도들을 배울 수 있다.

방탈출 수업을 진행하면서 가장 좋았던 점은 취미를 즐기는 것이 수업 전문성 향상에 도움이 된다는 것이었고, 수업 준비를 하는 것이 즐거웠다는 점이다. 방탈출을 하게 되면서 만나는 많은 방탈출 관련 제작자들을 나중에 학교에 초대해서 진로 특강을 진행하는 것도 의미 있는 경험이었다. 학생들이 다니기 재밌고 흥미로운 학교를 만드는 것이 교사 개인으로서 가장 큰 목표인데, 방탈출 수업이 이에 대한 큰 도움을 주었다. 새로운 실험 컨텐츠를 만드는 데 들이는 노력을 수업 플랫폼의 변화에 쏟으면서 좀 더 응용 가능성이 높아질 수 있는 것이 좋았다.

방탈출 수업 플랫폼을 개발하고 교육청에서 여러 번 연수를 열어서 강사로 나가 방탈출 수업을 전파했는데, 가장 기억에 남는 연수는 물리 신규교사 임용 연수 자리에서 강의를 한 것이다. 첫 시작을 시작하는 선생님들에게 방탈출 수업에 대해 전파하는 것은 감회가 새로웠다. 특히 거기서 강의를 들은 선생님들 중 일부가 인과사에 대한 소개를 듣고 지금 열심히 참여하여 무엇인가를 하는 것은 큰 보상을 받은 느낌이었고, 더 열심히 수업을 연구하기 위한 자극이 되었다.

방탈출 컨텐츠의 예시를 직접 보면 좀 더 이해가 쉬울 것이다. 아래에 몇 가지 내용들을 소개하고자 한다.

물병에 물을 채워서 화살표의 방향이 변하는 것을 이용하여 문제로 작성한다. 여러 방향의 화살표를 물병을 통해서 보도록 하여 방향의 답을 찾도록 할 수 있다.

상하좌우 4가지 방향을 지정한 순서대로 입력을 해야 열 수 있는 자물쇠. 위를 두세 번 정도 누르면 리셋이 된다.

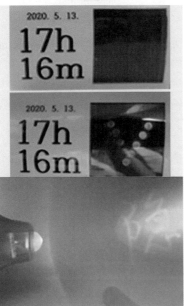

적외선 LED를 이용해 전기회로를 만들어보고 옴의 법칙에 대한 이야기, 인체가 가진 눈의 특징에 대해 학습할 수 있다. 적외선 LED를 핸드폰 카메라를 이용해 관찰하면 보인다.

자외선에만 반응하는 형광물질을 이용하여 숨겨진 비밀번호를 찾도록 하는 문제를 만들고 자외선 관련 물리 이론에 대해 설명할 수 있다.

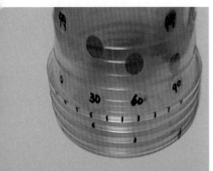

투명컵의 바닥에 액정필름을 부착해서 수평/수직 편광판, 액정셀을 흉내낼 수 있는 실험 키트를 만들며 LCD 모니터의 원리 및 디스플레이의 원리를 학습할 수 있다.

개구리 알로 불리는 고흡성 수지에 의해 뒷면 글씨가 보이지 않지만, 물을 부으면 오른쪽 사진처럼 뒷면 글씨가 보이게 된다. 물의 굴절률과 개구리 알의 굴절률이 같기 때문에 일어나는 현상이다.

온도에 따라 색이 바뀌는 시온잉크를 이용하면 비밀의 숫자를 숨길 수 있다. 시온잉크의 과학적 원리를 탐구하는 수업과 병행할 수 있다. 또한 지워지는 볼펜의 경우 마찰열을 이용하는 것인데, 볼펜 뒤에 달린 고무를 이용하지 않고 헤어드라이기를 이용하면 빠르게 지울 수 있다. 특정 글자만 지워지는 펜으로 쓴 이후에 헤어드라이기를 사용하여 일반 잉크로 쓴 남은 글자만 읽는 비밀 메시지를 사용하는 수업 컨텐츠도 사용할 수 있다.

손으로 잡아서 온도가 올라가면 위로 분수처럼 나오는 과학완구를 이용하면 이 완구 바닥에 있는 글자를 위쪽으로 모든 액체가 이동하면 읽을 수 있게 되는 현상을 볼 수 있다. 열역학 관련 단원과 함께 설명할 수 있다.

여태 서울에서만 자라오던 터라 인천에 적응을 잘하지 못했는데, 인과사 활동을 하고 연수를 진행하며 만난 다양한 선생님들과 친해지면서 많은 도움을 받았다. 인천 교육청에서 다양한 활동에 참여하며 보람을 느끼고 있는 만큼 이제는 인천에서 물리교사로 일하는 것에 대한 장점을 많이 홍보하고 다닐 정도가 되었다.

소통을 통한 너와 나의 배움

수학 교사 한건우

EPISODE 1. 대학입시에 맞춰진 수업

오랜 기간의 고등학교 3학년의 수업은 수시와 정시의 입시에 맞춰 진행되는, 어떻게 보면 따분하고 지루한 수업의 연속이었다. 학교 내신을 잘 받기 위한 학생들의 노력은 문제집의 풀이에 매달려야 좋은 등급을 받을 수 있었고, 정시와 연결되는 모의고사를 잘 보기 위해서도 수업은 그저 많은 유형의 문제를 풀어야만 하는 시간에 지나지 않는 것처럼 느껴질 때가 많았다.

학교와 학원을 오가면서 문제 풀이에 지쳐가는 학생들을 볼 때면 교사인 나 자신도 같은 느낌을 받으며 생활하고 있었으며 맞추기식의 문제 풀이에 능한 학생들로 길러지는 것에 내심 안타까운 마음이 들 때가 자주 있었다.

진학에 대한 중요성도 간과할 수 없었기에 나름 최선을 다하며 아이들과 좋은 결과를 내기 위해 노력하는 삶이 그렇게 싫지만은 않았던 것이 사실이었으나, 오랜 고3 지도 생활(9년)은 타 학년을 지도하고 싶은 욕구를 점점 더 커지게 하는 계기가 되었다.

EPISODE 2. 드디어 1, 2학년을 지도하다.

20대 때 교사를 시작한 후로, 몇 년 간만 1, 2학년을 가르쳤었다. 줄곧 3학년만 지도하던 내게 오랜만에 다시 시작된 1, 2학년 가르침은 먼 옛날처럼 느껴졌다. 그래서 새 학년을 어떻게 시작해야 할지 고민이 많았다. 마치 교단에 처음 서는 교생선생님 같은 느낌을 어찌할 수가 없어, 새롭게 시작하는 마음으로 하나하나

동료 교사들에게 질문을 던지기 시작했다. 수업 방식이 예전보다 많이 바뀌었다고 들어왔기 때문에 실제로 경험이 있는 교사들에게 배우는 것이 나에게는 가장 빠른 방법이라고 생각되어 그들의 수업에 대해 자세히 물어보기 시작하였다.

처음에 해야 할 일은 바로 학생들의 자리 배치였다. 기존에 하던 일렬로 정돈된 교실의 모습이 아니라 조를 이루어 옹기종기 모여 앉도록 책상을 배열하는 것이 수업을 시작하기 전, 첫 번째 내가 해야 할 일이었다. 하지만 왠지 모르게 어색했다. 학생보다는 이런 수업에 익숙하지 않았던 나만의 어색함이었다고 할 수 있다.

조별 수업은 교사의 주입식 수업이 아니라 학생이 스스로 문제의 해결책을 찾거나 조별로 팀원들이 협력하여 답을 얻어가는 학생활동이 중심이기 때문에 자리 배치가 예전과 달라야 했다. 고3의 수업은 처음부터 끝날 때까지 조용한 분위기여서 요즈음의 타학년 수업은 예전과 비교해서 어떨까 하는 궁금증을 가지고 첫 수업에 들어갔다. 나의 생각과는 달리 요즘 아이들은 이런 수업 방식에 익숙한 것처럼 보였다. 전반적인 수업 분위기에 대해 조금 어수선할 것이라는 것을 말로만 듣던 나에게는 조별 수업이 시끄럽게 진행되는 것을 실제로 마주쳐보니 당황하지 않을 수 없었다. 마치 재래시장에 들어선 것 같은 느낌이었다.

4명~5명 사이의 학생들을 조별로 묶어 서로 마주 보게 자리를 배치하였고, 제시된 문제는 각 조에 제공된 미니 화이트보드에 직접 풀게 하는 수업이라 그런

지 시장에서 흥정을 하는 것 같은 시끄러움과 분위기가 연출되어, 이렇게 흘러가는 것이 옳은지 그른지에 잠시 판단이 모호하였다. 이런 이유로 수업이 끝나고 난 후 같은 과목뿐만 아니라 다른 과목 교사에게도 아래 질문을 던질 수밖에 없었다. "이런 수업 분위기가 정상적인 것이며 또한 학생들에게 도움이 되는 게 맞나요?" 내 말은 들은 한 분의 선생님의 대답은 이러했다.

"당신의 생각이 바뀌어야 한다. 아이들은 이렇게 배우면서 성장하더라."

EPISODE 3. 조용함이 전제 조건이 아니다

주어진 수업 50분은 조용한 분위기여야 한다는 것은 정말 먼 옛날 일이었다. 앞서 말처럼 동료 교사의 조언은 나에게 수업의 인식 자체를 바꿔야 함을 의미하였고, 정말로 학생들에게 도움을 주는 수업이란 어떤 것인가라는 생각이 머릿속에 항상 맴돌았다. 우선 조별로 지급된 미니 화이트보드의 활용이 학생들에게 어떤 도움을 주는가를 생각해 보았다.

노트나 연습장이 아닌 화이트보드 안에서의 풀이는 여러 가지 장점을 보여주고 있었다. 노트보다 넓은 면적에서의 풀이는 각 조의 팀원들이 같이 들여다보며 서로 의견을 교환할 수 있도록 해주기 때문에 시각적인 면에서 우수함을 드러내었고, 쉽게 지우고 수정을 할 수 있는 장점도 있었다.

또한 각 조는 수학 성적으로 상중하의 실력을 근거로 하여 편성하였기 때문에 잘하는 학생이 상대적으로 못하는 학생에게 가르쳐 주는데, 수정이 용이한 화이트보드가 여러모로 쓸모가 많은 수업 보조 자료였다. 교사에 의한 가르침보다 친구들끼리 의논하고, 서로 배우는 모습이 한결 따뜻하고, 정겨워 보였다.

나는 교과서의 예제를 풀이한 후 유사한 문제를 제시하여 각 조별로 한 명이 주도가 되어 풀이하고, 화이트보드를 큰 칠판에 붙이도록 하였다. 보드는 자석으로 이루어져 칠판에 저절로 붙는 성질이 있어 자신이 붙인 화이트보드의 풀이를 보며 발표할 수 있는 큰 장점이 있었다.

결국 서로 아는 정보를 공유하며 협력하는 수업이 되기 위해서는 보드를 활용한 풀이와 조별 팀원들 간의 북적거림의 활동 자체가 학생들에게는 필요하고 도움을 주는 것이라고 실제 경험하게 되었다. 또한 칠판에 붙인 각 조의 풀이법은 서로 조금씩 차이가 나는 부분도 있고, 논리적 부족함이 있는 경우도 많아 교사의 피드백이 반드시 동반되어야 학생들의 완벽한 이해를 도울 수 있었다.

Episode 4. 전문적학습공동체의 도움

본교에 있는 교수학습지원센터라는 공간은 매주 5교시 특정 요일에 해당 과목 선생님들이 모두 모여 수업 개선이나 평가, 동아리 활동, 각종 대회에 관하여 협의를 하는 곳으로서 학교 내에서 수시로 폭넓은 회의를 할 수 있는 장소이다. 이곳에서 생활하면서 자연스레 수업 개선에 대한 도서를 접할 수 있었고, 동교과뿐만 아니라 타교과 선생님들의 수업에 대한 know-how까지도 서로 공유할 수 있는 좋은 계기가 되었다.

각자의 교사가 경험한 좋은 수업의 예를 서로 이야기하면서 나의 수업에도 접목시킬 수 있는 긍정적 효과가 있었다. 그동안 수업은 혼자 준비하고, 혼자 실행하는 것이라 생각했는데, 이런 공간 활용 속에서 수업은 함께 만들어가는 것이 더 큰 효과를 기대할 수 있다는 것을 알게 되었다. 이곳은 특별한 지식의 공유보다는 학생활동중심 수업이 교사별로 어떻게 진행되고 있으며 그에 따른 장단점이 무엇인지를 평소 자주 협의하는 공간이기도 하다.

대부분의 학생들은 이러한 학생활동중심 수업이 중학교 시절부터 몸에 배어 있기 때문에 이에 맞춰 나아가기 위해서는 교수학습지원센터에서의 교사들 간의 정보공유가 무엇보다 절실함을 느꼈고, 그런 과정 속에서 시너지 효과도 일어난다는 사실을 알게 되었다.

이곳에서 매주 교사들이 만나 머리를 맞대고, 아이디어를 논의하다가 수학 카페라는 활동도 구상하게 되었다. 80분이라는 긴 점심시간을 활용하여 급식실 앞에서 간단하게 수학적 원리를 설명하고, 체험도 할 수 있는 부스를 운영하는 것이 학생들에게 도움이 될 수 있다는 발상에서 기인하였다. 운영비용이나 주제선정 방법, 운영방법 등 모든 제반 사항 등을 전문적학습공동체에서 이뤘고, 학생들의 학업을 도와줬을 뿐만 아니라, 동교과 교사들과의 관계도 더 좋아졌다.

고3만 지도했던 내게 전문적학습공동체는 새로운 수업방식을 이루는데 오아시스 같은 존재였다고 할 수 있다. 그리고 소통의 중요성, 협력의 중요성을 새삼 깨닫게 되었다.

　교사가 제시한 문제를 조별로 토의하고, 화이트보드에 풀이한 후 6개의 보드 모두를 칠판에 붙여 수업을 진행하다 보니, 내가 생각했던 풀이가 아닌 다른 풀이법을 제시하는 아이들이 많다는 것을 경험할 수 있었다. 논리적으로 조금은 부족함이 없지는 않지만 다양한 시도를 하는 아이들을 보고, 각자 자신이 알고 있는 문제를 스스로 발굴하여 수업시간을 이용하여 같은 반 친구들에게 선보이는 수업을 하면 어떨까? 하는 한 단계 발전된 나만의 수업 방식을 생각하게 되었다.

　결과는 아주 만족스러웠다. 아이들은 칠판에 자기가 가져온 문제를 신나게 적으며 친구들의 풀이를 기다렸다. 예상했던 대로 다양한 풀이법이 쏟아져 나왔고, 아이들은 논리적으로 검증을 하려고 다들 떠들썩하게 주절거리기 시작했다. 이렇게 서로에게 여러 가지 풀이법이 존재함을 알려주며 개개인이 성장하는 모습을 볼 때, 교사의 역할 중에 중요하게 생각되는 것은 다름 아닌 아이들의 옆에 서서 그들이 스스로 무언가를 찾도록 해야 하는 존재여야 한다는 것을 새삼 느낄 수 있었다. 색다른 풀이는 학교생활기록부의 과목별세부특기사항에 넣어 줄 수 있기 때문에 학생들에게 이득이고, 학생들은 문제를 스스로 찾아야 하니까 다양한 방식의 해법을 다룰 수 있어서 일거양득의 효과를 볼 수 있었다. 우려했던 것과는 달리 대부분의 학생들은 만족감을 표현하였고, 이런 수업 방식을 고안해 실시한 나에게 나름 뿌듯함을 느꼈다.

EPISODE 6. 교사 되어보기

학생들은 개인적으로 탐색하여 가져온 문제를 제시하고, 다른 학생들이 이 문제의 해법을 서로 찾아가는 도중에 한 학생이 이런 질문을 던졌다. "선생님이 가지고 계신 지시봉으로 제가 가르쳐 봐도 되나요?" 요즘 아이들은 질문에 거침이 없고, 나름 톡톡 튀는 면이 있어서 귀엽기도 하고 당차기도 해서 교사인 나로서도 이 제안이 싫지가 않았다.

학생들은 지시봉으로 교탁을 두드리면서 헛기침을 했다. 친구들의 시선을 칠판으로 돌리기 위한 행동이었지만 나름, 교사 흉내를 내고 싶었던 것 같았다. 다소 칠판 글씨가 서투르고 발음도 어색하였지만, 교사 입장에서 친구들을 직접 가르치는 것이 그들 스스로에게는 기억에 더 오래 남았고, 실제로 자신이 남을 가르쳐 보니 친구들보다 자신에게 더 많은 도움이 되었다고 아이들은 말하곤 하였다.

수업을 마치고 교수학습지원센터로 돌아오니 평소

에 지나쳤던 문구가 눈앞에 들어왔다. '교학상장(敎學相長)'이라는 문구였다. 이는 "가르치고 배우면서 성장한다"는 말로써, 교사뿐만 아니라 학생들도 이러한 과정을 거치면서 많은 것을 배우게 된다고 생각했다. 글귀를 새삼 지긋이 쳐다보며 방금 전 수업시간에 지시봉을 들고 가르쳤던 학생 생각이 나서 피식 코웃음이 났고, 마음속이 흐뭇해지는 느낌을 받았다.

EPISODE 7. 최선을 다하는 아이들

초등학교 저학년 학생들을 상대로 수학에 대한 흥미와 호기심을 키워주기 위해 수학동아리 학생들로 구성된 4개의 팀과 함께 봉사활동을 갔던 적이 있었다. 주말에 이리저리 일정이 많은 학생들은 주말 시간을 쪼개어 흔쾌히 봉사활동에 참석하였다. 하얀 티로 깔끔하게 차려입은 학생들은 초등학생을 맞이할 준비에 여념이 없었다.

지루할 수도 있는 봉사활동이지만 초등학생의 눈높이에 맞추어 설명하고, 이해시키려고 애쓰는 모습에서, 마음 속에서 진심으로 우러나오는 열정 없이는 할 수 없는 일이라고 생각될 정도로 아이들은 최선을 다했다. 몸집이 작은 초등학생의 조막만한 손으로 오물조물 체험 재료를 완성해 갈 때마다 "우와~"라고 큰 소리로 반응하여 주위에 있는 아이들과 어른들의 눈을 이쪽으로 돌리게 만들었다. 5시간이 넘는 시간을 봉사하면서도 웃음을 잃지 않았으며 지치지 않고 최선을 다하며 노력하는 모습을 보고 아이들이 정말 대견하다는 것을 몸소 느낄 수 있었던 좋은 계기였다.

EPISODE 8. 해결해야 할 숙제들

　학생들이 주도하는 학생활동중심 수업에서 실제 아이들은 어떤 판단과 평가를 내릴까 궁금하여, 학생들에게 나의 수업 방식에 대한 진솔한 의견을 적어보라고 해 보았다. 쉽게 말하면, 수업 평가를 학생들에게 맡긴 것이었다. 일종의 피드백이라고나 할까…

　대다수의 아이들은 조원들끼리 혹은 반 전체 친구들과 협력하여 문제를 해결하는 과정에서 다양한 문제를 접하는 것이 좋았고, 직접적인 수업 참여라는 측면에서 긍정적인 평가를 했다. 반면에 서로 서로에게 가르침을 주면서 문제를 풀다 보니 전반적인 수업시간이 어수선하고 소란스러운 것을 단점으로 꼽았다.

　교사의 입장에서도 평소에 아이들과 같은 느낌을 받았기 때문에 앞으로 지속적으로 해결해야 할 과제로 남았다. 아이들이 수업의 주체인 만큼 지금보다 좋은 수업 분위기를 만들기 위해 학생들의 반응을 계속 관찰하고, 장점은 더 발전시키고 단점을 보완하여 적극적으로 반영하는 것이 교사와 학생들 모두에게 큰 도움을 줄 수 있는 가장 현명한 방법이라고 생각했다. 내가 만들어가는 것이 아니라 장단점을 판단하며 아이들 스스로 수업을 만들어가는 것을 보고 뿌듯함을 느끼지 않을 수 없었다.

소통. 학교에서 학생들에게 강조하는 요즘 트렌드 단어다. 소통은 학생끼리만 하는 것이 아니라, 교사와 학생, 교사와 교사 간에도 중요하다는 것을 다시 되새겼으며, 이런 소통 속에서 창의적 사고와 문제해결 능력을 한 단계 키울 수 있다는 것을 깨달았다.

조별 수업	장점	어려운 문제를 조원들끼리 서로 협력하여 해결해 나가는 과정에서 기쁨을 느낄 수 있다. 또한, 친구들이 풀었던 문제 중에서 풀기 어려웠던 문제를 조원들과 함께 풀어봄으로써 다양한 문제를 접할 수 있다.
	단점	수업 도중에 소란스러워지는 상황이 자주 발생할 수 있다. 또한, 정작 수업에 참여하는 사람들은 일부분에 불과하고 나머지는 수업에 참여하지 않을 수 있다. 학생들이 좋지 못한 문제를 제공할 가능성도 있다.
강의식 수업	장점	교사의 주도로 강의를 진행함으로써 학생들이 기본 개념을 더 깊이 있게 숙지할 수 있다. 또한 강의를 하면서 교사가 강조한 내용이 시험에 직접적으로 연계될 수 있기 때문에, 학생들의 전체적인 집중력이 향상한다.
	단점	이러한 수업 방식이 진행된다면, 학생들이 틀에 박힌 수업이라고 인식하고, 흥미를 잃어버리는 학생들이 속출할 것이다.
조별 수업	장점	수학을 잘 못하는 친구들도 수학을 배워서 좋고, 수학을 잘하는 친구들은 친구에게 가르쳐서 복습실력이 저축 있다. 친구들과 다양한 풀이 방법을 공유할 수 있다. 학생들의 직접적인 풀이로 학수있다.
	단점	조원들 개인 갈등이 많게 되어 수업진도도가 떨어진다. 조별 활동에 참여하지 않는 학생이 생긴다.
강의식 수업	장점	조별 수업에 비해 조빙해서 수업집중도가 올라온다. 선생님의 정리된 풀이를 알수있다. 조별수업보다 문제를 많이 풀수 있어, 다양한 문제를 풀어볼수있다.
	단점	학생들이 수업에 직접적인 참여를 적게 해버린다. 다양한 풀이 방법이 아닌 한 풀이만 알려준다. 수학을 못하는 학생은 수업 내용이도가 떨어진다.

북적거림의 학교

지속 가능한 학교
=
학생이 행복한 학교

수학 교사 차형준

1. 즐겁지 않은 세상 [이 글을 쓰게 만드는 마음의 간절함]

학창 시절 내내 학원을 단 한 번도 다니지 않았고, 수업태도는 항상 바르고 때때로 교무실을 찾아가며 질문하는 나는 나름 모범생이었다. 이런 나는 철저히 공교육의 산물이었다고 말 할 수 있다. 하지만 대학교에 입학했을 때, 나는 심각하게 방황하고 있었다. 진로에 관한 생각부터 나 자신의 존재에 대한 고민까지 뒤늦은 사춘기를 겪었다. 그리고 나이 삼십이 넘어서야 내가 하고 싶은 것을 찾을 수 있는 사람이 되었다. 이 이야기의 일부는 나만의 이야기는 아니리라 생각한다. 모범생이든 아니든 수많은 학생이 자기가 무엇을 하고 싶어 하는지 자기 자신은 누구인지 찾고 능동적으로 자기 삶을 꾸려가는 데에 많은 어려움을 겪는다. 학벌주의 사회 속에서 대학만 가면 모든 것이 해결될 것이라고 믿게 만드는 입시 위주의 교육, 이에 따른 학부모들의 입시에 대한 열정에 편승하는 학부모 중심 교육, 모범 학생에 대한 기준을 획일화하는 교사 중심 교육이 학생들이 자아를 찾지 못하게 하는 핵심적인 원인이라 생각한다. 이제는 교육의 본질로 돌아가 교육을 학생들에게 돌려줘야 한다고 생각한다. 아이들이 행복한 학교, 나아가 어른이 되어서도 공부는 즐거운 것이라는 생각이 들도록 하는 지속가능한 학교가 되어야 한다고 생각한다.

부모님의 압박, 학교의 학업 위주의 질서, 크게는 좋은 대학에 가지 못하면 실패한 인생이 되는 사회의 편견 속에서 학생들은 자기 자신을 찾을 여유가 없다. 대부분의 부모님이 시키는 대로 자신을 끼워 맞춰가고 있거나 경쟁 사회에서 살아남기 위해 공부한다. 게다가 자기 진로가 확실한 아이들이라 하여도 이야기해

보면 특정 대학에 가고 싶기 때문에 공부한다는 대답이 주를 이룬다. 이 현상은 고3이 되면 두드러지는데 특정 학과를 희망하던 학생들도 수시 원서 접수가 발등에 떨어지면 희망하는 학과보다 더 나은 대학에 가는 것을 선호하게 되는 것을 보게 된다. 공부를 안 하던 학생들은 뒤늦은 후회와 함께 재수를 선택하고 기숙학원에 들어가기도 한다. 그러면 흔히들 '뒤늦게 정신 차렸다.'라고 말한다. 수능 체제에 돌입한 고3 교실은 각종 수능 문제집 풀기에 여념이 없으며, 수능이 끝난 고3 교실은 수업을 정상적으로 진행이 불가능하다.

이런 현실 속에서 공부를 좀 한다는 학생들은 끊임없이 시험에 대한 불안감과 뒤처질 것에 대한 두려움 속에서 학교생활을 한다. 좋은 교과 세부 특이사항을 받기 위해서라든지 좋은 내신을 받기 위해 수업에 열심히 참여하거나 과제를 열심히 한다. 교사에게 잘못 보이면 생활기록부에 해가 되기 때문에 이익 관계로서 조심한다. 뒤늦게 공부를 하려고 마음먹은 학생들은 이미 앞선 친구들을 따라잡지 못해 오르지 않는 등급을 보며 좌절감만을 느끼고 결국 포기하는 경우도 많다. 혹은 이미 망쳐버린 내신은 어차피 버려야 하므로 정시를 선택하고, 그 학생들은 교실에서 수업을 듣지 않는 경우가 대부분이다. 왜냐하면 그 아이들에게는 자신의 진도에 맞는 수능 공부가 더 중요하기 때문이다. 더 심각한 것은 대부분의 학생은 아예 공부를 포기해버린 지 오래라는 것이다.

이런 상황에서 아이들은 끊임없이 느낄 것이다. '공부는 힘든 것이다. 공부는 지치는 것이다. 공부는 두려운 것이다. 공부는 재미없다. 수능만 끝나면 모든 공부를 던지고 싶다. 살아남기 위해서는 어쩔 수 없이 하는 그런 것이다. 공부를 못하니까 나는 실패한 인생이다. 학교는 왜 나오는 것인지 모르겠다.' 평소에 학생들에게 공부에 대한 인상을 물으면 들을 수 있는 이야기이다. 이 얘기가 너무 당연하다고 생각할지도 모른다. 왜냐면 우리 사회는 우리에게 좋은 대학에 가지 못하면 실패한 인생이고 수준 낮은 삶을 살게 된다고 생각하게 하기 때문이다.

공부에 대한 염증으로 혹은 경쟁의 과열로 수업과 교실은 무너진 지 오래다. 학생들은 왜 이런 생각을 하게 되었을까. 이것은 성인의 삶과도 매우 닮아 있는 것 같다. 출근하는 직장인들이 생각하길 '먹고 살기 위해 어쩔 수 없이 일하는 것, 로또복권에 당첨된다면 당장 회사를 그만둘 텐데…, 노동은 지치고 괴로운 것, 주말만을 기다리고 있다.' 물론 모든 사람이 그렇다는 것은 아니다. 하지만 우리나라의 수많은 사람은 이 말에 공감하지 않을까 싶다. 교사도 예외 없이 똑같은 생각을 한다. 자기 일을 즐기는 사람은 그렇게 많아 보이지 않는다. 그들이 특별해 보일 정도이다.

우리는 중요한 것을 놓치고 있지 않나 싶다. 요즘 교육 현실에서 심각한 것은 교권이 무너졌고, 학생과 교사가 이익 관계가 되었고, 학생들이 예전 같지 않으며, 이기적으로 되었다는 점이 아니다. 사실 가장 중요한 것은 학교를 좋아하는 학생이 별로 없으며 순전히 공부가 좋아서 하는 학생들은 거의 없다는 점이다. 이런 얘기를 하면 공부를 굳이 좋아해야 하냐고 묻는 사람도 있을 것 같다. 공부는 원래 힘든 것이고 공부하기 싫어도 인내하며 해야 하는 것으로 인식하는 사람들도 꽤 있을 것이기 때문이다. 그런 사람이 많을수록 우리 사회는 배움의 즐거움을 알지 못한다는 방증이 될 것이다. 내가 처한 현실을 바라보아도 그렇다. 수학교사인 나는 수학에 대한 순수한 호기심으로 수학을 공부하는 학생을 찾으라고 하면 손에 꼽을 수 있다. 그리고 자기가 꾸는 꿈을 이루기 위해서는 수학이 필요해서 공부한다는 학생도 얼마 없다고 느낀다. 나아가, 많은 사람들이 어차피 사회 나오면 사칙연산만 할 줄 알면 되는데 수학을 고등학교에서 왜 배우는지 모르겠다고 얘기한다. 이처럼 배움의 즐거움은 모른 채 공부에 지쳐있는 학생들과 사람들은 넘쳐난다.

그래서 나는 펜을 들었다. 많은 사람이 이 글을 읽고 이제는 우리 아이들에게 강요하는 교육, 경쟁하는 교육, 입시를 위한 교육이 아닌 즐거운 교육, 자아를 찾는 교육, 평생 교육이 될 수 있도록 변화에 힘을 실어 주길 바란다. 그리고 나는 아주 약한 날갯짓이지만 오늘도 현장에서 그것을 이뤄가고자 노력하고 있다. 학생들에게 다시 수업을, 학교를, 교육을 찾아주고 싶다.

2. 학생을 향한 믿음 [자율은 자유 위에 뿌리내린다]

학생들에게 교육을 돌려주려면 먼저 학생을 믿어야 한다고 생각한다. 아이들은 때려야 말을 듣는 짐승과 같은 존재라고 생각한다면 교육은 가축을 사육하는 것과 방불하게 될 것이다. 학교는 철저히 통제되는 곳이 되어야 하고, 수업은 교사에게 복종하는 시간이 되어야 하는 것이 되고, 학생의 개성은 일탈 행동이 된다. 학생은 스스로 올바른 선택을 할 수 없는 존재라고 생각하기 때문에 모든 것을 학교에서 정해준다. 그렇게 학생들은 수동적인 생활을 배워간다. 이런 시간이 반복되면 공부하는 의미는 단지 해야 하는 것이기 때문에 하는 것이 된다. 이유는 학교나 교사가 정해주는 것이다. 도무지 자신과 맞지 않는 것 같아도 반문할 수 없다.

많은 논란의 여지가 있겠지만, 사람을 통제하는 것만으로는 질서가 지켜지지 않는다고 개인적으로는 생각한다. 예를 들면 줄을 잘 서야 한다는 것을 강요당하는 방식으로 배웠다면, 통제가 사라지거나 개인의 양심에 맞춰 줄을 서야 하는 때가 오면 줄을 잘 서지 않는 것이 사람이라고 생각한다. 즉, 통제는 아무런 교육적 효과가 없다는 뜻이다. 사회의 안전을 위한 기능으로써 통제가 필요한 것이지 통제는 교육이 아니라고 생각한다. 강요된 상황에서 불평, 불만이 터져 나오는 것을 다들 한 번쯤은 느껴 봤을 것이다. 사람은 억지로 한다고 되는 존재가 아니다. 공부도 마찬가지다. 억지로 하라고 하는 공부는 결국 마음의 불만만이 쌓인다. 그래서 공부는 하기 싫고 괴로운 것이 된다. 자기 인생에서 나온 기준대로 학생들에게 단순히 사회시스템에 비춰 공부가 필요한 것이라고 설파해도 효과는 크지 않다. 강요된 것을 자신이 좋아하는 일로 합리화하는 일은 어려운 일이다.

그래서 나는 학생을 믿어야 한다고 생각한다. 우리도 인생을 살면서 시행착오를 겪었고 그를 통해 우리도 성장해 올 수 있었던 것처럼 학생들도 성장할 수 있는 존재라고 믿어주는 것이다. 학생들에게 자유를 주면 엉망이 된다고 생각하는 것이 아니라 자유롭고 주체적으로 자신의 삶을 이끌어갈 수 있는 존재라고 믿는 것이다. 학생들도 생각하는 '사람'이기 때문이다. 이처럼 교육은 변화 가능성을 믿으면서 시작된다고 생각한다. 처음에는 미숙하고 제대로 할 수 없을지 모르지만, 처음부터 잘하는 사람은 없다. 이 과정에서 교사는 통제자가 아닌 안내자의 역할을 하게 된다. 대화를 통해 학생들이 미처 생각하지 못했던 선택지를 열어 보일 수도 있고, 소크라테스나 공자처럼 선문답을 통해 학생들에게 의문을 제시할 수도 있으며, 자신의 온 삶으로 학생들의 모범이 될 수도 있다. 교사를 통해 자유로운 학생들이 보고 느끼고 생각하며 배움의 촉매제가 된다고 생각한다.

그래서 나는 항상 나부터 실천하자고 생각한다. 예를 들면, 다른 학교는 어떨지 모르겠지만 교무실도 학생들이 보통 청소하곤 하는데 이 부분이 학생이 느끼기에 불합리할 수 있다고 느꼈다. 교사들은 청소를 학생에게 시키고 감독하는 게 고작이기 때문이다. 그래서 학급 청소를 할 때, 지시하는 것이 아니라 같이하기 시작했다. 아이들이 내 교무실을 치워주듯 나도 학생들이 쓰는 교실을 함께 치워주면서 우리 서로 품앗이를 하는 것이라고 청소에 대해 대화를 하였다. 그리고 같이 청소를 하다 보면 학생들의 청소 실력이 부족하여 잘하지 못하는 부분도 잔소리하지 않고 가르쳐 줄 수 있다. 내가 직접 하면서 보여주면 되기 때문이다. 그렇게 하다 보면 학생들도 보고 배워서 청소를 잘하게 되는 것을 경험하였다. 같이 청소를 하다 보니 빼질대는 학생도 누구인지 알 수 있었는데, 워낙 털털하여 청소라고는 관심이 없는 학생도 꼭 있다. 그런 아이들에게 청소의 장점을 설득하는 일도 수월하다. 다행히도 옆에서 선생님이 청소하고 있으면 당연하다고 느끼지는 않는 모양이다. 이런 일을 할 수 있었던 것도 학생을 믿었기 때문이라고 말하고 싶다. 만약 내가 못 미더워했다면 내가 청소하는 일이 우스운 일일 것이다. 학생들은 아주 완벽히 못돼먹어서 내 모습을 통해 아무것도 배울 수 없는 데다가 오히려 선생님을 시켜 먹기만 할 것으로 생각했다면 정말 못 할 일이기 때문이다.

생활지도에서 학생을 믿는 방식으로 가르치려면 교사가 특권을 내려놓을 수밖에 없어진다. 앞의 예처럼 나부터 실천하는 모습을 통해 설득해야 하기 때문이다. 그들이 알아들을 귀가 있고 생각할 머리와 보고 느낄 수 있는 마음이 있다고 생각하기 때문에 정말 행동을 조심할 수밖에 없다. 가끔 지도하기 힘들다고 느끼는 학생들을 대하다 보면 '선생님도 그렇게 하면서 왜 저희는 하면 안 돼요?'라고 하는데 거기에 '교사랑 학생이랑 같으냐?'와 같은 말로 변명하게 되는 경우가 있다. 사실 교사라서 되고 학생이라 안 되는 일이라는 것은 있을 리가 없다. 학생에게 해로운 일이면 보통 성인에게도 해로운 것이 대부분이고, 학생을 통제하는 목적의 교칙을 교육청에서 교사의 품위를 위해 법으로 만든다고 하면 나도 싫은 일이기 때문이다. 그렇기 때문에 전혀 설득력이 없는 말이라는 것을 알면서도 권위적으로 누르는 방식으로 가게 되는데 이것은 분명 문제가 있다고 느낀다. 다행히도 이제는 일제의 잔재와 같은 학교 교칙은 많이 사라졌다고 느끼지만, 아직도 학생을 통제의 대상으로만 보아 교칙을 세우고 교칙 위에 군림하는 교사가 되는 것은 경계해야 하지 않을까 느낀다. 또 이러한 일 중에서는 인품에 관련된 일도 있는데 이럴 때는 여지없이 나도 배움의 길로 초대되고 학생을 통해 나의 부족함을 배우기도 한다. 그럴 때는 훈계하기 전에 나부터 돌아보고 부족한 부분을 살피게 된다.

학생들은 나의 흠을 누구보다 더 잘 볼 수 있는 사람이기 때문이다. 이처럼 학생도 사람이라는 생각에서 얻을 수 있는 결론은 학생을 통제하고 지시하고 가르치는 것보다는 나를 갈고 닦아 나를 빛내어 나의 빛을 보고 학생들이 느끼게 하는 것이 진정한 스승의 길이라는 것이었다.

나는 학생에 대한 믿음 아래 새로운 시도를 학급에도 해보았다. 학급 학생들에게 야간 자율학습을 권하기보다는 스터디 그룹을 만들도록 독려하기로 한 것이다. 적게는 3명 많게는 5명까지 자유롭게 그룹을 지어서 스터디 그룹을 해보자고 하였는데 생각보다 그 효과는 엄청났다. 내가 한 것은 스터디 그룹을 운영하는 방식, 대학생들이 실제로 이렇게 공부하고 그 효과가 아주 좋다는 것, 정해진 그룹을 확인시켜준 것 그리고 서로 어느 시간대에 가능한지 정도가 전부였다. 그러자 내가 모이라고 하지 않아도 아이들끼리 자발적으로 시간을 정해 모였고, 파트를 맡아 공부할 내용을 준비해오고 강의하면서 공부를 서로 가르쳤다. 사정이 있어 스터디 그룹을 공식적으로는 중단하였는데도 불구하고 스터디 그룹을 유지하고 자체적으로 운영하는 학생들도 있었다. 재밌는 것은 특정 학생이 차례가 되어 강의하면 남지 않던 애들이 한두 명씩 남아서는 그 강의를 같이 듣기도 했다는 점이었다. 아무래도 같은 또래의 친구들끼리 강의를 하니 웃음이 터지는 부분도 많고 재밌었던 것 같다. 그 결과 우리 반에는 우리 반만의 1타 강사 타이틀을 얻은 몇몇 학생이 생겼다. 이 글을 쓰는 지금 그 학생들의 강의를 열어서 2학기 동안 학급에서 수업을 할 수 있는 시간을 마련해 주기도 했다. 짧지만 권위적으로 야간 자율학습을 시키려 보다는 학생들이 스스로 할 수 있다는 믿음을 갖고 약간의 안내자 역할을 할 때, 아이들이 공부를 즐기는 모습을 볼 수 있었다. 아이들이 도란도란 모여 공부하던 모습에 감동할 수 있었고 이것은 나의 평생의 추억이 되었다.

학생 중심수업도 믿음에서 시작한다. 학생 스스로 답을 찾아 나갈 수 있다고 믿는 것이다. 학생이 보고 느끼고 생각할 수 있다고 믿는 것이다. 그래서 수업에서 자세를 바르게 앉는 것보다 떠들지 않는 것보다 수학 교사인 내가 수학을 즐거워하는 모습을 보여주는 것이 중요하다. 학생들을 변화로 이끌 수 있다는 믿음에서 통제하는 쉬운 방법보다는 수학이 즐겁거나 수학이 삶에 필요하다는 증명하는 길을 택한다. 학생들도 생각하는 존재이므로 이 수업이 중요하다고 스스로 느낄 수 있다면 내가 자세를 바르게 하라고 지적하거나 졸지 말라고 하지 않아도 아이들은 깨어서 내 말에 경청할 것이기 때문이다. 수업의 형태가 학생 중심수업 여부를 결정하는 것이 아니라 학생을 어떻게 바라보는가가 학생 중심수업을 결정한다고 생각한다.

이 생각을 바탕으로 수업에 큰 노력을 기울이게 되는데 가장 고민을 많이 하였던 것은 수업의 방식이나 수업의 내용보다도 지금 내가 가르치는 수학적 이론의 실용성이었다. 지금 배우는 내용을 어떻게 써먹을 수 있을지 궁금하여 논문을 참 많이 찾아봤었다. 과학도가 되려는 학생들에게 수학이 어느 위치에 있는지 실제로 공대에 갔을 때 어떤 커리큘럼으로 수학을 배우게 되는지 간접 체험해 보았다. 그리고 나아가 현직에 있는 주위 친구들에게도 어떤 식으로 수학이 쓰이는지 묻기도 하였다. 지금 배우는 게 왜 필요한지 자기가 앞으로 무엇을 하고 싶은지가 확실하다면 쓸모 하나만으로도 수업이 학생 자신의 것이 되기 때문이다.

　그러다 보니 새로운 반으로 들어가게 되면 꼭 하게 되는 것이 진로 조사이다. 가끔은 정말 필요를 찾지 못하는 진로도 있긴 하다. 성악가를 하고자 하는 학생이 있었는데 아무리 수학을 연관 지으려 해도 그 학생이 지수함수나 로그함수 등은 알 필요가 없어 보였다. 그렇다고 포기한 것은 아니고 확률 단원에서 모차르트가 주사위를 던져 작곡한 일화 등을 통해 연결 지어 주었는데, 흥미를 느끼는 것 같았다. 그런 대화 이후에 그 학생이 수업을 잘 들어주어 참 고마웠다.

　이런 시도를 하다 보면 가장 많이 드는 생각은 교과 선택제이다. 아무리 쓸모 있다고 연관 지으려 해도 어떤 진로를 가진 학생에게는 솔직히 듣지 않아도 상관없는 과목도 많다. 이런 것을 버리고 학생들이 배우고 싶은 것을 선택해서 배울 때 진정으로 학생 중심수업이 실현 가능하다고 본다. 또한 학생들이 주도적으로 자기의 삶을 이끌어가는 첫걸음으로 아주 좋은 방법이기도 하다. 혹자는 학생들에게 선택권을 주면 예체능 과목에만 몰리고 어려운 과목들은 피하여 꼭 들어야 할 과목을 듣지 않는 불상사가 생길지 모른다고 얘기한다. 하지만 학생들이 그렇게 모두 하나같이 단조로운 존재가 아니며 학생들도 자기의 적성을 인식하고 찾아갈 능력이 있다고 생각한다. 다만 우리가 그리고 부모가 그렇게 할 수 있는 기회를 주지 않았기 때문에 미숙한 것으로 생각한다. 그렇다고 해서 완전히 아무 정보도 없이 선택하게 하자는 것은 아니다.

학교가 배워야 할 것을 정해주기보다는 충분한 탐색을 할 수 있도록 풍부한 정보를 제공해야 한다고 본다. 사실 잘 생각해보면 꼭 필요한 과목이라는 것은 무엇일까. 과목마다 필요한 이유를 말하라고 한다면 끝이 없을 것이다. 코에 걸면 코걸이 귀에 걸면 귀걸이인 것이다. 또한 교사의 기준으로 꼭 들어야 하는 과목이 많아진다는 것은 학생들을 더 많이 교사의 뜻대로 하겠다는 뜻이기도 하다. 누군가의 뜻에 따라 움직이는 것이 아니라 학생들이 주체적으로 살 수 있도록 기회를 주고 싶다. 앞서서 본 것처럼 수학도 누군가에게는 필요한 과목이 아닐 수 있다. 나는 그 학생들이 차라리 수학 대신에 자기에 맞는 수업을 들으며 자기의 꿈과 끼를 더욱 키워나갔으면 좋겠다. 혹시라도 만약에 자신의 길을 가다가 수학이 필요하다고 느껴지면 그 학생들도 수학을 들으러 올 것이다.

학생 중심수업을 위해서 단순히 관점만을 바꾼 것은 아니다. 형식의 변화도 주려고 많은 것들을 시도하였는데 모두 성공적이었다고 자부할 수 있다. 확실하게 느낀 것은 수업의 질이 높을 때 학생들은 집중한다. 업무가 바빠 수업을 잘 준비 못 하는 일이 잦아질 때는 집중도가 떨어지고 분위기도 산만해진다. 이 법칙을 체감했던 수업을 꼽으라면 단연 거꾸로 교실 수업이다.

거꾸로 교실은 정말로 많이 준비해야 하는 수업이고 내가 가장 준비를 많이 하였던 수업이기도 하다. 거꾸로 교실을 하려면 학생들이 그날 수업 전에 미리 디딤 영상을 보고 와야 한다. 그리고 수업 시간에는 학생들이 미리 보고 온 디딤 영상으로 활동할 내용을 준비해야 한다. 이렇다 보니 디딤 영상을 찍어야 하고 활동학습을 위해 활동지를 만들고 활동 방법을 계획해야 하는 등 야근을 밥 먹듯이 해야만 했다. 하지만 이런 열정을 학생들도 알아주었다. 덕분에 공부하는 학생이든 하지 않는 학생이든 수업에 참여하는 모습을 볼 수 있었고 공부를 하지 않는 학생들도 수학이라는 것에 관심을 두기 시작했다. 거꾸로 교실을 하면서 느낀 점 중의 하나는 교사는 수준급의 엔터테이너가 되어야 한다는 말이다. 솔직히 말하자면 거꾸로 교실 수업에서 가장 실패한 부분도 있는데 그것이 바로 디딤영상이다. 나는 워낙 유머가 없는 사람이라 디딤 영상이 재밌지가 않았다. 그러다 보니 미리 보고 오는 학생 수가 너무 적었다. 꼭 그렇지 않더라도 적어도 수업의 질을 학생 눈높이에 맞춰야 했는데 뛰어난 인터넷 강의들이 넘쳐나고 학원에서 선행학습까지 해오는 학생들이 내가 찍은 디딤영상을 보고 올 턱이 없었다. 학생들이 그리고 너무 바빴다. 스마트폰조차 안 들고 다니는 아이들과 데이터가 부족한 아이들에게 유튜브에 있는 영상을 보고 오라고 하는 것이 버거운 일이었다. 그래서 나중에는 전략을 수정하여 이론 수업을 압축하여 5분 정도로 아주 간단하게 설명하고 남는 시간을 활동으로 직접 익혀가는 시간이 되도록 수업을 짰다. 실제로 디딤 영상은 5분 이내가 적당하다. 말 그대로 디딤 영상이기 때문에 약간은 엉성하게 강의를 하여 학생들의 질문을 유도하고 생각을 자유롭게 확장할 수 있도록 해야 하기 때문이다.

거꾸로 교실 활동으로는 처음에는 거꾸로 수업에 고수인 현직 교사의 강의에서 배운 대로 스피드 게임, 릴레이 문제 풀기, 조별 대항전 등을 해보았었지만 뭔가 아쉬웠다. 그래서 새롭게 나만의 방법을 만들어 보았는데 그중에서 기억에 남는 것은 보물찾기, 스파이 찾기이다. 이 두 활동이 가장 호응이 좋았던 것 같다.

스파이 찾기는 미리 반에 한 학생을 스파이로 숨겨놓고 그 학생이 상품을 갖고 있게 했다. 문제를 풀면 그 학생의 이름의 초성이 나타나 상품을 얻을 수 있었다. 마피아 게임과 같아서 누군가가 포커페이스를 하고 숨어 있어야 하여 이 방식의 수업은 끝나고 더 반응이 뜨거웠다. 아이들은 알아내고서도 그때 어땠는지 한동안 얘기하기도 했다. 보물찾기는 조별로 나눠준 활동지를 풀어 답을 조합하면 번호 자물쇠의 답이 되는 형태였다. 번호 자물쇠의 답을 알아내면 그 안에 들어 있는 상품을 얻을 수 있었다. 함수의 그래프를 배울 때에는 직선, 원, 포물선 등을 답으로 찾을 수 있어서 그 답을 모두 지도에 그리면 보물이 있는 장소가 나오는 형태로도 내기도 했었다. 그리고 상품이 대체로 사비를 들여 산 인기 있는 간식들이었는데 학교에 매점이 없어서인지 아이들이 생각보다 많이 열정적이었다. 덕분에 수학 시간은 가장 시간이 빨리 가는 수업이 되었다. 지금 추억해보면 먹을 것을 위해 열심히 문제를 풀었다는 것이 나도 학생들도 웃기는 일일 것이다.

그래도 학생들은 열심히 해주었고 자는 학생도 없었고 학생들도 그때 재밌었다고 이야기하곤 한다.

한 학기 정도 하다 보니 이 활동이 결국 어떤 것에 붙여놔도 문제 풀기밖에 되지 않는 한계가 있음을 느꼈다. 그래서 빠져든 것이 보드게임이었다.

보드게임은 게임이면서 교육적인 효과를 불어넣을 수 있는 가장 좋은 방식이었다. 마침 확률과 통계 단원을 가르치게 되기도 하였고, 활동의 차원을 문제 풀기에서 바꾸어 보드게임에 기반한 PBL(Problem based Learning)식 수업으로 전환해보고자 했다.

보드게임을 하는 것을 PBL 수업
이라고 하기에는 억지스러워 보일
수도 있지만, 보드게임은 다양한
상황을 몇 가지 간단한 룰로 축소
해 놓은 작은 사회 같은 면을 갖고
있다. 그래서 보드게임에서 이기
는 전략을 세우다 보면 실제 생활
에서 부딪히는 문제들을 해결하

는 방식과 유사한 느낌이 든다. 이런 면에서 유사 PBL 학습이라고 볼 수 있을 것
같다. 어쨌든 수업에 맞는 보드게임을 가져와서 하고 싶었는데, 문제는 시중에
파는 보드게임을 하기에는 돈이 많이 들었고 또한 배우는 내용에 적절한 보드게
임도 찾기가 어려웠다는 점이었다. 그래서 보드게임을 내가 직접 제작하게 되었
는데 매지컬 퍼뮤테이션, 김홍도를 찾아서라는 게임이었다. 매지컬 퍼뮤테이션
은 이기는 전략을 짤 때 자연스럽게 순열을 사용하게 되는 형태였다. 물론 정답
은 없었다. 아이들은 게임을 직접 해보고 그 게임으로 이기는 방법을 나름대로
생각해냈다. 분석한 결과들을 발표해보면서 참신한 방법에 서로 감탄하기도 했
었다. 여러 게임을 진행하면서 학생들이 나중에는 자발적으로 다양한 게임의 상
황에서 확률을 계산하여 보고서도 만들어보기도 하였다. 하다 보니 게임이론에
도 손을 대게 되었는데 수업과는 직접적인 연관이 없지만, 기말고사가 끝나고 남
는 시간에 게임이론을 소개하면서 알찬 수업을 할 수 있었다.

　보드게임도 한계를 많이 느꼈는데, 일단은 단원에 맞는 게임을 매번 새롭게 만
들기가 상당히 어렵다는 점이었다. 이것은 한두 달 갖고는 도저히 만들 수가 없었
다. 준비가 너무 부담되고 일의 양이 가중되다 보니 마지막으로 시도했던 것은 실
험하는 수학이었다.

누구나 할 수 있는 간단하지만 매우 알찬 활동을 찾아보기로 했다. 생각보다 멀지 않은 곳에 그 단서가 있었는데 교과서 안에 아무 생각 없이 지나치기 쉬운 생각하기, 탐구하기 같은 부분의 내용이었다. 예를 들면 로그의 단원에서 로그자에 대한 소개가 아주 간단하게 몇 줄 나와 있는데 이 로그자를 직접 학생들과 만들어 보는 것이 어떨까 생각했다. 자료를 주고 그 자료에서 로그자의 원리를 직접 찾아서 주어진 재료로 만드는 미션 형태의 활동이었다. 단서를 너무 조금 주어서 어려워하긴 했지만 성공하는 학생들이 여기저기서 나왔다. 그리고 간단한 학습지를 주어서 거기에 자신이 만든 로그자의 원리를 직접 써보게 했다. 로그에 대한 수업은 짧게 했는데 직접 로그자를 만들면서 학생들은 스스로 탐구하는 수업을 하게 되었고 이는 생각보다 효과적이었다. 로그자에 대한 설명을 간단히 더 하고 마무리하였는데 이때 로그자를 왜 쓰게 되었는지 역사와 함께 알려주어 학생들의 의문을 해소하여주었다. 이외에도 원기둥을 잘라 삼각함수를 만드는 방법, 코딩을 통한 수열 구하기 등 다양한 활동을 시도했는데 전부 성공적이었다.

특히 코딩을 통한 수열 구하기는 현재 담임을 맡은 IT융합반에서 시도한 수업인데, 학생들의 대부분이 컴퓨터와 관련된 진로 희망을 품고 있어서 가능했다. 진로에 맞는 수업을 진행하게 되니 학생들도 더 관심 있게 보고 더 나아간 프로그램도 짜는 모습을 볼 수 있었다. 이렇게 수업을 학생의 눈높이와 학생의 필요

그리고 학생의 활동을 중심으로 돌려주고 나니 내가 수업을 주도하지 않아도 수업이 진행되고 학생들이 주도적으로 새로운 것을 찾아오는 신기한 일도 생긴다. 만약에 이런 점을 잘 모르는 교사라면 학생들이 마냥 떠들거나 어수선하다고 느낄 수도 있고, 딴짓한다고 생각할 수도 있는 모습이다. 하지만 자세히 들여다보면 학생들은 저마다 자기 방식대로 수학을 열심히 공부하고 있었다. 이렇게 무너진 수업이 살아나면서 교사의 권위도 자연스럽게 세워졌다. 주위의 분들은 아시겠지만 누가 보아도 학생들이 쉽게 볼 만한 소위 '착한' 교사이다. 학생들이 보면 쉽게 대할 수 있는 약한 이미지이다. 하지만 그런 일이 없다. 열정이 넘치는 수업, 준비를 열심히 하는 수업, 인격적인 수업을 진행한다는 것을 학생들도 안다. 교사의 진정한 권위는 교사의 가장 중요한 일인 수업에서 나오는 것이다.

3. 학생을 향한 소망 [마음껏 실패해도 좋은 학교]

처음 학교에 왔을 때는 학생들의 실패에 그렇게 관대하지 못했다. 좋은 결과를 내야 한다는 강박도 있었고, 주위에 성과를 보여주고 싶기도 했다. 하지만 앞서서 이런저런 일을 겪으면서 그런 것은 전부 내 욕심에 불과했다는 것을 알았다. 그리고 그런 내 모습이 학생들의 성장 가능성을 가로막고 있었다는 것을 뒤늦게 깨달았다. 고등학생밖에 안 된 아이들이 낼 수 있는 결과의 기대치를 너무 높게 잡은 것이다. 결과를 내보는 것보다 실패하더라도 이것저것 도전해보는 것이 훨씬 학생들에게 도움이 된다고 확신한 것은 다음의 일들 때문이었다.

작년에 뜻하지 않게 내가 지도교사를 맡은 학생들이 한국과학창의재단에서 STEAM R&E라는 과제에 선정되었었다. 아무 기대 없이 넣었던 서류인데 되었다고 하니 한껏 축하해줬었다. 생각보다 신경 쓸 것이 많았는데, 서울에서 설명회, 강의, 중간발표 등에 참석하는 것부터 바쁜 학사 일정 속에서도 시간을 쪼개가며 연구해야 했다. 솔직히 너무 엉망이긴 했다. 처음에는 다들 의욕이 넘쳐있어서 모임도 어렵지 않았고 연구도 수월하게 진행되었다. 하지만 몇 달 안 되어서 모이는 것조차 잘되지 않는 지경이 되었다. 다들 학교에서 하는 수행평가와 시험 대비 등에만 여념이 없었다. 무책임한 모습을 보니 실망도 컸다. 하지만 학생들을 향해서 소망을 버리지 않았다. 이 아이들이 지금은 이렇지만 변화할 수 있고 성실하게 하는 모습으로 성장할 것이라는 기대였다. 나는 포기하지 않고 다 오지 못하더라도 모이도록 모임을 만들어줬고 연구가 진척이 잘 안 될 때는 같이 함께 고민하고 자료를 찾아보면서 애썼다. 이 과정에서 실망스러운 모습에 감정적인 모습을 보였던 적도 있었다. 그래도 학생들에게만 맡겨놓고 나 몰라라 하지 않고 함께 있고 함께 고생했기 때문에 다들 나의 이야기를 귀담아 들어주었고 학생들이 반응해주었다. 그래도 다들 정신을 차리고 못 했던 실험과 보고서를 열심히 작성하여 중간발표까지 무사히 마쳤다.

중간발표에서 여러 가지로 지적받으면서 많이 부족하다는 것을 아이들 스스로 느꼈고 변화하는 모습을 보이기 시작했다. 그리고 그 과정에서 책임을 지려는 모습이 나타나 마음의 위안이 되었다. 좀 더 적극적으로 나선 학생들은 자신이 맡은 역할만큼은 제대로 해내는 모습을 보였다. 비록 수상도 못 하였고 결과는 아쉬웠지만, 끝까지 완주했다는 기쁨을 함께 누릴 수 있었다. 이 경험을 바탕으로 지금도 그 학생들은 학교생활을 윤택하게 하고 있다. 실패에 아랑곳하지 않고 뭐든지 도전할 수 있는 자신감을 얻었기 때문이다.

둘째로는 평소 관심이 많았던 IT분야 때문에 맡게 된 IT융합반이다. IT융합반에는 특출한 학생이 있는 것은 아니다. 그렇게 실력이 출중하지는 못하기 때문에 항상 주어진 것에 비해 형편없는 결과들이 넘쳐났다. 관리자 입장에서 본다면 학교 예산만 축내는 일이라고 생각할지도 모른다. 만약에 내가 예전처럼 결과 중심적으로 생각했다면 실속 없다고 생각했을지도 모른다. 그리고 학생들의 기를 꺾었을지도 모른다. 하지만 다행히 마음을 고쳐먹고 과정에 더 충실하며 그저 그런 결과물이 나오더라도 응원하다 보니 학생들의 꿈과 열정이 더욱 커가는 것을 볼 수 있었다. 이렇게 지내면서 최근에는 학생들과 함께 밤늦게까지 프로젝트를 하면서 가슴 뛰는 시간을 보냈었다. 그때는 마치 대학생으로 돌아간 기분이었다. 학생들과 함께 아두이노를 이용해서 이것저것을 만들고 있었는데 잘되지 않아서 다들 고군분투하였는데, 그 누구도 포기하지 않고 끝까지 매달리는 것을 볼 수 있었다. 만약 내가 실패에 인색한 사람이었다면 이런 모습을 볼 수 없었을 것이다. 그리고 끝내는 아이들이 풀지 못했던 문제를 해결해내고 말았다. 그때 아이들끼리 얼싸안고 소리치며 뛰던 모습이 아직도 생생하다. 이런 일이 한두 번은 아니고 계속 프로젝트를 하다 보니 우스갯소리로 학생들이 나를 사장님이라고 부르기도 한다. 이럴 때는 스타트업 기업의 사장과 임원들이 된 기분이다. 지금도 함께 프로젝트를 하면서 아이들은 자기 힘으로 무언가를 해내는 것을 배우고 있다. 이제는 어디에 내놓아도 알아서 자기가 할 일을 찾아서 할 수 있는 학생들이 되었다.

4. 학생을 향한 사랑

나는 조금 젊은 교사이다. 젊은 교사라 학생들과 교감하기 좋아서 인기가 많을 것 같다고 가끔 듣곤 한다. 칭찬일지 아닐지 모르겠지만 학생 같다는 소리도 가끔은 듣는다. 그래서인지 학생들도 나를 친구처럼 가깝게 느끼는 때도 있는 것 같다. 젊음의 특권일지도 모른다고 생각하여 감사하게 생각하고 더 학생들 눈높이에 맞추려고 노력한다. 이렇게 학생들과 동고동락하는 시간은 매우 행복한 시간이다. 처음으로 학급 학생들과 캠핑을 하면서 친구 같은 선생님이 되는 시간을 보내기도 했다. 하지만 아무리 젊어도 10년 이상 세대 차이가 나는 학생들하고 벽이 느껴지는 것은 어쩔 수가 없다. 나도 이렇게 느끼는데 다른 분들은 더 많이 체감하실 것 같다. 그리고 아무리 친근하여도 교사를 바라보는 학생들의 시선과 내가 지켜야 할 위치가 있어 친구 같을 수는 있어도 학생들 속으로 들어갈 수 없다는 걸 느낀다.

그것을 가장 많이 느낄 때는 학생들에게 많은 사랑을 쏟았지만, 학생들에게서 돌아오는 정이 없을 때이다. 많은 애정을 두고 가르쳐주었지만 진급하고 나서는 코빼기도 비추지 않고 감사 인사도 없다. 그럴 때면 가끔은 우울해지기도 한다. 매년 가르쳤던 학생들을 졸업시키고 또 매해 새로운 학생들을 만나서 적응해야 하는 교사들에게는 실제로 그 때문에 우울증이 찾아오기도 한다고 들었다. 아직 3년밖에 안 된 교직 생활인데도 이렇게 마음이 울적해서야 되겠는가 싶어 마음을 잘 정리해보았는데 이를 극복하는 내 생각은 진정한 사랑이지 않을까 싶었다. 신경 써서 가르쳤던 학생이 나를 보고 인사도 제대로 안 할 때면 저 학생이 나를 이용만 한 것은 아닐까 이런 좁은 생각을 하기도 했는데 그 점이 바로 문제였다. 사실 그 학생들을 열심히 가르친 것은 어떤 대가를 바랐던 것이 아닌데, 사람 마음이 참 간사하여 그런 것을 어느 순간 바라게 된 것이다. 참된 교육을 위해서는 돌려받는 것을 바라지 않고 주는 내리사랑에서 시작된다고 생각했다. 교사가 신도 아니고 부모도 아니기에 헌신적인 사랑을 할 수 있는 것은 아니다. 그런 사랑이 아닌 교사가 줄 수 있는 최대한의 사랑은 바로 배움의 즐거움과 배움의 경지를 전하는 진심이 아닐까 싶다. 그리고 학생을 내가 마음대로 통제할 수 있는 존재가 아닌 하나의 인격체로서 바라보며 흘러가듯 떠나가는 한 사람으로 훌훌 털어버리는 것이다.

이런 마음을 가지면 학생이 어떤 모습을 하고 있던 있는 그대로 받아들일 준비가 되는 것 같다. 있는 그대로의 모습을 받아주는 것은 아주 중요한 것 같다. 진로 진학상담부에서 지내면서 상담하고 학교생활을 힘겨워하고 어려워하는 학생들을 자주 보았다. 그런 학생들은 주로 가정에도 문제가 많은 학생일 때가 많다. 그럴 때면 내 옆에 항상 계시는 이충록 부장 선생님의 이야기가 크게 와닿는다. 집에서도 괴로운데 학교에서도 괴로우면 아이가 어디로 가고 싶겠냐는 말씀이다. 만약 가정이 안식처 역할을 하지 못한다면, 학교에서라도 마음의 안정을 찾을 수 있으면 학생은 학교에서 행복을 느낄 수 있다. 나의 어릴 적 시절을 떠올려 보면 공감이 많이 되는 이야기이다. 가정의 불화로 집에 있는 것이 즐겁지 않을 때가 있었다. 지금 수학 교사라는 것이 전혀 어울리지 않게 중학생 때는 미술에 관심이 많아서 미술실에 남아서 그림을 그리고 만들기를 하곤 했다. 그때는 학교에서 늦게까지 남아서 무언가를 하는 게 너무 즐거웠다. 왜냐하면, 집에 가면 괴로웠기 때문이다.

  사소한 일탈을 하는 학생들에게는 관대할 필요가 있다고 생각한다. 물론 학교에서도 받아주기 힘든 학교 폭력이라든지 사안이 중대한 사고를 계속해서 벌이는 학생들이라면 쉽지 않다. 하지만 대부분 이렇게 심각한 학생은 많지 않다. 보통은 사소한 것들이 쌓여서 미움을 사고 교사가 지나치게 잔소리하거나 학생을 얕보는 태도를 보이는 경우가 꽤 있다고 생각한다. 그런 일이 반복되면 학생은 교사에게 마음을 완전히 닫고 학교에도 마음을 닫아버린다. 짧지만 겪어본 바로는 그런 아이들은 살짝만 여유를 준다면 아무 탈 없이 잘 지낼 때도 있다. 이런 것을 판단하는 눈을 갖는 방법은 그 아이들에 대한 진실한 관심이다. 그 학생들도 자신이 지내는 방식이 안 좋다는 것을 아예 모르는 것이 아니다. 하지만 스스로 조절하는 게 쉽지 않은 것이다. 그래서 통제하기보다는 적은 노력이라도 칭찬해주고 스스로 자기 삶을 조절해 나갈 수 있도록 옆에서 조언해주는 조력자 역할이 더 절실하다. 학생들의 삶이 더욱 나아지는 선순환을 위해서는 칭찬과 같은 자기효능감을 높여줄 방법이 꼭 있어야 한다.

  교사의 사랑이란 대단한 것이 아니다. 학생들이 교사에게 가장 바라는 것은 바로 인정이다. 이 인정을 나타낼 수 있는 가장 좋은 방법은 칭찬이다. 칭찬이 좋다는 말은 항상 듣는데 그것은 진짜이다. 짧은 교직 생활이지만 칭찬의 효과를 나는 누구보다 많이 느꼈다고 자신할 수 있다. 좀 더 적극적으로 학생들에 대한 작은 사랑을 실천하기 올해에는 학급에 칭찬판이라는 것을 야심 차게 만들어 보았다. 사실 내가 주는 사랑이라기보다는 학생 서로에게 그리고 자기 자신에게 사랑을 줄 기회를 마련해줬다. 초등학생 때나 했을 법한 칭찬판을 꼭 해야겠다고 생각한 이유는 고등학생이 되면 주위에서도 그리고 자기 자신에게도 칭찬이 너무 메마르게 되기 때문이다. 아주 어릴 때는 조금만 잘해도 칭찬받기 좋았지만, 이제는 그렇지 못하다. 그래서 칭찬할 기회를 많이 주고 싶었다. 칭찬판을 보면서 나도 칭찬을 더 많이 해야겠다고 다짐하게 된다. 칭찬판을 한 학기 정도 운영했는데 효과가 상당히 좋았다고 느꼈다. 순전히 칭찬판 덕은 아니겠지만 학생들이 자신감이 넘치고 긍정적인 에너지를 발산하는 것을 많이 느낀다. 덕분에 나는 학급에 가면 힘을 얻어 간다. 너무나 감사한 일이다. 학생들이 즐거운 모습을 통해 내 삶도 즐거워진다.

교사도 사람이다. 그러다 보니 부족하기도 하고 실수하기도 한다. 교사 눈에는 학생이 한없이 부족해 보이겠지만 학생들 눈에는 교사가 한없이 부족해 보이기도 한다. 하지만 서로를 인정할 수 있는 것은 교사는 학생들을 사랑하고 학생은 교사를 존경하기 때문이다. 인생은 평생 배워가는 것이라고 들었다. 학생도 배우듯 교사도 배우는 자세일 때 학생들을 진심으로 사랑할 수 있게 되는 것 같다. 만약 내가 그런 생각을 잊어버리게 되면 나는 어느새 학생들에게 화를 내고 있거나 몇몇 학생들을 무시하고 있는 모습을 발견하게 된다. 그럴 때면 항상 다시 한번 나를 돌아보고 학생들로부터 배우고 있는지 자신을 체크한다. 그렇게 생각할 때면 학생이 나보다 뛰어나고 훌륭한 점도 있다는 걸 다시 느끼게 된다. 이렇게 학생을 존중하는 마음으로 사랑으로 대하다 보면 그것이 학생에게 양분이 되어 학생들을 성장시킨다. 내가 학생들에게 준 사랑으로 보답받을 것은, 그 학생들의 정이 아니라 학생에 대한 믿음·소망·사랑 이후 내가 받을 기쁨은 언젠가 들을 소식에 담긴 학생이 성장한 모습일 것이다.

취미를 특기로 만드는 교실

북적거림의 학교

일본어 교사 한세환

1. 그냥 교사, 당돌한 꿈을 꾸다

특별히 나쁠 것 없는 평범하고도 즐거운 일상이었다. 교직 경력 8년 차로 학급 아이들에게 괜찮은 담임교사라는 이야기를 듣고 있었고, 일본어 교사로서도 재미있고 알기 쉽게 일본어를 가르쳐 준다는 좋은 이야기를 꽤나 듣는, 스스로 생각하기에 괜찮은 교사로서의 하루하루를 보내고 있었다.

그런 교사로서의 내 일상에 큰 변화가 찾아온 것은 2009년 여름의 일이었다. '2009년 문화협정 제2외국어교원 국외연수'에 운 좋게 선발되었고, 전국에서 모인 능력 있고 열정적인 일본어 선생님들과의 만남을 통해 새삼 일본어 교사로서의 역할에 대해 깊게 고민하게 되었다. 그냥 학교의 교육과정상에서 주어진 수업만 하는 것보다는 무언가 아이들에게 직접적인 영향을 끼치는 그런 일을 해보고 싶었다. 다들 알다시피 당시 대한민국의 인문계 고등학교란 -뭐 사실 지금도 크게 다를 것은 없지만- 국영수로 대표되는 주요과목의 준수한 내신성적과 대학수학능력시험 고득점에 의한 대학진학이 모두의 목표로, 입학과 동시에 마치 출발선에 선 마라톤 선수인양 모두 각자의 속도에 따라 같은 곳을 향해 달리고 있었다.

일본어 수업을 하다 보면 매년 한 반에 적어도 2~3명씩은 소위 '오타쿠'라고 불리는 아이들이 있다. 이 아이들은 일본어 기본문자인 히라가나, 가타카나는 전혀 읽지도 못하는데 일본어 문장을 들으면 마치 당연하다는 듯 뜻을 아는 친구들이다. 그러한 친구들은 대부분 애니메이션이나 게임에 빠져 있어 성적이 부진한 경우가 많고, 친구들로부터는 따돌림의 대상이 되는 일도 빈번하다. 그냥 그렇게 놀림의 대상으로 학창시절을 보내다 성적이 부진한 아이들과 마찬가지로 그저 그런 진학을 하거나, 대학진학을 포기한 채, 평범하게 졸업을 하고 제 갈 길을 가는 것이다. 나는 이 오타쿠들에 주목했다. 배운 적도 없는 일본어가 자연스럽게 들리는 이 아이들에게 만약 제대로 된 일본어를 가르치면 어느 수준까지 도달할 수 있을까? 하는 호기심도 있었고, 만약 할 수만 있다면 모두가 가는 길이 아니라 새로운 길을 향해 도전할 수 있는 기회를 만들어주고 싶었다.

一所懸命(いっしょけんめい,잇쇼켐메) 학생모집

一所懸命 : '하나의 토지를 지키기 위해 목숨을 바치다' 라는 뜻에서 유래한 단어.
'열심히'

일본어 전문 동아리 一所懸命의 부원을 모집합니다.

一所懸命는 애니메이션을 감상하거나, 간단한 일본어 회화를 배우는 목적의 모임이 아닙니다. 재미삼아 해 볼 요량이면 찾아올 생각 마시기 바랍니다.
최소 2년간 일본어 학습에 매진해 국내대학 및 일본대학에 진학할 끈기 있고 도전정신이 강한 학생들을 모집합니다.

단, 모집대상은 1학년으로 한정하고, 동아리 인원은 원활한 학습을 위해 20명 이내의 소수정예로 운영할 계획입니다.

-모집 조건-

일본어 실력 불문
- 기초실력을 갖추고 있다면 최선이겠지만, 실력이 부족해도 상관없습니다.
  일본어에 대한 자신감만 있다면.
  그러나, 적어도 ひらがな정도는 숙지하고 오시기 바랍니다.

국영수 불문
- 공부 못해도 좋습니다. 일본어로 승부 볼 수 있는 열정만 있다면.

오덕 대환영

관심 있는 학생들은 국제문화부 한세환 선생님을 찾아오시기 바랍니다.

생각이 정리된 후, 당장 교장실에 들어가서 내 계획을 밝혔다. 대상은 신입생이어야 했다. 외국어 하나를 완성하는 데 아무리 적게 잡아도 2년은 필요하다는 게 내 생각이었으므로. 2010년에 들어오는 신입생을 대상으로 일본어를 전문적으로 가르쳐 보겠다. 3년 안에 결과를 내보이겠다. 성적 좋은 아이들은 대상에서 제외하고, 중간 혹은 그 이하의 아이들을 데리고, 새로운 도전을 해보겠다고 교장 선생님께 계획을 밝혔다. 그렇게 말하면서도 교장 선생님이 과연 어떤 반응을 보일지 사뭇 궁금했는데, 당시 교장 선생님이었던 권영섭 선생님은 내 이야기를 듣자마자 내 두 손을 꼭 잡으며, 이렇게 말씀하셨다. "세환아 너밖에 없다. 정말 좋은 생각이다. 성적 좋은 아이들이라도 상관없다. 한 번 제대로 해봐" 라고. 뜻밖의 좋은 반응에 힘을 얻어 새 학년이 시작될 즈음 학교에 모집공고문을 게시했다.

공고문을 내고 며칠이 지나지 않아 약 20여명의 학생들이 나를 찾아왔고 그 중 일본어 학습의지가 엿보이는 15명 정도의 아이들과 함께 수업을 시작했다. 수업은 정규수업과 보충수업이 끝난 9교시에 이루어졌다. 보통 1, 2학년은 8교시 보충수업을 마치고 석식, 3학년은 9교시까지 방과후학교를 하고 석식을 하는 스케줄이었는데, 잇쇼켐메(일본어반 명칭) 아이들만 3학년처럼 9교시에 수업을 하고 3학년과 함께 석식을 하는 시스템이었다. 8교시에 수업을 했다면 아이들도 맘 편했건만, 주요과목 8교시 보충수업이 당연하게 생각되던 당시 분위기로 이 아이들의 8교시 보충을 일본어로 한다는 건 언감생심 꿈도 못 꿀 일이었다. 그렇기 때문에 몇 안되는 잇쇼켐메 아이들은 3학년 형님들 틈바구니에서 눈칫밥을 먹어야만 했다.

고충은 이뿐만이 아니었다. 각각의 학급에서 담임교사들의 걱정어린 상담에 아이들은 흔들리기도 하고, 속상해하기도 했다. 일본어 공부를 흥미를 느껴 진지하게 일본어 공부를 할라치면 '공부는 안하고 일본어나 해서 뭐가 되려고 하느냐', '성적은 바닥을 기는 네가 일본 대학을 간다고? 말이 되는 소리를 해라' '자율학습 시간에 왜 일본어 공부를 하냐? 일본어는 집에 가서나 해라', '지금이라도 주요과목 성적 관리하면 충분히 좋은 대학에 갈 수 있으니 일본어 공부는 그만둬라' 등등. 나에 대한 곱지 않은 시선도 있었고, 심지어는 대놓고 따지는 교사도 있었다. '그 아이들 한선생이 책임질 수 있냐', '일본어 공부해서 저 아이들이 대학에 갈 수는 있는 거냐? 일본 대학에 간들 졸업 후 취업을 보장할 수 있는 것이냐', '아이들한테 바람 집어넣지 마라' 등등. 억울하고 분한 생각이 들었다. 그렇다면 그렇게 말하는 그들은(?) 그 낮은 성적을 가진 아이들의 성적관리를 얼마나 세심히 관리하며 그 아이들의 미래를 책임지고 있는지… 아이들이 대학에 가면 졸업 후 취직까지 관리를 하고 있는지 되묻고 싶은 마음이었다. 그러나 그렇게 하지 않았다. 어찌 되었든 나도 한 학급의 담임교사였고, 아이들은 담임교사의 지도하에 학교생활을 하고 성장하는 것이 마땅하다고 생각했다. 그래서 아이들에게 이야기했다. 담임선생님과의 갈등 때문에 힘들면 그냥 그만두고 담임선생님 지도에 따르라고… 그렇게 몇몇 학생들은 일본어를 포기했다.

굳은 의지로 잔존한 약 10여 명의 학생들과 2년 이상 계속해서 일본어 공부를 계속했다. 그렇게 아이들이 3학년이 되었고, 나도 고3 담임으로서 아이들의 진학에 고민을 하던 2012년 9월의 어느 날. 생면부지의 일본인이 나를 찾아왔다. 서류 가방을 들고 3학년 교무실에 들어와 나를 찾은 그는 일본 도쿠야마대학의 한국사무국 책임자로 야마모토라고 하는 사람이었다. 지인의 지인을 통해 알음알음으로 인천까지 찾아온 그를, 그 해 8월에 부임해온 새 교장선생님께 안내했다. 사실 나도 새 교장 선생님과 인사를 나눈 적이 없어 교장실에 모인 우리 세 사람은 다들 초면인사부터 나누었다. "누구신가요?" "저는 일본어 교사이고 3학년 담임인 한세환입니다. 그리고, 이 분은 일본 도쿠야마대학에서 나오신 야마모토라는 분입니다. 한국인 유학생 모집에 대한 이야기를 하러 오셨는데 마침 제가 일본어를 지도해서 일본 유학을 준비 중인 3학년 학생들이 있어 자세한 이야기를 할까 하는데 우선 교장선생님께 인사를 드리러 모시고 왔습니다." 이 이야기를 듣자 새로운 교장선생님은 우리 학교에 그런 멋진 일을 하는 교사가 있었냐며 매우 기쁜 표정을 하시더니, 그러지 말고 세 명이 함께 자세한 이야기를 나누자고 하셨다.

처음 만난 새 교장, 오성삼 선생님은 거침이 없는 분이었다. 입학에 관한 여러 이야기를 듣더니 대뜸 입학과 교류에 관한 MOU를 체결하면 어떻겠냐는 제안을 하셨다. 야마모토 국장도 그에 뒤질세라 아예 일본으로 우리를 초대해서 협정 조인식을 갖자고 제안했고, 그야말로 일사천리로 일이 진행되어 1개월 후 야마구치현에 있는 도쿠야마대학에서 입학과 교류협력에 관한 MOU가 체결되었다. 그리고, 잇쇼켐메 출신 학생 3명이 도쿠야마대학에 입학하게 되었고, 그 중 2명은 100% 수업료 감면을 받아 한 학기 약 120만원 정도의 저렴한 학비로 일본 유학을 할 수 있게 되었다. 도쿠야마대학과의 협력은 유학에만 국한된 것이 아니었다. 도쿠야마대학이 프로그램을 기획하고 초청하는 형식으로 '글로벌 리더십 연수'라는 이름의 일본 문화체험 프로그램이 마련되었고, 무엇보다 우리 학교의 일본어 교육에 힘을 실어주고자 무상으로 일본인 원어민 교사를 파견해 주는 등 파격적인 지원을 아끼지 않았다.

2. 탄생 국제반

도쿠야마대학과의 MOU체결이후 오성삼 선생님은 외국어를 집중적으로 가르치는 정규 학급을 편성하면 어떻겠냐는 제안을 하셨다. 나로서는 좋은 제안이었다. 여러 학급에서 아이들을 모아 저녁에 수업을 진행하는 형태보다는 외국어 공부를 원하는 아이들을 한 학급으로 편성해서 가르치면 훨씬 수월하겠다는 생각도 들었고, 무엇보다 도쿠야마대학에서 원어민 교사를 무상으로 제공받게 되어 있었으니 무언가 해낼 수 있을 것 같은 자신감 같은 것이 있었다.   2013년 그렇게 제2외국어를 중심으로 한 송도고등학교의 국제화 중점과정이 탄생하게 되었다. 송도고등학교 내에 국제반이 하나 생긴 것이다. 국제반의 운영방침은 다른 학교와는 달랐다. 제2외국어 중심 국제반이라는 것이 확연히 달랐다. 일반적으로 '국제화', '글로벌' 이라는 타이틀이 붙으면 가장 먼저 떠올리는 것이 영어다. 실제로 지금까지 학교 글로벌 교육 담당자로 많은 연수, 회의, 세미나에 참석해보면 압도적인 담당교과 대다수가 영어 교사이고, 나와 같은 제2외국어 교사가 담당자인 학교는 거의 없다.

송도고등학교 국제반은 일본어와 중국어 어학 능력 향상을 기본으로 삼고, 다양한 교육활동에 의한 글로벌 마인드 함양을 통해 넓은 시야로 세계에 진출할 글로벌 인재 육성을 교육의 목표로 했다. 기본적으로 입학 후, 일본어와 중국어 둘 중 하나의 언어를 선택해 집중적으로 공부를 한다. 영어 능력이 우수하다면 더할 나위 없이 좋다. 일본어, 중국어 능력이 우수하다면 그 또한 좋으나, 아예 초짜라도 상관없다. 국제반 운영을 위해 학교에 처음으로 중국어 교과가 생겨났고, 도쿠야마대학에서 무상지원하는 일본인 원어민 교사 외에 CPIK(원어민 중국어보조교사 초청·활용 사업)프로그램을 활용해 중국인 원어민 교사도 갖추어, 한국인 교사 2명, 원어민 교사 2명이 지도하는 제2외국어 교육 시스템을 갖추게 되었다.

» 2019년 현재 일본어 전용교실 모습.
처음 시작할 때는 이런 멋진 전용교실을 갖게 될 거라고는 상상조차 할 수 없었다.

3. 오타쿠라고? 전문가라 불러다오.

국제반을 운영하며 교사로서 가장 큰 보람을 느끼는 것은 무엇보다 학생들이 학교생활에 만족해하고, 행복해하는 모습을 보는 것이다. 국제반에서 일본어를 전공언어로 선택한 학생들의 경우, 앞에서도 이야기했듯 소위 '오타쿠'로 불리는 친구들이 많은데, 상담을 해보면 그 중 많은 아이들이 초등학교 고학년부터 중학교 시절까지 줄곧 왕따에 시달렸었다고 한다. 집단 내에서 특이한 성향을 가진 녀석들이 소수이다 보니 또래집단에서 소외되고 놀림 속에 기가 죽어 지냈으리라. 그런데 국제반에 들어와 보니 자기와 닮은 친구들이 많고, 놀리기는커녕 서로의 관심사에 대해 드러내놓고 이야기도 할 수 있어 너무 좋다는 이야기도 해온다. 국제반에서 일본어를 가르치면서 정말 많이 하는 말이 있다. 아이들 사이에서 '전문가론'으로 이야기되는 나만의 철학. "너희가 이제까지는 죽어라 애니메이션이나 보고 게임만 줄창 하는 '오타쿠'였으나 송도고 국제반에서 일본어를 배우기 시작한 이상, 너희는 이제 단순한 '오타쿠'가 아니다. 외국어가 자연스럽게 들린다는 것은 얼마나 대단하고 칭찬받을 일이냐. 이제 너희는 들리는 일본어를 쓰고, 읽는 일본어로 발전시킬 것이다. 문장을 읽고, 쓰고, 어려운 한자로 된 일본어도 해독하고 작문할 수 있는 단계에 이르면 그때는 너희들은 '오타쿠'가 아니라 '전문가'다. 너희는 일본어 전문가가 되어라. 나는 너희를 일본어 전문가로 키울 셈이다." 그 전까지는 재미로만 알았던 일본어를 학문적으로 알아간다. 집에서 항상 아무 목적 없이 애니메이션만 보던 골칫덩이 아들이 그것을 무기 삼아 일본어 전문가가 된다니 이 어찌 멋지지 아니한가? 이러한 동기부여에 힘입어 아이들은 자신감을 갖고, 비록 국영수 성적이 또래 친구들보다 부족할지라도 자신만의 무기를 갖게 되었다는 것에 성취감을 느끼며 학교생활에 행복함을 느낀다. 그뿐만이 아니라, 일본어를 통한 학업 성취감을 바탕으로 다른 과목 공부로 영역을 확장하는 예도 적지 않다. 일본 유학시험, 일본어능력시험 등 고

차원의 일본어 공부를 하다 보니, 부족한 배경지식, 독해 능력 부재 등 스스로의 문제점을 개선하기 위해 국어과목이나 사회과목에 시간을 투자해 학업성적이 향상되는 긍정적인 모습을 보이는 아이들도 적지 않다. 결국 좋아하면 잘하게 되고, 잘하면 행복감은 저절로 높아진다.

4. 그래서 네가 진짜 하고 싶은 게 뭐야?

2012년 도쿠야마대학과의 추천 입학, 상호교류에 관한 MOU가 체결된 이후, 2013년부터 2019년까지 7년째 매년 봄방학을 이용해 글로벌 리더십 일본연수를 진행해 오고 있다. 도쿠야마대학 측이 프로그램을 준비하고 초청하면 우리가 응하는 형식으로 5박 6일간의 연수가 진행된다. 유학생지원실로부터 매년 나에게 프로그램에 대한 요구사항을 물어오는데 나의 요구는 늘 똑같다. 패키지 여행이나, 자유 여행으로는 경험할 수 없는 프로그램 구성. 5박 6일 일정 안에 반드시 포함되었으면 하는 프로그램은 '일반 가정 홈스테이', '선진 기업 견학', '고등학교 방문' 이 세 가지. 일본 교육기관이 보증하지 않으면 절대 실현할 수 없는 프로그램이며, 교육적 효과가 가장 큰 프로그램이라고 나 자신이 확신하는 프로그램들이다. 여행사에서 진행하는 프로그램이 아니고, 대학 자체적으로 진행하는 프로그램이다보니 참여 인원에 제한이 있고, 일본어로 의사소통이 불가능하면 곤란한 프로그램이 많다 보니, 매년 국제반 학생들만이 참가하게 되는데, 난 가급적 1학년 학생들의 참가를 권유하는 입장이다. 1학년 학생들에게 기대하는 효과는 두 가지. 첫 번째, '아… 일본어 공부 좀 더 열심히 할 걸… 아… 답답해… 형들이 일본어로 대화하는 걸 보니 너무 부럽다.' 두 번째, '뭐야? 며칠 있다 보니 나도 몇 마디는 할 수 있잖아? 좀 더 열심히 했더라면 더 잘할 수 있었을 텐데 아쉽다.' 반성과 함께 나도 할 수 있을 것 같은 기대감. 내년엔 반드시 능숙하게 하고야 말거라는 다짐들. 실제로 이런 동기부여를 통해 국제반 일본어 학생들의 일본어 실력이 키워지고 있다.

한일 학생간 교류는 프로그램의 하이라이트라고도 할 수 있는데, 최근 교류했던 후쿠오카공업대학 부속 조토고등학교 학생들과의 교류는 앞으로의 글로벌 교육에 대한 새로운 기대감을 갖게 했다. 교내 곳곳에 우리를 환영하는 문구가 가득했고, 교장선생님 이하 전교사라 해도 좋을 만큼 많은 교사가 교류행사에 참여하는 모습에 교류에 대한 관심과 진정성을 느낄 수 있었다. 교류활동 준비도 충실하여 우리 학생들은 일본 학생들과 함께 국어, 영어, 물리, 수학 등의 교과 수업에 참여하고, 조별 활동으로 한일 양국의 문화 차이에 대해 허심탄회한 대화를 나누는 등 기대 이상의 교류 성과를 거둘 수 있었다.

이 교류가 인연이 되어 지금도 학생들은 서로 연락을 주고받고 있고, 지난 봄에는 여행 온 일본 친구들과 서울관광을 하며 즐거운 시간을 보내기도 했다고 한다.

잇쇼켐메 1기 학생들이 졸업하기 시작한 2013년 이후 매년 7명 내외의 학생들이 졸업 후 바로 일본 대학으로 유학을 떠난다. 보통 국제반 일본어 학생들의

수가 학년당 12명 내외이니, 일본어 전공 학생들의 절반 가까이가 유학을 간다고 보면 맞다. 잇쇼켐메 1, 2기 시절과 국제반 1기 졸업생까지만 해도 도쿠야마 대학 등 일본 하위권 대학에 진학하는 친구들이 많았지만, 최근에는 국립대학을 비롯, 명문 사립대학에 진학하는 학생들의 비율이 제법 높아졌고 일본유학시험 성적우수자로 JASSO장학금을 수령하는 학생들의 수도 많아졌다. 해를 거듭할수록 스스로의 역량을 키워가는 학생들의 모습을 지켜보는 교사의 마음은 흐뭇하기만 하다.

이름	졸업년도	대학명	전공	비고
박OO	2017	関西学院大学 KWANSEI GAKUIN UNIV.	국제학부	
손O	2017	文化学園大学 BUNKA GAKUEN UNIV.	패션사회학과	국가 장학생
김OO	2017	文京学院大学 BUNKYO GAKUIN UNIV.	경영학과	
김OO	2017	神奈川大学 KANAGAWA UNIV.	경제학과	
김OO	2017	国士舘大学 KOKUSHIKAN UNIV.	21세기아시아학과	
윤OO	2017	山梨学院'大学 YAMANASHI GAKUIN UNIV.	현대비지니스학과	
강OO	2017	桃山学院大学 St. Andrew's University	경영학과	
정OO	2017	日本大学 NIHON UNIV.	국제경영학부	
김OO	2018	山梨学院'大学 YAMANASHI GAKUIN UNIV.	현대비지니스학과	
김OO	2018	徳山大学 TOKUYAMA UNIV.	현대비지니스학과	
김OO	2018	武蔵野美術大学 MUSASHINO ART UNIV.	공예공업디자인학과	JASSO 장학생
김OO	2018	大阪芸術大学 OSAKA UNIV. OF ARTS	영상학과	
이OO	2018	国立 千葉大学 CHIBA UNIV.	문학부	JASSO 장학생
정OO	2018	徳山大学 TOKUYAMA UNIV.	현대비지니스학과	
전OO	2018	山梨学院大学 YAMANASHI GAKUIN UNIV.	현대비지니스학과	
김OO	2018	国立 九州工業大学 Kyushu Institute of echnology	정보공학부	JASSO 장학생
이OO	2018	関西学院大学 KWANSEI GAKUIN UNIV.	국제학부	JASSO 장학생
김OO	2018	辻製菓専門学校 Tsuji Culinary Institute	제과매니지먼트	
원OO	2019	関西学院大学 KWANSEI GAKUIN UNIV.	경제학부	JASSO 장학생
오OO	2019	同志社大学 DOSHISYA UNIV.	문학부 철학과	JASSO 장학생 성적우수장학생
김OO	2019	中央大学(CHUO UNIV.)	법학부 법률학과	JASSO 장학생

2019년 졸업생 A군의 이야기를 하고 싶다. A군은 중학생 시절 성적이 꽤 좋은 편이었다고 한다. 고등학교 진학을 앞두고 집에서 가까운 송도고를 지원하는 것에는 문제가 없었으나, 과정 선택에서는 부모님과 A군의 생각이 달랐다. 부모님은 취업에 용이한 이공계를 원했고, 마침 송도고에서 가장 진학실적이 좋다고 소문난 과학중점과정을 선택하기를 희망했다. 반면, A군은 일본문화에 관심이 있었고, 일본어를 집중적으로 배울 수 있는 국제반에 들어가기를 원했다. 갈등 끝에 부모님의 강요에 못 이겨 결국 과학중점반에 들어갔으나, 학교생활은 괴로움의 연속이었다.

학습에 대한 흥미를 잃어 성적은 떨어지고, 학급 생활에도 재미를 느끼지 못해 부모님과 자퇴에 대한 이야기를 나누는 날이 많아졌다. 그런 A군이 나에게 찾아왔다. 일본어 공부를 하고 있는데 질문하러 와도 되겠느냐고… 얼마든지 와도 좋다고 이야기하고, 몇 번 일본어를 가르쳐보니 재능이 있고, 학습 태도가 너무나도 진지한 거다. 그래서 물었다. "혹시 과학중점반 0순위 선발이니?" (교육청 방침상 0순위 과학중점 선발자는 과정 이동이 불가능하다). 그런데, 이 친구가 다행히 0순위 선발은 아니었고, 본인은 국제반으로 너무 오고 싶다고 했다. 문제는 부모님. 부모님과 상의를 해보았더니, 과학중점반에 대한 미련은 있으나, 아이가 학교를 다니지 않겠다는데 국제반이라도 가서 학교생활에 적응해서 학교라도 잘 다녔으면 좋겠다 하셨다. A군의 담임선생님과 의논하여 2학년 진급 시 국제반으로 이동하는 것으로 하고, 1학년 2학기부터는 일본어 학습을 체크하면서, 국제반 활동에 함께 참여시켰고, 2학년 진급 후부터는 국제반 학급 학생으로 본격적인 일본어 학습에 매진하게 되었다. A군의 학교생활은 180도 달라졌다. 얼굴에는 웃음이 돌아왔고, 2학기가 되었을 때는 1학년 때부터 줄곧 국제반에서 일본어를 배웠던 학생들을 따돌리고 가장 뛰어난 일본어 실력을 자랑했으며, 내신 성적도 몰라보게 좋아졌다. 그야말로 괄목상대, 일취월장.

A군은 2, 3학년 재학 중 일본어능력시험 N2, N1을 모두 만점으로 취득했고,

일본유학시험 성적우수 장학금, 윤동주 시인의 모교로 유명한 명문 사립대 同志社(どうししゃ, 도시샤)대학 입학성적장학금 등 장학금을 주렁주렁 매달고 일본으로 유학을 떠났다. 올해 5월 스승의 날에 A군의 어머니로부터 커피 프렌차이즈점 이용 쿠폰 선물과 함께 메시지가 배달되었다. 좋은 선생님이 되어 주셔서 정말 감사하다고… 하~~ 교사로서의 이 기쁨을 뭐라고 표현하면 좋을까?

　2학기가 시작된 8월. 어제도 오늘도 졸업생 녀석들이 학교를 찾아왔다. 일본으로 유학을 떠난 아이들 대부분이 학기를 마치고 방학을 맞으면 일시귀국하여 나를 찾아와 준다. 그토록 고대하던 유학 생활의 즐거움, 그 이면의 외로움, 고단함 등등의 이야기를 나누는 그 시간이 나에게는 커다란 기쁨이고 보람이다.

'내가 하고 싶은 일은 무엇일까?' '내가 정말 잘할 수 있는 일은 무엇일까?' 이 질문에 대해 우리 아이들은 대답할 수 있을까? 나는 아이들이 많이 늦기 전에 대답할 수 있었으면 하는 마음으로 늘 아이들에게 질문을 던진다. 스스로의 이 질문에 대답할 수 있게끔 도움을 줄 수 있는 학교이고, 교실이었으면 한다.

자연과학과 인문과학의 소통

물리 교사 오세훈

▷ 제4차 산업혁명과 나의 수업

제4차 산업혁명

인공 지능(AI), 사물 인터넷(IoT), 클라우드 컴퓨팅, 빅데이터, 모바일 등 지능정보 기술이 기존 산업과 서비스에 융합되거나 3D 프린팅, 로봇공학, 생명공학, 나노기술 등 여러 분야의 신기술과 결합되어 실세계 모든 제품·서비스를 네트워크로 연결하고 사물을 지능화한다.

제4차 산업혁명은 초연결(hyperconnectivity)과 초지능(superintelligence)을 특징으로 하기 때문에 기존 산업혁명에 비해 더 넓은 범위(scope)에 더 빠른 속도(velocity)로 크게 영향(impact)을 끼친다.

'제4차 산업혁명' 용어는 2016년 세계 경제 포럼(WEF: World Economic Forum)에서 언급되었으며, 정보 통신 기술(ICT) 기반의 새로운 산업 시대를 대표하는 용어가 되었다. 컴퓨터, 인터넷으로 대표되는 제3차 산업혁명(정보 혁명)에서 한 단계 더 진화한 혁명으로도 일컬어진다.

IT용어사전

2016년 세계경제포럼에서 등장한 제4차 산업혁명, 과학교사로서 학생들의 진로선택에 도움을 주기 위해 제4차 산업혁명이라는 새로운 정보와 지식을 습득하기 시작했다. 대중매체에는 온갖 다큐멘터리와 유명교수들의 강연이 넘쳐났고, 그 내용의 대부분은 미래에 대한 경고와 현재 교육에 대한 경각심을 유발하는 내용이었다. 미래에 대한 경고, 사라질 직업과 새로 생길 직업에 관한 이야기는 학생들과 함께 고민해야 하는 중요한 내용이라 생각했다. 이러한 강연내용을 수업시간과 자율활동시간에 토론주제로 활용했지만 학생들에게는 잠깐의 흥밋거리일 뿐, 교과성적이 가장 관심이었다. 결국 제4차 산업혁명에서의 학생들의 진로에 대한 고민은 나의 몫이 되었다. 미래 인재의 핵심역량이라 불리는 4C(Critical Thinking-비판적 사고 능력, Creativity-창의성, Communicarion Sikill-의사소통 능력, Collaboration-협업 능력), 또는 복합적 문제해결능력(Complex Problem Solving)을 포함한 5C를 학생들에게 가장 효과적으로 배양하는 방법이 무엇일까?

나는 현재의 수업을 분석해보기로 했다. 우리 학교의 과학수업은 프로젝트식 수업을 위주로 진행하고 있다. 프로젝트식 수업은 주변에서 발견할 수 있는 문제를 찾고, 문제 해결을 위한 계획을 수립하고, 실험 및 조사를 통한 과제를 수행하여 결과를 분석하는 일괄의 과정으로 진행된다. 이러한 프로젝트식 수업은 학생들의 4C를 배양하는데 충분한 도움이 되고 있다. 그럼 부족한 것은 무엇일까? 수업을 진행하며 의사소통 과정과 협업 과정에서 학생들의 공통적인 문제점을 볼 수 있었다. 바로 교과성적이 우수한 학생 위주로 의사소통이 진행되고 협업의 절차가 진행된다는 점이다. 수업시간에 행해지는 프로젝트 수업은 창의적인 생각, 자료를 조사하고 선택하는 능력, 결과를 분석하고 비판하는 능력이 주가 된다. 이러한 능력들은 우수한 한 사람을 통해서 이루어질 수도 있지만, 많은 대화 과정 즉 의사소통 과정을 통해 문제가 해결되는 경우가 많다. 주도하는 학생의 지식만을 이용한 프로젝트 수업은 과연 4C 함양에 도움이 될까? 나는 의사소통능력이 협업의 기본이 된다는 생각을 가지고 의사소통능력을 키우기 위한 수업을 찾으려 노력했다.

▶ 과학 수업에 인문학이란?

의사소통… 단순히 발표를 자주 하면? 아니면 토론수업을 진행할까? 많은 고민의 답은 의외로 다른 곳에서 나왔다. 2016년, 다큐멘터리와 강연을 표방한 TV프로그램들은 제4차 산업혁명이라는 주제로 달아오른 상태였으며, 또 다른 주제 '인문학'에 대한 관심도 뜨거웠다. 자연과학을 다루는 사람이라는 핑계로 인문학에 관심이 없었던 나에게도 계속 들려오는 인문학의 중요성은 나의 두 귀를 한껏 열게 만들었다.

인문학(人文學)

인문학은 인간과 인간의 근원문제, 인간의 사상과 문화에 관해 탐구하는 학문이다. 자연과학과 사회과학이 경험적인 접근을 주로 사용하는 것과는 달리, 분석적이고 비판적이며 사변적인 방법을 폭넓게 사용한다.

자연을 다루는 자연과학(自然科學)에 대립되는 영역으로, 자연과학이 객관적으로 존재하는 자연현상을 다루는 데 반하여 인문학은 인간의 가치탐구와 표현활동을 대상으로 한다. 광범위한 학문영역이 인문학에 포함되는데, 미국 국회법에 의해서 규정된 것을 따르면 언어(language)·언어학(linguistics)·문학·역사·법률·철학·고고학·예술사·비평·예술의 이론과 실천, 그리고 인간을 내용으로 하는 학문이 이에 포함된다.

교육학용어사전 및 위키백과 발췌

다수의 제4차 산업혁명 관련 다큐멘터리와 강연에서 미래에 사라질 직업, 사라지지 않을 직업에 대해 논할 때 '사람다움', '사람만이', '감성적인'처럼 인문학적인 가치 탐구와 자기표현에 대해 이야기를 하고 있었다. 마치 제4차 산업혁명에서는 첨단 과학기술에 대한 지식보다 인문학적 능력이 미래의 생존경쟁에서 필수요소라 말하는 것처럼 말이다. 그럼 자연과학과 대립되는 영역인 인문학을 어떻게 과학 수업에 활용할 것이며, 어떻게 핵심역량을 끌어낼 수 있을까? 언어학, 문학, 역사학, 법률학, 철학, 고고학 등의 학문적인 접근으로 인문학을 바라보지 않고, 인간의 가치탐구와 표현활동으로써의 학문으로 접근해봤다.

▸ 가설

학생들의 **의사소통능력**이 보 이유가 무엇일까?

가설 1	자기 생각을 잘 표현 못 한다.
가설 2	자기 생각을 비난받는 것이 두렵다.

가설 1. 매년 신학기가 시작할 때쯤 선생님들의 대화 내용 중에는 "올해 애들은 자기표현이 강해, 자기가 하고 싶은 말도 잘하고 의사표현 잘 하고…" 이런 의!미의 표현을 하곤 한다. 가정교육과 학교 교육의 교육방식이 바뀌며 학생들은 자기주장을 표현할 기회가 많아지고, 학생들의 의견은 더 존중되고 있다. 그러나 학생들의 자기표현이 수업 내에서 적극적이지 못하다는 것이 문제이다. 그뿐만 아니라, 친구들 사이의 자기표현방법이 거칠기 짝이 없다. 불쾌함과 기쁨의 표현 모두 강하고 거칠다. 이러한 표현방법으로는 협업 과정에서 자기표현을 잘하기는 요원하다. 자기의 생각을 표현하는 것과 잘 표현하는 것은 다르기 때문이다. 알맞은 단어를 선택하여 분위기에 적절한 억양으로 조리 있게 표현하는 것이 중요하다. 학생들은 알맞은 단어를 배웠고 분위기 파악도 할 수 있으며 조리 있는 말을 하는 방법도 알고 있지만, 그것을 사용함에 있어 문제가 있다. 문제는 가설 2와 같은 맥락이다. 조리 있고 타당하게 자기 표현을 하면 요즘 학생들

용어로 진지충, 선비질이라며 무시당하게 된다. 이 때문에 학생들은 강한 어휘 사용과 직설적인 감정표현을 하게 되고 이에 익숙해질 수밖에 없다. 그렇다면 분위기를 바꿔야 한다. 부드러운 어휘사용과 감정을 돌려 표현하는 것이 부끄러운 행동이 아니라는 것을 알려줄 활동이 필요했다.

가설 2. 몇몇 학생들은 타인을 비난하여 자신을 과시한다. 비판과 비난의 차이점을 모르고 남을 비난하여 웃음거리로 만들면 자신의 위치가 인정받는다고 생각한다. 웃음거리가 되기 싫어서 자기 생각을 말하길 두려워한다. 학급을 운영하다 보면 남들보다 목소리가 크고 웃음소리가 크며 유쾌하여 친구가 많아 학급 분위기를 주도하는 학생들이 있다. 이 학생들이 위에서 말한 몇몇 학생들에 포함이 될 때 학급 운영에 고난이 시작된다. 칭찬을 해도 욕으로, 비판도 비난으로 바꾸는 그 학생들의 능력에 학급의 의사소통은 일방통행이 되고, 발표와 소통이 부족한 소극적인 수업 분위기가 형성된다. 분위기를 주도하는 학생들을 어떻게 하면 바꿀 수 있을까? 내가 생각해낸 방법은 그 학생들 스스로 발표하고 발표를 평가받는 경험을 해보는 것이다. 남은 비난하는 학생들은 보통 스스로 발표를 하지 않는 경우가 많기 때문이다.

▶ 내가 먼저 보여주자

가설 1, 2를 바탕으로 학생 중심 활동을 생각해봤다. 자기 생각을 인문학적(인간의 가치탐구와 표현활동)으로 발표하고, 발표를 칭찬하고 독려하는 활동을 나는 시 낭송에서 답을 얻었다. 자기의 감정, 생각을 고뇌하여 다양한 방법으로 표현하는 시 쓰기, 그리고 시를 읽어주며 감정을 전달하는 낭송하기가 의사소통능력을 향상하는 데 적합한 학생 중심 활동이라고 생각했다. 덧붙여 발표 후 서로 칭찬하고 이해하는 공감의 시간이 있다면 더욱 효과적일 것이다. 그럼 시 낭송을 어떻게 운영해야 할까? 내가 먼저 보여주기로 했다. 나의 문학적인 수준은 고등학생에서 머물렀던가 퇴화했을 것이다. 고등학교 때 이후로는 글을 쓰는 활동은 해본 적이 없으며 시 쓰기 경험은 더욱 요원하기 때문이다. 2017년 3월 9일, 그렇게 나의 첫 시를 쓰게 됐다. 3월 9일은 2017년에 처음으로 실시하는 모의고사 날, 1교시 언어영역 모의고사 감독 중 언어문제에서 시를 읽게 되었다. 그때 학생들에게 들려줄 시를 써야겠다고 마음을 먹고 감독이 끝나자마자 시를 쓰기 시작했다. 시를 쓰며 내 생각을 관철하고 단어를 선택하는 시 쓰기 활동에서 탐구 문제를 풀 때와는 다른 희열을 느끼게 되었다. 그러한 느낌을 학생들과 공유하고 경험하게 해주고 싶었다. 다음 날 과학 수업시간에 학생들에게 시를 읽어주고 시에 대한 설명을 해주었다. 그게 첫 시 낭송 활동의 시작이었다.

과학 수업시간에 활용하기 위해 과학적인 내용을 가지고 있는 시를 썼다. 이 시를 과학수업에서 읽어준다. '빛을 내지 못하는 달이 찬란한 태양을 삼키는 것처럼, 태양과 비교도 할 수 없는 작은 달이 태양을 삼키는 것처럼, 너희들 가까이에 있는 이쁜 것들(게임, SNS, 재밌거리)이 꿈을 가리니 주의하자'라는 설명을 해준다. 처음 들은 학생들은 재밌어했다. 과학선생님이 시를 읽어주고, 박수를 유도하고, 시의 내용을 설명해주니 말이다. 그리고 학생들에게 시 쓰기를 유도하고 함께 읽고 발표하는 시간을 가졌다. 첫걸음이 어려웠지만, 학생 한 명을 지목하여 발표를 시키고 다 같이 박수를 쳐주고 시에 대한 설명을 들어주고, 다음부터는 서로 해보겠다고 나와서 발표를 시작했다. 선생님의 먼저와 학생의 첫걸음으로 학급 분위기는 바뀌었다.

▸ 학급에서 더 큰 효과

평소에 자기표현을 안 하던 학생들이 발표하는 모습을 보며, 과학 수업뿐만 아니라 학급에서 활용하면 학급 분위기에도 긍정적인 영향을 줄 거라 생각이 들었다. 우리반은 학급활동으로 1인 1역할을 운영했다. 역할 중 시인을 뽑아 자율활동시간에 시 낭송시간을 운영해보기로 했다. 일주일에 한 편의 시를 써와 시 낭송시간에 발표하고, 들어주고 공감하는 시간을 갖는 것이다. 역시 처음엔 내가 먼저 보여줘야 했다. 1학기 1회고사가 다가올 무렵 학생들에게 들려주고 좋은 호응을 받았던 시를 소개한다. 수시를 준비하는 인문계 학생들이라서 더 마음에 와닿았을지도 모르겠다.

일식

태양의 크기는 달의 칠천만 배
찬란한 태양빛은 지구의 에너지

밤하늘의 달은 어둠 속의 달은
빛나 보인다. 그리고 이쁘다.

스스로 빛을 내지도 못하는 달이
태양을 삼킨다. 찬람함을 가린다.

크기는 중요치 않다. 거리가 중요할 뿐
작디작은 달이 어둠을 만든다.

가까이 있는 이쁜 것들이
빛도 내지 못하는 것들이
미래를 삼킨다. 꿈을 가린다.

연애의 고수

좋아하는 여자가 생겼다.

마음을 담아 첫 번째 고백을 한다.
차였다.
왜? "넌 재미없어."

유머를 탑재하고 두 번째 고백을 한다.
또 차였다.
왜? "난 어깨 넓은 남자가 좋거든."

...

자동차를 사고 아홉 번째 고백을 한다.
차였다....
"넌 자존심도 없니? 그만해!"

자존심도 버리고 열 번째 고백을 한다.
여자친구가 생겼다.
열 번 찍어 안 넘어가는 나무는 없구나.

가고 싶은 대학이 생겼다.
나에겐 열 번의 기회가 있다.

학생들은 열 번의 정기고사를 보고 수시를 쓴다. 학생들에게 열 번의 기회가 있으니 부족한 부분을 고치고 노력하면 원하는 대학에 갈 수 있다고 설명해 줬더니 담임선생님을 바라보는 눈빛이 변하는 걸 느꼈다. 이렇게 학급 시 낭송시간을 시작할 수 있었다. 어느덧 시 낭송을 했던 학생들이 고3이 되고 지금도 우리 반 학생들은 시를 쓰고 낭송을 한다. 우리 반 학생들은 시 낭송시간을 기다리고 발표할 시를 준비한다. 모든 학생들이 적극적이지는 않지만 낭송시간을 즐거워하며 친구들의 시를 듣고 웃고 박수 쳐준다. 내가 원했던 학생들의 의사소통 능력과 인문학적 소양이 향상됐는지 모르겠지만, 자극적이지 않은 어휘들로 자신의 감정을 표현하고 타인의 시를 듣고 공감하는 모습은 만족스러웠다.

▷ 어느 정도 변했을까?

　학생들의 의사소통능력과 인문학적 소양에 얼마나 영향을 미쳤는지 학생들의 생각을 확인해 볼 필요가 있었다. 학급 학생들에게 설문조사를 하여 시 낭송 활동의 효과에 대해 분석해 보았다. 4점 척도의 설문이었으며 긍정적인 경험에 대해 물어보았다.

친구들의 시를 듣고 친구의 마음을 이해하는 데 도움이 됐다.
친구들의 시를 듣고 친구의 새로운 모습을 알게 됐다.

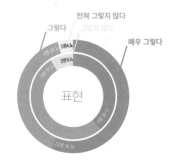

시를 쓰고 낭송하는 것이 어렵지 않다.
시를 쓰기 위해 다양한 표현방법을 사용한다.

친구들에게 자기감정을 표현하는 것이 어렵지 않다.
친구들과의 소통에서 비속어 사용횟수가 줄었다.

설문인원 23명

학급 활동이 소통하는 학급 분위기에 긍정적인 영향을 미쳤다.
학급 활동이 학생들의 언어사용에 긍정적인 영향을 미쳤다.
학급 활동이 학교폭력 예방에 긍정적인 영향을 미쳤다.
학급 활동이 본인의 인격 형성에 긍정적인 영향을 미쳤다.

4점 척도의 설문결과는 전체적으로 긍정적인 표현을 했다. 내가 바랐던 자신을 표현하고 타인과 공감하는 부분에서 긍정적인 결과를 얻게 되었고, 학급 분위기와 학교폭력 예방이라는 부분에서도 긍정적 효과를 얻었다. 자세한 결과를 얻기 위해 서술 문항을 넣었는데 흥미로운 대답을 몇 가지 볼 수 있었다.

▸ 친구들의 시를 듣는 활동의 좋았던 점

💬 친구들의 생각과 가치관 등을 알 수 있어 좋았다.
💬 친하지 않던 친구들이 평소 어떤 생각을 하고 있는지 알 수 있었다.
💬 조용한 친구의 재밌는 시와 시끌벅적했던 친구들의 감성적인 시가 많았다.
💬 시를 듣고 어려운 친구는 도와줄 수 있게 됐고, 속상한 친구들에게 위로해줄 수 있어서 뿌듯했다.

▸ 학급 활동을 통해 자신의 공감 능력이 향상되었습니까?

💬 시 낭송을 들으며 화자의 입장에서 생각해 보았었습니다. 반 친구들의 평소 말과 행동이 그 사람의 시와 비슷하다고 느꼈습니다. 국어시간에 시를 해석할 때 글쓴이를 알아야 해석이 잘 된다는 것이 왜 그런지 와닿았습니다.
💬 사람마다 사물이나 상황을 인식하는 방법이 다르다는 것을 이해하게 되었다.
💬 하고 싶었던 얘기나 속마음을 친구들이 시로 풀어쓰기 때문에 시를 이해하려고 노력하는 과정에서 공감능력이 향상됨을 스스로 체감할 수 있었다.
💬 시를 쓰는 활동을 하며 상대의 감정을 공감하는 습관이 생겨 상대와 대화할 때 공감해주게 되었습니다.

▶ 시를 쓰는 활동과 낭송하는 활동의 좋았던 점

💬 친구들이 제 시를 듣고 그 의미를 찾으려고 하는 모습이 재밌었습니다.

💬 내성적인 성격이라 다른 사람 앞에서 이야기하는 것을 잘하지 못하는데, 활동들을 통해 조금이나마 부끄러움 없이 이야기할 수 있게 되었다.

💬 아이디어를 내고 내 시를 쓰는 것은 어렵지만, 시를 낭송하고 친구들이 호응해주면 뿌듯하고 기분이 좋다.

💬 시를 쓰는 시간이 아니어도 자발적으로 시를 쓰게 되고 그것에 흥미를 느끼게 되었다. 시 낭송 시간을 가지며 내성적인 성격을 극복할 기회도 얻었다.

💬 시를 쓰는 것이 마음을 정리할 수도 있고, 자신의 울분을 표현하여 심적으로 도움이 되었다.

▶ 학급 활동을 통해 자신의 표현능력이 향상되었습니까?

💬 조금 더 표현을 조심하게 하고 싶게 하게 되었다. 특히 친구들과 대화할 때 딱딱한 표현보다 부드러운 표현을 쓰게 되었다.

💬 평소 감정표현을 못 했지만 시 발표를 통해 일상생활에서도 표현을 잘하는 편으로 바뀌었다. 표현한다는 것이 무서웠는데 나 자신이 많이 달라져서 좋은 경험이라고 생각한다.

💬 더 좋은 단어, 표현, 구성을 위해 고민하다 보니 글로 표현하는 능력이 는 것 같다.

▶ 비속어 사용과 감정표현에 있어 학급 활동이 긍정적인 영향을 미쳤습니까?

💬 시를 쓰면서 좋은 표현들을 알게 되니 비속어 같은 표현은 사용하지 않게 되어 친구들과 마음 상할 일이 줄어든 거 같다.

💬 반에서의 비속어 또는 서로의 장난도 많이 줄었고, 서로 협동을 하고 도움을 주는 데 거리낌이 없어졌다.

▸ 학급 활동을 통해 자신의 의사소통능력이 향상되었습니까?

💬 말을 잘 하지 않아 평소에 말을 버벅거렸는데 시 낭송을 하면서 말하는 것이 조금 자연스럽게 되었다.

💬 대화할 때 하고 싶은 말을 정확하게 할 수 있게 됐다.

💬 말하기 전에 조금 더 생각하게 되어 자신의 의사를 잘 전달할 수 있게 되었다.

▸ 개선할 점과 다른 긍정적인 면

💬 시를 쓰면서 철학적인 것을 주제로 삼았는데, 주제에 대해 더 잘 이해하고 알게 되었습니다.

💬 시 쓰는 것이 처음에는 귀찮게 느껴졌는데, 하다 보니 보람과 성취감을 느낄 수 있었다.

💬 친구들에게 나의 생각, 나의 상태 등을 거리낌 없이 전할 수 있는 시간이어서 너무 즐거웠다.

💬 평소에 학업이나 다른 활동에 집중하다 보면 문학 활동을 할 수 없는데 학급 활동을 통해 시를 느낄 수 있어서 좋았다.

💬 시를 쓰고 낭송하는 시간이 많았으면 좋겠다.

공통적으로 공감과 소통에 대해 긍정적으로 표현했고 비슷한 표현들이 많았다. 시 낭송시간이 많아지길 바라는 내용이 개선점에서 공통된 서술로 학생들이 자발적인 참여를 하고 있고 학급 활동시간을 즐거워한다는 것을 느낄 수 있었다. 과학 수업에서의 시 낭송에 대한 설문조사는 따로 실시하지 않았다. 과학을 이용한 시 낭송 활동의 학생 참여도와 발표 분위기를 봤을 때 학급에서만큼의 효과가 있었을 것이다. 수업에서의 시 낭송은 연속성이 떨어져 불만족스러운 면도 있다. 학급처럼 일주일에 한 번씩 낭송하는 것이 아니라 학기에 두세 번 시를 쓰고 발표를 하기에 반마다 적극성에 차이가 있다. 소극적이고 부정적인 태도를 바꿀 수 있는 방법을 찾기 위해 노력하고 있다.

먼저 보여주기

대뜸 학생들에게 "내가 요즘 시를 써 한번 읽어줄게 들어볼래?"라며 시를 칠판에 적고 읽어줬다. 그리고 "박수~!"하며 호응을 유도했고, 시에 대한 설명을 했다. 학생들은 그냥 선생님이 시를 읽어주는 것만으로도 좋아했고 신기해했다.

이해시키기

학생들을 이해시키고 싶었다. 왜 시를 써야 하고 시를 써서 무엇을 얻을 수 있는지 설명해 줬다. 제4차 산업혁명, 인문학적 소양, 언어사용의 유화 등의 이야기를 해줬다.

시 낭송시간

시를 쓰는 시간을 줬다. 그리고 우리 반의 가장 까불이들에게 낭송을 시킨다. 박수를 함께 쳐주고, 시에 대한 해석을 듣는다. 이후부터는 자유롭게 하고 싶은 사람이 발표하게끔 유도한다. 나는 까불이들 발표 후에 번호대로 발표를 시켰다. 한 번씩 낭송을 해보니 다음부터는 능동적인 발표시간이 이루어졌다.

정기적인 시간을 잡아 발표시간 주기

일주일에 한 번씩 낭송시간을 주었다. 시는 평소에 쓰고 낭송시간에 그동안 쓴 시를 발표하게 했다. 나는 참관하며 박수쳐주기, 공감해주기, 호응해주기를 함께해 학급 분위기를 만들어주었다.

시집을 만들어주기(카페운영)

재료들을 준비해 개인 시집을 만들어 보았다. 인터넷을 이용해 자기가 쓴 시를 공유하는 공간도 만들어 함께했다.

과학 수업에서의 활용은 한 학기에 두세 번의 시간을 잡아 과학용어를 이용하여 시화를 그리고 발표하는 시간을 가졌다. 그리고 작성한 시를 모아 개인 시집을 만든다.

북적거림의 학교

15개월이 갓 지난 아들과 함께 놀다가 문뜩 내 교육방법에 대해 반성을 하게 되었다. 아들과 함께 일정 행동을 하고, 행동에 따른 결과물을 제공한다. 유사 행동을 하고 유사 결과물을 제공한다. 그리고 새로운 행동을 하고 결과물에 대해 추리하게 한다. 마치 과학 시간의 귀납적 탐구방법을 가르치는 모양새였다. 대부분 부모의 놀이방법일지도 모르지만, 과학교사로서 다른 생각이 들었다. 15개월 아이와 하는 놀이에 무의식적으로 과학적 탐구방법이 녹아있었다면, 혹시 학생들과의 수업시간에 과학적 탐구능력만 키우는 수업을 하고 있는 건 아닐까? 나의 수업 방식, 수업 내용, 수업 태도 등 융합적 인재양성에 적합한 것인지 반성하게 되었다. 익숙해진 수업과 지도방식에서 벗어나 새로운 방법을 찾기 위해 고민하는 선생님들을 응원하면서, 나 또한 그 길에 더 깊숙이 들어가 나만의 새로운 수업, 학생들이 재미있어 하는 수업을 고안해 내기 위해 부단히 노력하리라는 스스로의 약속을 공개적으로 하고자 한다.

북적거림 속 윙윙거림

어느 물리 선생의 양봉 이야기

물리 교사 이현철

1

나는 학교에서 물리를 가르치는 교사다. 어릴 때부터 자연 관찰과 곤충, 식물 등 무엇인가 키우는 것을 좋아했다. 2013년 어느 날 범지구적으로 꿀벌의 개체수가 감소한다는 소식을 들었고, 우리나라 토종벌이 어떤 병에 걸려 죽어간다는 소식도 들었다. 그때 나는 과학중점학교를 담당하는 업무를 맡아 바쁘고 정신없는 하루하루를 보내고 있었던 터라, 꿀벌에 대한 생각은 머릿속 깊숙한 곳으로 밀려나 있었다.

2014년 봄이 되었다. 주말에 일 때문에 학교에 왔다가 머리를 식힐 겸 교정을 산책했다. 마침 온실 옆 왕벚나무가 만개하여 하얀 꽃이 하늘을 덮고 있었다. 우연히 나는 벚나무 밑에서 벚꽃을 관찰하였는데 이상하게도 벌이 잘 안 보인다는 것을 발견하였다. 평소 같으면 벌들이 윙윙거리며 이 꽃 저 꽃으로 옮겨 다니며 꿀을 따고 있어야 하는데, 몇 마리 보이지 않았다. 이 광경이 머릿속에 밀려나 있었던 꿀벌에 관한 생각을 집어내는 데 일조하였다. 이후 나는 책과 인터넷을 통해 꿀벌에 대한 지식을 찾기 시작하였고, 학교에서 벌을 키우는 방법과 과정을 구체적으로 계획하기 시작하였다.

2

2014년 12월 교감 선생님께서 ㈜코스트코 코리아에서 환경동아리 공모 사업을 한다는 정보를 제공해주셨다. 나는 이 사업에 학교 양봉을 주제로 응모하기로 하였다. 도시 일반계 고등학교에서 벌을 키우는 일은 사례가 없어서 양봉 교육과 양봉 관련 물품을 공급할 수 있는 협력업체가 필요했다. 나는 인터넷을 통해 서울에서 도시 양봉을 하는 어반비즈서울이라는 업체를 찾을 수 있었고, 무턱대고 학교에서 벌을 키우고자 하는 생각을 메일로 보냈다. 얼마 후 어반비즈서울로부터 같이 해보자는 답 메일이 왔고, 몇 번의 만남을 통해 학교 양봉에 대한 구체적인 계획이 수립되었다. 이것을 바탕으로 나는 '학교 숲을 이용한 꿀벌 살리기 프로그램'이라는 제목으로 코스트코 환경동아리 공모 사업에 응모하였다. 다행히 이 주제가 공모에 선정되어 2015년부터 드디어 학교에서 벌을 키울 수 있는 여건이 마련되었다.

3

2015년 3월 새 학기가 시작되면서 본격적인 학교 양봉을 위해 참가 학생 모집을 했다. 총 20명의 학생이 선정되어 어반비즈송도라는 이름의 자율동아리를 조직하였고 송영욱, 임새라 선생님과 정안기 주무관이 학교 양봉에 함께하기로 했다. 양봉 장소는 학교 도서관 옥상을 이용하기로 하였고, 매주 수요일 어반비스서울 박진 대표님이 이론 교육과 실습 교육을 해주시기로 하였다. 벌은 서양벌 3통과 동양벌(토종) 2통을 키우기로 하였고, 분봉을 통해 벌통의 수를 늘리기로 하였다. 2015년 4월 30일 이날은 처음으로 서양종 2통이 들어오는 날이었다. 학생들, 동료 선생님들, 나는 들뜬 마음으로 벌통을 기다렸고 드디어 벌통이 도착하여 옥상에 올려놓았다. 그런데 벌통 입구를 열어 놓아도 벌들이 움직이지 않았다. 그 이유를 찾기 위해 벌통을 열어보았다. 벌통 안은 녹아내린 벌집과 죽은 벌들이 뒤엉켜 엉망이었다. 장거리 이동과정에서 흔들림과 고온으로 벌집이 녹았고 이 과정에서 벌들이 집단 폐사해버린 것이었다. 벌과 첫 만남을 기대했던 우리는 크게 실망했고 벌과의 첫 만남은 다음으로 미루어야 했다.

» 벌통 앞에서 기뻐하는 모습
» 폐사한 벌

2015년 5월 4일 서양벌 3통이 도착하여 도서관 옥상에 설치하였다. 다행히 벌들은 건강한 상태였고 벌집에서 나와 새로운 장소를 두리번거리는 모습을 볼 수 있었다. 우리는 학교 양봉을 통해 학생들이 탐구 활동을 할 수 있도록 제시하였고 '동양벌과 서양벌의 형질적 차이 탐구'와 '우리 학교 주변 밀원식물 탐구'라는 주제를 갖고 학생들이 양봉 교육에 참여하도록 하였다.

2015년 5월 22일 드디어 '꿀벌의 중요성과 도시 양봉'이라는 주제로 첫 수업을 하였다. 학생들은 어느 때보다 집중해서 수업을 들었고 수업 후 안전복을 입고 옥상에 설치한 벌통을 열어서 내부 검사를 하였다. 양봉 선생님께서는 내부 검사에서 관찰하고 점검해야 할 것들을 하나하나 설명해주셨고 여왕벌, 일벌, 수벌, 애벌레, 알, 번데기를 찾아 보여주셨다. 우리는 선생님의 설명을 하나도 놓치지 않기 위해 집중했고 벌들의 생태를 조금씩 조금씩 알 수 있었다. 2015년 5월 27일 늦은 밤 드디어 토종벌 2통이 도착하여 무사히 설치하였다. 다음 날 벌통을 열어보니 벌들은 건강한 상태였고 서양벌과 크기와 색깔이 다르다는 것과 우리가 평소 주변에서 보는 벌은 대부분 서양벌이라는 것을 알 수 있었다.

» 이론교육

» 실습교육과 내검

5

 본격적으로 벌을 키우면서 우리는 벌에 관한 많은 것을 알 수 있었다. 우리는 매일 벌통을 눈으로 관찰하면서 벌의 상태를 점검했고, 적어도 일주일에 한 번은 벌통을 열어 내부 점검을 해야 했다. 이 과정은 쉬운 일이 아니었다. 뜨거운 옥상에서 안전복을 입고 벌통을 점검하는 일은 이 일에 익숙하지 않았던 우리에게는 육체적으로 무척 힘든 일이었다. 그래도 건강하게 세력을 유지하면서 자기 할 일을 반복적으로 하는 벌들을 보면서 자연의 위대함을 느낄 수 있었다. 어느 날 여러 마리의 벌들이 벌집 앞에 죽어있었고, 어떤 벌들은 엉금엉금 기어 다니고 있었다. 우리는 걱정이 되어 인터넷을 통해 자료를 찾아보고 벌 선생님께 연락을 취했다. 그 이유는 벌들이 살충제 피해를 당한 것이었다. 벌들의 활동 반경이 생각보다 넓어 병충해 방지를 위해 살충제를 살포한 지역의 꽃에서 꿀을 가져오는 벌들이 피해를 입은 것이었다. 이 경험으로 학교 방제 작업을 할 때 벌통 입구를 미리 막아 학교 내에서 벌들의 살충제 피해를 막을 수 있었고 가급적 벌들이 활발하게 활동하는 시기에는 학교 방제 작업을 안했다.

벌이 수돗가에 많이 몰려와서 체육 시간 후 수돗가에서 몸을 씻던 학생들이 벌에 쏘이는 사례가 발생하였다. 벌도 동물이라 깨끗한 물이 필요하다는 것을 알 수 있었고, 옥상 물탱크에 펌프를 설치하고 호스를 연결하여 벌통 근처에 물이 흐르는 조그만 물길을 만들어 주었다. 이후 벌들이 수돗가에 오지 않았고 벌에 쏘이는 사례도 발생하지 않았다.

6

벌은 꽃으로부터 꿀뿐만 아니라 꽃가루도 가져온다는 것을 관찰을 통해 알게 되었다. 꽃가루는 벌이 살아가기 위한 중요한 양식이 되는 것이다. 벌통 앞에서 멀리 나갔다 집으로 돌아오는 벌을 관찰하면 뒷다리에 꽃가루를 한 움큼 붙이고 오는 벌들을 쉽게 볼 수 있었다. 꽃가루는 계절에 따라, 벌이 방문한 꽃에 따라 다른 색을 띠었고, 꽃가루를 분석하여 벌들이 어떤 꽃에 방문하고 우리 학교와 주변에 어떤 밀원식물이 있는지 알 수 있었다.

육각형 모양의 벌집에 벌이 따온 꿀과 서로 다른 색의 꽃가루가 모여 있는 모습은 어떤 미술 작품보다 아름답게 보였다. 우리는 봄부터 초여름까지는 많은 꽃이 피기 때문에 벌들이 많은 꿀과 꽃가루를 모을 수 있지만, 꽃이 별로 없는 한여름과 장마 시기에 벌들이 어려움을 겪는다는 사실을 알 수 있었다. 이것은 우리가 나무를 무조건 심는 것이 아니라, 벌과 같이 꽃이 필요한 곤충을 위해 계절별로 꽃이 끊이지 않고 피게끔 해야 한다는 일깨워 주었다. 이듬해(2016년) 우리는 이 생각을 실천으로 옮겼다. 여름부터 가을까지 계속 꽃이 피는 '바이텍스'라는 밀원식물을 식목일 무렵 학교 이곳저곳에 심었다. 이때 심은 나무가 이제는 제법 커져서 때가 되면 꽃이 피고 이 꽃에 벌이 날아와 꿀을 따는 모습을 볼 수 있다.

7

벌을 키우면서 가장 어려울 때는 벌집에서 신 여왕벌이 탄생하여 구 여왕벌이 다른 벌과 집단으로 나가는 자연 분봉, 말벌의 공격, 벌이 병에 걸릴 때이다. 자연 분봉은 꽃이 가장 많이 피는 5월에서 6월 사이 많이 일어나고 말벌의 공격과 벌이 병에 걸리는 일은 장마 후 많이 일어난다. 벌통 내부 검사를 할 때 왕대(여왕벌이 되는 번데기) 관찰을 통해 신 여왕벌이 생길 수 있는지를 알 수 있다. 봄부터 초여름 사이 벌의 활동이 왕성할 때 왕대 관리를 잘못하여 신 여왕벌이 탄생하면 구 여왕벌이 다른 일벌 수만 마리를 이끌고 벌통을 나가는데 이 모습은 다른 사람들이 보면 장관이지만 벌을 키우는 입장에서는 열심히 키운 벌들을 잃어버리는 경우가 되는 것이다. 다행히 교정 낮은 나무에 가서 붙으면 잡아서 다시 다른 벌통에 넣을 수 있지만, 그렇지 못한 경우에는 그냥 손 놓고 벌들 숲에 방생하는 모양새가 되는 것이다. '광복절 특사' 이것은 영화 제목이 아니라 우리가 광복절 전후 많이 나타나 벌통을 쑥대밭으로 만드는 장수말벌에 붙인 이름이다. 매년 광복절 무렵부터 장수말벌이 나타나 꿀벌을 공격하여 벌통이 초토화되는 일이 반복적으로 일어났다. 이 무렵 우리는 말벌 포획기, 안전망을 설치하여 말벌을 잡았고 쉬는 시간마다 포충망을 들고 벌통을 공격하는 말벌을 직업 잡아야 했다. 장수말벌이 분명 자연계에 필요한 곤충이지만 벌을 키우는 양봉가에게는 골치 아픈 해충이었다.

» 분봉하여 벚나무에 붙은 토종벌
» 분봉한 벌을 다시 잡는 과정
» 말벌 피해를 입은 서양벌
» 포충기로 잡은 장수말벌

북적거림의 학교

8

양봉하는 사람은 채밀할 때 가장 큰 기쁨을 얻는다고 한다. 그러나 우리는 채밀 (꿀을 얻음)을 위해 벌을 키우는 것이 아니라 벌을 연구하는 것이 목표여서 채밀을 거의 하지 않았다. 그러던 중 2016년 벌 선생님께서 "올해는 벌통마다 꿀이 가득하니 채밀을 하는 것이 좋겠다."라는 의견을 주셨다. 우리는 채밀을 가치 있는 일로 만들기 위해 채밀한 꿀을 바자회를 열어서 교직원에게 판매하여 판매금을 장학금으로 집행하기로 하였다. 다행히 선생님들이 바자회를 통해 꿀을 구입해 주셨고 우리는 적은 금액이지만 학교발전기금의 형태로 판매금을 학교에 낼 수 있었다. 우리가 광고했던 바자회의 내용은 아래와 같다.

◆ 2016년 어반비즈 송도꿀 바자회 ◆

우리학교는 2015년부터 학교 숲을 활용한 꿀벌 살리기 프로그램을 운영하고 있습니다. 이 과정에서 많은 학생들이 자연의 소중함을 알게 되었습니다. 이제 꿀벌이 정성을 다해 만든 소중한 꿀을 조금 훔쳐서 인간을 위해 쓰고자 합니다.

• 송도꿀 특징

- 무설탕, 무항생제, 무가열
- 송도꿀은 벌들에 의해 숙성이 완전히 끝나 밀봉이 된 꿀(완숙꿀)을 채취하기 때문에 농도가 진하고 질이 우수하며, 유산균이 그대로 살아있고, 비타민, 효소, 미네랄, 활산화 성분이 다량 함유되어 있는 좋은 꿀입니다.

• 송도꿀 종류

| 2015년 완숙꿀(잡화) | 2015년 완숙벌집꿀 | 2016년 완숙꿀(잡화) | 2016년 완숙벌집꿀 |

지금 우리 학교 옥상에는 벌이 없다. 2018년 무더위에 벌들이 다 폐사하고 남아 있던 벌들도 숲으로 다 떠났다. 올해는 학교 옥상 방수공사로 벌을 키울 수 없었다. 지난 4년간 벌을 키우면서 우리는 많은 것을 배웠다. 비록 벌이 동물이지만 조직적이고 체계적인 활동을 하며 꿀을 얻기 위해 얼마나 수고하고 있는지, 꿀을 얻는 과정에서 꽃에게 어떻게 보상을 하는지 그들의 상호작용을 조금 이해할 수 있었다. 지금도 길가에 핀 꽃에 앉아있는 벌을 보면 너무 반갑다. 그들이 이 꽃 저 꽃을 옮겨 다니며 꿀을 따는 모습이 너무나 아름다워 보인다. 내년이 빨리 왔으면 좋겠다. 올해 함께하지 못한 벌들을 내년에는 꼭 함께하고 싶다. 그들의 윙윙거림과 함께 학교 옥상이 우리의 북적거림으로 가득 찼으면 좋겠다.

관악부와 함께한 시간들

북적거림의 학교

음악 교사 이철행

- 인연 -

나는 고등학교부터 관악을 전공하였다. 그 중에서도 트럼펫이라는 악기를 전공하였고, 그 후 대학교, 교육대학원을 졸업하여 현재 송도고등학교에서 음악교사 및 관악부 지도교사로 재직 중이다. 내가 관악을 전공하였고, 학창시절에는 관악부와 군악대에 근무를 하였고, 대학교에서도 많은 경험을 하였기에 음악교사를 지원할 때 관악부가 있는 학교에서 근무를 하고 싶은 생각이 항상 있었다. 그러던 중 송도고등학교에서 음악교사 및 관악부를 지도할 수 있는 교사를 모집하는 공고를 보게 되어 바로 지원을 하게 되었다. 너무나도 원했기에 기대감과 떨리는 순간이었다. 다양한 전형을 통해 최종합격 통지를 받고 너무 기뻤고, 한편으론 설렘과 두려움이 교차 되는 순간이었다.

- 걸어온 길-

출근하기 전 송도고등학교에 대해 알아보고 관악부에 대해서도 알아보았다. 우리학교 본관 중앙현관에는 학교 소개 및 연혁 등 다양한 정보를 알 수 있는 공간이 있다. 그 중 학교 연혁 소개란 제일 왼쪽 밑에는 조그마한 빛바랜 사진 한 장이 있었다. 그 사진은 1915년 정사인 선생의 송도악단 사진이었다. 무려 100년이 넘은 역사를 가진 관악부의 사진인 것이다. 그 사진을 보고 너무나도 놀라웠다. 한편으론 이렇게 역사 깊은 관악부를 내가 맡아서 이끌어 가야한다는 사실에 두려움이 교차되는 순간이었다. 110년이 넘은 역사 깊은 학교인 송도고등학교에서 관악부는 40여 년 전 고등학교가 지금의 자리로 이전하면서 관악부는 사라져 버리게 되었다. 그 후 전 교장 선생님인 오성삼 교장선생님께서 관악부의 역사를 아시게 된 후 다시 관악부를 부활시켰던 것이었다.

- 첫 만남 -

그렇게 첫 출근을 하고 관악부 아이들을 처음 보게 되었다. 관악부 아이들은 음악실에서 점심시간에 주로 연습을 하고 합주를 했다. 관악부 아이들 대부분 악기를 다룰 줄 아는 학생은 별로 없었고, 처음으로 악기를 접하는 학생이 대부분이었다.

관악부에는 총 9종류의 관악기가 있었고, 악기는 30대 정도를 보유하고 있었다. 아이들의 연습시간은 점심시간에만 거의 이루어지기 때문에 연습할 수 있는 시간이 너무나 부족했다. 악기는 보통 매일매일 자주 연습해야 실력향상이 이루어지기 때문에 상당한 시간과 노력이 절대적으로 필요하지만 지금의 우리학교 상황과 학생들은 그 정도의 시간을 할애하기가 현실적으로 불가능해 보였다. 그래서 너무도 고심이 많았고, 고뇌에 빠지기 시작했다. 가장 효율적으로 연습할 수 있는 방법과 적은 시간을 들여 최대한의 실력을 낼 수 있는 방법을 생각하기 시작했다. 대부분의 학생들은 창체동아리가 아닌 자율동아리기 때문에 점심시간에도 다른 동아리 참여로 인해 시간적 여유가 많지 않았기 때문에 학생들에게 체계적인 스케줄을 제공하고, 그에 따르게 하는 것만이 유일한 방법이라고 생각했다.

1. 최소 일주일에 2-3회 연습
2. 개인 연습 및 파트별 연습
3. 한 달에 1-2회 담당교사의 피드백
4. 매주 금요일 합주

- 첫 행사 -

그렇게 3주 정도가 흘렀다. 우리학교에 KBS골든벨 촬영이 온다는 소식을 들었다. 우리 관악부가 오프닝 연주를 했으면 좋겠다는 요청이 들어왔고, 우린 오프닝 연주를 위해 회의를 시작하였다. 관악부 공식 첫 행사였고, 아직 악기 연주가 부족한 상태에서 공중파 프로그램에 출연한다는 것이 가능할지 의문스러웠다. 하지만 편집이라는 기술이 있고, 다양한 방법이 있을 거라 생각하고, 오프닝 연주를 하기로 하였다. 학생들은 걱정 반 기대 반으로 모두들 열심히 연습하고, 또 연습하며 그날만을 기다리고 있었다. 나는 부족한 부분과 보완할 부분들을 체크하며 아이들에게 힘을 북돋아 주었다. 처음 연습 때는 많이 부족했지만 점차 좋아지고, 보완되며 아이들도 흥미와 관심을 가지게 되어 더욱더 열심히 연습하였다. 그렇게 촬영 당일이 되고 오프닝 연주를 하게 되었고, 무사히 마칠 수 있었다. 실제로 TV에는 아주 조금만 방송이 되었다. 그렇게 첫 행사가 끝이 났다.

- 첫 걸음 -

　학교 각종 행사를 더욱 빛나게 해주는 것이 바로 관악부의 존재 이유이다. 관악부는 음악을 연주하는 단체이다. 주연이 아닌 조연의 역할도 물론 존재한다. 학교에서는 교내에 이루어지는 행사들이 많이 있다. 행사가 진행될 때 아무런 음악 없이 무난하게 행사가 진행될 때도 있지만, 음악과 함께 행사를 진행하면 중간 중간에 지루함 없이 행사가 진행될 수 있다.

　이처럼 우리학교에도 교내행사를 위해 관악부가 본격적으로 행사에 참여하기 시작하였다. 그 첫 번째로 본교의 J-ROTC의 입단식 행사였다. 매년 초 신입생을 대상으로 단원을 모집하여 입단식을 거행한다. 입단식 행사에서 관악부가 해야할 연주는 그리 많지는 않지만, 행사에서 제일 중요한 의식곡을 연주한다.

　의식곡이라 함은 국기에 대한 경례, 애국가, 묵념이다. 이 3곡은 많은 사람들이 알고 있기 때문에 조금이라도 틀리거나 음 이탈이 날 경우 알아채기 쉽기 때문에 조금의 실수도 용납할 수가 없다. 엄청난 테크닉을 필요로 하는 건 아니지만 섬세하고 신중히 연주를 해야 한다. '그 섬세한 연주를 지금 우리 아이들이 해낼 수 있을까?' 하는 생각이 들었다.

　입단식 행사는 아주 엄숙히 진행이 되었다. 덩달아 우리 관악부 아이들도 긴장하기 시작하였다. 입단식 행사이기에 흐트러진 모습을 보이지 않으려 노력하고 애쓰는 모습들이 보였다. 리허설이 시작되었을 때 우리 아이들이 하나둘 흐트러 지기 시작하였다. 큰 함성소리와 경례소리, 또 갑작스런 고요함이 아이들을 더욱더 긴장하게 만들었고, 잦은 실수와 연주소리는 점차 줄어들기 시작하였다. 이대로는 본 행사에 가면 힘들 것 같다는 판단을 하였다. 그래서 아이들이 집중 할 수 있도록 노력하였다. 아이들의 시선이 자꾸만 다른 곳을 바라보기 시작하 였기에 아이들에게 나만 바라보게 하였다. 시선이 분산되다 보니 자꾸만 박자가 흐트러지고 소리가 어우러지지 못했기 때문에 나의 손짓과 눈빛으로 이끌어야 만 했다. 그렇게 입단식이 시작되었고, 내가 지시한 대로 아이들은 나에게 집중 하기 시작했고, 나의 지휘에 집중하기 시작했다. 그 결과 100%로는 아니지만 만족할 만한 연주와 좋은 경험을 얻을 수 있었다. 아이들도 뿌듯함과 자신감을 얻을 수 있게 되었다.

- 활기찬 등굣길 -

행사를 위한 연주가 아닌 학생들을
위한 연주가 없을까? 라는 생각을 문
득 하게 되었다. 우리학교는 높은 언덕
을 올라야만 올 수 있는 학교이다. 언
덕 꼭대기에 학교가 있기 때문에 아침
부터 상당히 힘든 등교를 해야 한다.
그래서 이 힘든 언덕을 올라 교문을 들
어오는 순간이나 올라오는 길에 흘러
나오는 음악을 들으면 너무나 좋지 않
을까? 라는 생각을 하였다. 그게 바로
'아침 등교 콘서트'를 기획하게 된 계기
였다. 힘든 등굣길을 위해 관악부 아이
들은 선배 혹은 후배, 친구를 위한 연
주를 하게 되는 것이다. 비록 우리 관악
부 아이들은 아침 일찍부터 준비하고
연주도 해야 돼서 힘이 들 수는 있지만,
음악으로 하나가 되고 기쁨과 즐거움

을 줄 수 있다면 그 얼마나 뿌듯하고 의미 있는 연주가 되지 않을까? 라는 목표
로 가지고 지금도 꾸준히 '아침 등교 콘서트'를 하고 있다.

- 날개를 달다 -

다양한 행사와 연주를 진행하면서 한 가지 아쉬운 점이 남아 있었다. 행사를 할 경우 복장은 대부분 교복을 착용하고 행사를 진행하였다. 행사를 진행하다보니 더욱더 전문적이고 행사의 맞는 행사복의 필요성을 느끼게 될 무렵 교장선생님께서 행사복의 대한 피드백을 하셨고, 적극적인 지원하에 행사복을 받게 되었다. 관악부 아이들도 행사복 지원에 대해 기뻐하였고 설레었다. 여름방학에 사이즈 측정을 완료하고, 2학기 개학과 동시에 행사복 지원이 완료되었다. 행사복 지원을 받는 날 우리 관악부 아이들과 함께 단체사진을 찍었다. 기쁨과 설렘 그리고 책임감이 교차하는 순간이었다.

» 1960년도 송도 관악부
» 2016년도 송도 관악부

- 첫 외부행사 -

2016년 가을 드디어 첫 외부 행사 요청이 들어왔다. 송도고등학교를 포함한 전국의 J-ROTC 학생들과 함께 인천상륙작전 기념행사에 초대를 받게 되었다. 행사복을 입고 처음 하는 외부행사였던 것이다. 지금까지 교내행사와는 차원이 다른 국가보훈처에서 후원하고 많은 사람들이 참여하는 뜻깊은 행사였다. 인천상륙작전을 통해 희생하신 분들을 위한 넋을 기리고 우리 관악부 아이들은 연주를 통해 그 마음을 표현하였다. 정신없는 가운데 관악부 아이들은 나에게 집중하고 행사에 집중하며 하나하나 곡을 연주하였다. 행사가 진행될수록 엄숙하지만 다시 한번 조국을 되돌아 보는 시간을 갖게 되었다.

- 첫 경연대회 -

다양한 교내행사 및 교외행사를 하고 시간이 점차 흘러갔다. 그러던 중 나의 책상 위로 포스트 하나가 올려 있었다. 과연 무엇일까? 바로 포스터를 열어보았다. 그 포스터는 '청소년문화예술경연대회' 포스터였다. 우리 관악부는 지금까지 행사 위주로 활동을 해왔다. 그래서 무언가에 대한 목마름이 있었다. 그 목마름을 바로 이 경연대회에서 풀 기회가 온 것이 생각했다. 나만의 생각일 것인가 라는 의문점이 들었고, 관악부 아이들과 다 같이 모여서 경연대회에 대한 이야기를 나누었다. 모두들 걱정 반 기대 반의 표정을 짓고 있었다. 한 번도 경연대회에 참가 해보지 않았기 때문에 두려움이 역력해 보였다. 그래서 첫 경연대회이기 때문에 참가에 의의를 두고 참가를 하기로 결정하였다.

경연대회는 예선과 본선으로 이루어져 있어서 때문에 2곡을 준비해야 했다. 예선을 통과해야 본선을 올라가기 때문에 예선곡을 선정하는 데 많은 고심을 하였다. 예선곡은 활기차고 신나는 곡으로 결정하였다. 누구나 들어도 지루하지 않고 집중할 수 있어야 심사위원한테도 좋은 점수를 받을 수 있을 거라 생각했기 때문이다. 곡 결정을 한 후 관악부 아이들과 연습을 시작하였다.

우리들이 연습하는 예선곡은 지금까지 했던 행사곡과는 차원이 달랐다. 행사곡은 연주의 형태가 특별히 움직이지 않고, 무난히 흘러갔다면 연주곡은 템포가 빨랐다가 느렸다가 다시 빨랐다가 하면서 다양한 템포와 커졌다가 작아졌다 하는 셈여림의 변화도 많이 이루어져 있었다. 관악부 아이들은 아직 이러한 형태의 곡들에 익숙하지 않았기 때문에 처음 연습 했을 때 상당한 어려움을 겪었다. 연주를 할 때는 지휘자와 연주자의 약속이다. 다양한 부분에서 모두가 똑같은 음을 내고, 멈추고, 시작하고를 맞춰나가며 자기가 맡은 멜로디는 자신있게 연주하고 다른 파트의 멜로디가 나올 때는 작게 연주하는 등 처음에는 많이 부족했지만, 합주를 통해 하나하나 맞춰나가기 시작하였다. 그럴 때마다 나와 우리 관악부 아이들은 신기해하고 뿌듯함을 느꼈다.

　하지만 경연대회가 다가올수록 걱정거리가 생기기 시작했다. 예선곡에 너무 많은 시간을 소비하여 본선곡 연습에는 많은 시간을 할애할 수가 없었다. 일단은 예선 통과에 목적을 두었기 때문에 예선 준비에 박차를 가하였다. 드디어 경연대회에 날이 다가왔다. 우리는 아침 일찍 학교 음악실에 모여 워밍업을 한 후 마지막 합주를 하였다. 마지막 리허설을 실수 없이 마쳤다. 좋은 결과를 얻을 수 있을 것 같은 기분이 들었다.

　리허설을 마친 후 대회장으로 향했다. 대회장은 경연대회에 참여하는 학생들로 붐볐다. 이제야 경연대회를 실감하기 시작하였다. 덩달아 긴장하기 시작했고, 우린 관람석에서 다른 공연팀의 공연을 보면서 우리의 차례를 기다렸다. 드디어 우리의 차례가 왔고 공연 전 '화이팅'을 조용히 한번 외친 후 무대로 올라갔다. 무대는 조명으로 매우 더웠고, 아이들도 무대 위에서 긴장한 표정이 보였다. 그럴수록 나는 아이들에게 눈빛으로 집중하도록 싸인을 보냈다. 한 음 한 음 우리가 연습해 오던 대로 잘 연주가 되었고, 우리가 약속했던 부분들도 실수 없이 연주를 하였다. 또 관중석에서는 우리 음악에 맞춰 박수를 치고 있었다. 나는 지휘를 하면서 나의 손이 춤을 추기 시작했다. 아이들의 음악이 나를 춤추게 만든 것이다. 그 순간 가슴이 따뜻해졌고, 나의 손은 점차 떨리기 시작했다.

　공연이 막바지에 이르렀고, 공연이 끝났다. 끝이 났지만 나의 손은 조그맣게 파르르 떨리고 있었다. 여운이 남았다. 그렇게 우리의 예선이 끝나고 결과가 나왔다. '본선 진출' 모두들 감동이었다. 감동도 채 가시기 전에 우린 본선곡에 대한 걱정이 앞섰다. 예선에 많은 시간을 할애하였기 때문에 본선곡에 부담감이 있었다. 본선곡은 예선곡과 조금 차별화를 두었다. 예선곡은 신나고 활기찬 곡이었다면 본선곡은 웅장하고 난이도 있는 곡으로 결정하였다. 예선곡보다 더 맞춰봐야 할 부분도 많았고 곡의 길이도 길었다. 하지만 시간 나는 대로 최선을 다했고, 많은 부분들을 맞춰나갔다. 그 결과 '최우수상'의 영광을 얻을 수 있었다. 첫 경연대회에서 기대도 하지 못했던 큰 상을 받게 돼서 모두들 너무 기뻤고, 뿌듯했으며 헛되이 시간을 보내지 않았구나! 라는 생각이 들었다. 짧은 시간 안에 곡의 완성도를 높일 수 있었던 우리 관악부 아이들이 대견스러웠다.

» 대회 전 단체사진
» 공연
» 상장

- 인천 음악제 -

　다양한 교내외 행사와 경연대회도 무사히 마친 후 쉴 틈 없이 연주회 초청 문의가 들어왔다. 공식적인 외부 연주회는 처음으로 있는 일이었다. 인천의 시민을 위한 '인천 음악제'였다. 현재도 매년 공연되고 있는 음악제이다. 인천 음악제는 다양한 레퍼토리를 가지고 있으며, 그 중 인천 지역 관악부가 있는 학교가 출연하여 연주하는 음악회에 초청 받은 것이다. 경연대회를 준비하면서의 피로와 여운이 가시기 전에 우린 또 다시 음악회 준비를 했다. 음악회 공연이야말로 최고의 영광이 아닐까? 라는 생각을 했으며, 또다시 관악부 아이들과 함께 하나하나 준비해 나갔다. 다른 학교 관악부도 출연을 하였기에 우리 아이들은 의식하듯 최선을 다하여 준비해 나아갔고, 학원과 자율학습도 가끔은 반납하면서 밤낮없이 연습을 했다. 다행히 경연대회를 마치고 아직 자신감과 뿌듯함이 남은 상태라 긴장보다 자신감에 찬 모습이 보였다. 나도 한결 마음이 가벼웠고, 즐겁게 즐기면서 준비를 하였다.

공연 당일 인천문화예술회관에는 많은 객석에 사람들로 붐볐다. 공연장도 워낙 크고 관객석에 사람들도 많아서 자신감에 차 있던 아이들도 조금은 긴장한 모습이 보였다. 공연이 시작되고 다른 학교 관악부 연주가 끝나고 우리 차례가 왔다. 아이들과 다시 한번 '화이팅'을 외치고 무대 위로 올라갔다. 무대 위에 올라가고 숨소리 하나 들리지 않은 가운데 우리의 연주가 시작됐다. 공식 음악회 연주가 시작되는 순간이었다. 너무나 벅차올랐고 뿌듯한 순간이었다. 그 순간 유명오케스트라 지휘자가 된 기분이었다. 지금은 인천 지역 관악부 학생들이 같이 연주하는 연합오케스트라를 구성하여 연주하고 있ㅍ다.

- 그 외 -

이처럼 우리 관악부는 다양한 연주와 경연대회, 교내외 행사들을 하면서 점차 발전해 갔다. 이 글에 언급되지 않았던 신입생을 대상으로 한 입학식과 졸업식, 고3 수험생을 위한 수능격려행사 등 다양한 행사를 진행하고 있다.

» 고3 수험생 격려식
» 졸업식 행사

- 글을 마치며 -

　이렇게 관악부 아이들은 처음에 악기를 다루지 못했지만 꾸준히 연습하고, 노력한 결과 다양한 연주를 소화하며 음악으로 봉사하고 연주를 통해 인성 함양과 협동심을 얻을 수 있었다. 음악으로써 친구들과 선배와 후배와 함께 소통하며 어우러지고 하나가 되는 방법을 스스로가 연주를 통해 터득해 나아가고 있었다.

　처음에는 어색하고 힘든 부분들이 많았지만, 점차 발전되고 스스로 깨우치는 모습을 볼 수 있었고, 이토록 음악을 통해 자기를 표현함으로써 활동적이고 능동적이며 활기찬 모습이 너무나 보기 좋았다. 음악에 힘이 대단하다는 것을 느꼈고, 말로 표현할 수 없는 것들을 음악으로 만들어 나가며, 아이들을 변화시킬 수 있다는 것을 다시 한번 생각해 보게 되었다.

첫걸음
과학봉사동아리SCV 탄생

SCV 동아리 지도 교사 장유리

　송도고등학교에 처음 왔을 무렵 과학중점학교 선정을 앞두고 다양한 과학관련 비교과 활동이 활성화되기 시작하였다. 동아리 시간을 이용한 학교 인근 복지관에서 과학봉사활동을 시작으로 학생들이 정기적인 과학봉사활동을 원하였고, 어떤 과학봉사활동을 정기적을 하면 좋을지 학생들과 함께 고민하며 과학봉사동아리SCV가 처음 만들어졌다. 만성질환으로 인해 어릴 때부터 잦은 입원치료를 받아왔던 한 학생의 제안으로 병원에서의 과학봉사활동을 알아보았지만, 병원에선 전문 의료인이 아닌 고등학생의 봉사활동에 대한 우려로 인해 활동 허가가 쉽지 않았다. 활동 계획서와 감염을 대비한 행동수칙, 위급상황 시 대처방안 매뉴얼을 만들어 설득 후 허가를 받을 수 있었고, 한 해 한 해 병원에서의 과학봉사를 할수록 우리의 활동이 걱정과 우려에서 칭찬과 격려로 변화되었다.

　전국의 대학병원 내 위치한 병원학교들은 초등학교, 중고등학교 청소년 시기에 소아암·백혈병이 발병하여 2~3년간 치료를 받아야 하는 아이들에게 교육을 병행하여 치료 후 학교로 복귀하는데 목적을 두고 있는 특수학교이다. 건강장애학생들의 학습권을 보장하고 학교 복귀 후 온전한 사회 구성원이 되도록 정서함양을 도와주는 역할을 하는 병원학교는 학교 인근 대학병원인 인하대병원 아동병실이 있는 층에 위치하고 있다. 우리는 이곳 병원학교와 연계해 환아들에게 과학 이론을 재미있게 알려주는 과학봉사를 정기적으로 진행하고 있다.

병원 내 과학봉사활동의 큰 호응으로 인해 2014년부터는 병원에 입원한 다문화 가정 환아들과 외국인 환아들까지도 함께 참여할 수 있도록 영어로 소통하며 과학뿐만 아니라 환아들이 쉽게 접할 수 있는 미술, 음악, 체육 등의 분야를 과학에 융합하여 보다 쉽게 다가가고 참여할 수 있는 활동으로 확대하였다.

또한 2015년부터는 과학봉사활동이 지역사회에 입소문이 나며, 인하대병원 뿐만 아니라 다문화가족지원센터, 연수구청, 도서관 등 다양한 기관들과 협력하여, 지역사회 환경 문제에 관심을 갖고 올바른 폐의약품 처리 방법 알리기 캠페인 활동, 과학과 업사이클링의 만남 체험부스 운영 등 자원순환프로젝트 활동을 하며 활동 영역을 넓히고 있다.

또한 지역사회 낙후지역의 환경 및 치안개선을 위해 과학테마 벽화그리기를 새롭게 추가하여, 마을 전체의 분위기를 밝게 바꾸며 친환경에너지에 관심을 갖고 태양광 조명등을 개발하여 낙후지역에 적용하고자 친환경에너지탐구활동도 지속적으로 진행하는 등 학생들이 '연구-나눔-봉사'의 선순환을 통해 시너지효과를 창출하고 있다.

√ 자신의 진로와 연계한 융합과학 사전연구

 과학봉사동아리 SCV는 학년당 6명 총 18명의 재학생 외 졸업생 멘토로 구성된 동아리로, 과학을 좋아하고 이공계열의 진로를 희망하는 학생들이 함께 과학나눔 활동을 계획하며 진로와 직접적인 연관성이 있도록 과학나눔프로그램을 다양하게 계획하여 활동하고 있다. 다양한 과학나눔활동을 학업과 함께 병행하는 것이 학생들의 입장에선 부담스러울 법도 한데 80분의 점심시간이 이러한 학생들의 부담을 해결해주었다. 남학교 특성상 밥을 굉장히 빨리 먹기 때문에 약 1시간 동안의 점심시간은 사전연구활동을 하는데 충분하였다.

 동아리 구성원들은 동아리실에 모여 학생 개인의 진로(물리, 화학, 생명과학, 지구과학, 공학 등)에 맞춰 담당 분야를 정해, 과학나눔활동을 위한 키트를 선정하고 여러 분야의 과학을 융합하여 보다 전문적이고 학생 개인의 특기를 응용한 과학키트를 연구 및 개발한다. 이렇게 사전연구활동으로 개발된 과학키트를 이용해 매주 화요일 방과 후 인하대병원에 방문해 환아들과 함께 1:1 과학봉사활동을 한다. 병원이라는 특수한 공간에서 제한 요소가 많기 때문에 안전성 검토와 활동 후 피드백이 필수적이기 때문에, 매주 금요일에는 선후배들이 함께 모여 활동에 대한 보완점을 찾고, 과학키트의 개선점에 대해 멘토링하며 활동을 피드백하곤 한다.

세브란스 중증난치질환 환아들과 함께 하는 과학봉사

매주 1회, 방과 후 약 3시간씩 인하대병원 아동병실을 방문해 과학봉사를 실천하고 있다. 대부분의 환아들은 주사기를 무서워하고 약 먹기를 싫어한다. 그런 환아들의 모습을 보고 주사기와 약에 대한 거부감을 줄여주고자 연구활동을 통해 주사기와 약병을 이용해 에어로켓을 제작하였고, 어두운 병실을 무서워하는 환아들을 위해 전기회로와 광섬유 등을 이용해 어두운 병실을 밝힐 수 있는 나만의 조명등을 제작하는 등 환아들의 눈높이에 맞춘 과학키트를 주로 개발하여 활동하며 공감대를 형성하고 있다.

또한 장기입원 중인 중증난치질환 환아들 대부분은 폐활량강화기기를 이용해 하루에도 수차례 폐활량강화운동을 하는데 이를 하기 싫어 울며 떼쓰는 모습을 자주 목격하였다. 그런 환아들에게 도움을 줄 수 있는 방법이 뭐가 있을까 학생들이 고민하였고 일회용컵 돔뚜껑과 빨대, 작은 스티로폼 공을 이용해 입바람놀이를 만들어 환아들이 즐겁게 폐활량강화운동을 할 수 있도록 하였다. 이 모습을 지켜본 대학병원 관계자들뿐만 아니라 환아들의 보호자분들께서도 호응이 폭발적이었다.

작년 여름에는 4년 넘게 항암치료로 입원생활을 하며 돈독한 관계를 유지하고 있는 환아가 그토록 원하는 퇴원을 하게 되었는데, 감사의 마음을 직접 전달하고자 퇴원 일정을 미루고 우리와의 마지막 활동을 함께 한 후 웃으며 퇴원을 하였다. 4년 동안 함께 활동을 하며 누구보다 간절히 퇴원을 기다렸던 환아의 마음을 누구보다 잘 알기 때문에, 오랜 시간 동안 투병 생활을 이겨내주어 대견하고 퇴원을 미루면서까지 우리에게 감사의 마음을 직접 전해준 환아의 마음이 너무나도 고마웠다. 이 일을 계기로 더욱 우리가 하는 과학봉사활동의 의미를 다시 생각해볼 수 있었고, 더욱 열심히 할 수 있는 원동력이 되었다.

인하대병원 외에도 방학 기간을 이용해 세브란스 중증난치질환 환아들과 함께 하는 과학봉사를 연간 8회 이상 실천하고 있다. 중증난치질환 환아들은 오랜 시간 병원에 입원해 있기 때문에 많은 링거와 제한된 공간 내의 생활로 인해 손과 팔 근육이 많이 소실되어 꾸준한 재활 치료를 병행한다. 환아들이 견디기엔 높은 강도의 재활 치료로 인해 울음을 터뜨리며 힘겨워하는 모습이 안타까워 조금이나마 도움이 되고자 즐겁게 재활 치료를 할 수 있는 기기를 개발하였다.

환아들 대부분은 평범한 인간의 신체를 가졌음에도 불구하고 어벤져스의 모든 초인들을 뛰어넘는 능력을 갖고 있는 아이언맨을 무척이나 좋아한다. 아마 그가 직접 개발한 로봇 수트 때문일 것이다. 아이언맨 수트만 있으면 우주 공간을 자유자재로 날고 항공모함도 번쩍 들어 올린다. 그런 에너지의 원천은 바로 아이언맨 심장에 박혀있는 아크 원자로 때문인데 환아들은 자신도 이런 아크 원자로로 히어로가 되길 동경한다. 실제 항암치료 중인 환아들이 마블 영화 개봉을 앞두고 반나절의 외출 허락을 받아 영화를 보기 위해 투병생활을 견디고 있다는 얘기를 듣고, 아이언맨을 응용한 재활기기를 만들어보면 어떨까 아이디어를 모아보았다. 유압의 원리를 응용해 아이언맨 팔 모양 수트를 제작하여 로켓이 발사되도록 구상하였고, 이를 통해 손가락 운동을 재미있게 할 수 있도록 하였다. 또한 3D프린트로 아크원자로 모양을 설계 및 프린트하여 내부에 아두이노를 이용해

초음파센서 외 다양한 센서들로 팔 근육 운동을 하면 아크원자로에 불이 들어올 수 있도록 하여 환아들의 큰 호응을 얻고 있다.

이처럼 힘든 병원 생활로 지쳐있는 환아들과 함께 과학봉사를 하다보면 환아들의 얼굴에도 조금씩 웃음꽃이 피곤 하는데, 함께 활동을 하며 '우리'라는 단어를 많이 사용한다. '우리' 너와 나, 모두를 가리키는 말인데 모두에게 행복의 힘을 전하는 봉사와 가장 잘 어울리는 말이라 생각하고 우리들 또한 환아들의 웃음을 통해 힘을 얻곤 한다.

√ 졸업생 SCV

서울대병원 중증난치질환 환아들과 함께 하는 과학봉사

SCV의 기수가 점점 늘어가며 졸업생 SCV 또한 많아졌고, 환아들과의 돈독한 인연으로 졸업 이후에도 병원 봉사를 함께 가는 경우가 증가하였다. 그러던 중 서울대병원(어린이병원)에서 먼저 연락이 왔다. 환아들과 함께 하는 과학봉사활동이 과학분야는 물론 봉사 관련 대회에서 많은 수상을 하며 전국적으로 인지도가 높아졌고, 기사를 보고 연락을 주셨다고 했다. 대학병원 내 미술, 음악, 체육 등의 예체능 계열의 재능기부 프로그램은 많지만 과학 분야의 프로그램이 개설된 적이 없기 때문에 환아들에게 좋은 경험이 될 수 있을 거라는 이야기가 오고 갔다.

서울대병원은 전국의 중증난치질환 환아들이 많기 때문에 단순 일회성 봉사 활동이 아닌 꾸준한 공감대 형성을 기반으로 하는 프로그램만을 편성하고 있고, 활동 중 일어날 수 있는 다양한 변수에 대처가 가능하도록 과학봉사 경험이 많은 졸업생 SCV에게 의견을 물어보았다. 대부분이 서울 내 대학교를 다니고 있기 때문에, 접근성이 좋고 오랫동안 인연을 이어갈 수 있을 거 같다며 적극 찬성을 하였다.

　처음 활동을 시작했던 날의 기억이 생생하다. 작은 체구에 비해 너무 많은 링거와 기기를 연결하고 있었고, 대부분의 환아들이 머리카락이 많이 빠진 모습이었다. 과학을 정말 좋아했었다는 환아의 말이 들렸다. 과거형인 환아의 말에 지금은 과학을 좋아하지 않냐고 되묻는 학생의 말에, 이곳에서 생활한 지 1000일이 넘었는데 과학 활동이 없어서라며 말끝을 흐리며 이제 쭉 과학을 할 수 있냐며 환아의 들뜬 목소리에 나를 포함한 우리 학생들이 동작을 멈추고 순간 울컥하였다. 그렇게 그 환아는 매달 셋째 주 금요일마다 우리와 과학 활동을 함께 하고 있고, 병원 내 다양한 프로그램 중 우리들의 과학프로그램은 인기 많은 활동으로 손꼽힌다.

　또한 활동 준비를 위해 졸업생들이 송도고 동아리실에 자주 방문하여, 재학생 후배들과 자주 만나며 돈독한 사이를 유지하고 있으며 이를 계기로 '졸업생과 함

께 하는 내리사랑 프로그램'을 개설하여 고등학교 과정에서 배울 수 없는 연구에 적용 가능한 심화 이론 및 전문적 실험방법에 대해 배우는 시간을 갖고 있다.

√ 조혈모세포 인식개선 및 기증확산 프로젝트

　인하대병원, 세브란스, 서울대병원의 중증난치질환 환아들을 옆에서 오랫동안 지켜보며 그들에게 실질적인 도움이 될 수 있는 1:1 맞춤 과학프로그램을 개발하여 꾸준히 과학봉사활동을 하고 있지만, 사람들의 편견에 상처받고 많이 힘들어하는 환아들의 모습에 많이 안타까웠다. 또한 도움이 되고 싶은데 방법을 몰라 이를 실천하지 못하고 머뭇거리는 사람들도 많이 보았다.

　이를 조금이나마 해결해보고자 중증난치질환 중 혈액질환 환우들을 위해 '조혈모세포 인식개선 및 기증확산 프로젝트'를 기획하고 실천 중에 있었다. 졸업생과 재학생이 모두 함께 하는 프로젝트로 푸르덴셜 사회공헌재단의 공모사업을 통해 천만 원의 지원비를 확보하였다. 서울 시내에서 수차례 대규모 부스 운영을 통해 조혈모세포에 대한 인식개선을 물론 기증자를 모집하며, 혈액질환 환우들의 아픔을 공감하고 진정성 있는 응원을 보내고 있다.

√ 진정성 있는 과학으로의 소통, 꿈의 구체화

   대학병원에서의 과학봉사활동 외에도 융합과학으로 실천하는 자원순환프로젝트, 다문화가정과 함께 하는 융합과학프로그램, 도서관과 함께 하는 과학과 인문학의 만남 프로그램 등 다양한 과학 관련 활동을 하고 있다. 이렇게 과학과 연관된 다양한 봉사활동을 SCV의 꿈에도 많은 영향을 주고 있다. 환아들과 함께 활동하며 신약 개발자를 꿈꾸고, 항암 병실에서 투병 생활하는 환아들과 활동하며 내면적 상처까지도 치료할 수 있는 따뜻한 의사를 꿈꾸고, 자원순환프로젝트를 하며 환경공학자를 꿈꾸고, 과학 키트를 개발하며 공학도를 꿈꾸는 등 진로를 다르지만 모두 진정성 있는 마음으로 소통할 수 있는 사람을 꿈꾸고 있다.

   이처럼 SCV에게 과학으로 소통하는 봉사는 삶의 일부이며 소중한 경험이다. 인생의 마지막 학창시절을 책상 앞에 앉아서 공부만 하는 학교생활이 아닌, 정말 꿈을 찾고 진정성 있는 멋진 어른으로 성장할 수 있는 경험이 되길 진심으로 응원한다.

'가르침'보다 중요한 '배움'

국어 교사 한인수

학생활동중심수업의 서막

'가르침'보다 중요한 것은 '배움'이다. 이 말은 누구의 관점으로 바라보느냐에 달려 있다. 교사의 입장에서 판단해 보면 맞지 않은 표현일 수 있다. 교사는 무엇보다도 학교 업무에 있어서 '가르침'을 최우선으로 해야 한다. 가르치는 것이 교사의 본분이기 때문이다. 하지만 학생의 입장에서 생각해본다면, 그들에게 있어서는 '배움'이 우선일 것이다. 수업을 위해 많은 공부를 하고, 준비를 하고, 명쾌한 수업을 했어도 배우는 입장인 학생들이 수업에 감동을 받지 못하고, 머릿속에 남은 것이 없다면 나, 즉 교사 스스로만을 위한 수업일 뿐이다.

고3 생활을 마치고, 고1 국어를 가르치게 되었다. 고등학교 3학년인 수험생들 수업은 어찌 생각하면 매우 간편했다. 주로 수업이 문제집 풀이 위주로 진행되었기에(솔직히 답만 알고 있어도 된다) 문제 이외의 내용을 별로 준비할 필요가 없었다. 물론 학생들도 문제 풀이 이외의 내용과 수업을 원하지도 않았다. 이런 생활을 3년…

새로운 수업 방식 용어를 접하고, 달라진 교수-학습을 배우며 많은 고민을 했다. '과연 이런 수업 방식이 학생들에게 어떤 도움을 줄 수 있을까?' 사실은 모든 수업을 새롭게 준비해야 하는 것을 원하지 않는 나의 합리화였다. 하지만 현재의 교수-학습 개선 흐름에서 벗어나거나, 도피하고 싶지는 않았다. 교사가 가지고 있는 마지막이자, 최고의 자존심이라고 할까…

우선 검색부터 시작했다. 배움의 공동체, 하브루타, 프로젝트 수업, PBL, 거꾸로 수업. 그 당시 유행했던 교수-학습 방법의 용어들이었다. 이해가 되는 듯하면서도 막상 실제 수업에 적용하려 하니 앞이 깜깜했다. '그냥 올해만, 아니 1학기만 기존 방식대로 수업을 진행할까?', '스스로 자존심을 꺾지 말자.' 마음 속 선과 악의 자아가 나를 갈등하게 만들었다.

그 갈등은 쉽사리 해결되었다. 항상 무엇인가 결정을 내려야 할 때 사용하는 나만의 방법으로 해소할 수 있었다. '할까 말까?' 이런 경우는 하는 편이 훨씬 현명한 선택이었다. '말까 할까?' 일 때는 하지 않는 것이 탁월한 선택이었을 때가 많았다. 당연히 이번 고민은 '할까 말까?' 였다. 그래서 하기로 마음을 먹었다.

우선 관련 도서를 구입하기 시작했다. 인터넷 검색을 통해 새로운 교수-학습에 대해 아주 얕은 지식만 가지고 있었던 나였기에, 교수-학습에 관한 새로운 책들을 모조리 구입해서 읽었다. 그 다음으로 인천광역시교육청에서 주관하는 대부분의 현장 연수를 신청해서 강의를 들었다. 하지만 아직도 나만의 수업을 설계하고, 적용할 자신감이 생기지 않았다. 그래서 원격 연수를 수강하기 시작했다. 다른 선생님들의 수업 동영상을 보면서, 그 동영상 속 선생님들의 충고를 체크해 가면서, 차츰차츰 내 수업을 디자인해 보기 시작했다. 막막하기만 했던 가슴 속에 작은 빛이 들어오기 시작했다.

지금은 어느 정도 궤도에 올라와서 내가 하고 싶은 수업 디자인을 할 수 있게 됐다. 아직 누구에게 내세울 만큼의 수업은 아니지만 그래도 지난 날의 수업에서는 완전 탈피해서 나름 수업의 자신감과 즐거움을 갖고 교실에 들어가고 있다. 그동안 '배움'을 위해 설계했던 수업 중 가장 학생들이 흥미로웠고, 몰입했던 수업 방식 하나를 소개하고자 한다. 일명 '퍼즐 만들기'이다.

이 수업 방식은 비문학 지문이나 문학 중 시 영역에서 사용하면 학생들에게 좋은 배움의 기회를 줄 수 있다. 우리가 흔히 신문이나 잡지에서 낱말 퍼즐을 심심풀이로 해본 경험이 있을 것이다. 나는 이 흔한 방식을 거꾸로 진행했다. 내가 만든 낱말 퍼즐을 학생들이 해결하는 것이 아니라, 학생들이 머리를 싸매고 스스로 낱말 퍼즐을 만드는 것이다. 물론 조건은 있다. 비문학 지문이나 시에서 배운 용어들을 중심으로 낱말 퍼즐을 만들어야 한다.

　3-4명으로 이루어진 모둠 속 학생들은 최대한 어렵게 낱말 퍼즐 만드는데 시간을 할애한다. 이유는 각 모둠에서 만든 낱말 퍼즐을 옆 모둠과 바꾸어 풀어야 하기 때문이다. 그러기 위해서는 서로 소통이 이루어져야 하고, 수업에 소홀해서 텍스트를 확실히 이해하지 못한 학생들도 다른 친구들의 도움으로 배움을 익히게 된다. 밖에서 이 광경을 보면 수업을 하지 않고, 학생들이 노는 것처럼 보일지 모르겠지만 그 순간 학생들은 자신들이 가지고 있는 모든 지식과 게임 법칙 등을 쏟아내어 집중력 있게 낱말 퍼즐을 만들고 있는 것이다. 또한 흥미를 위해 가미한 서로의 경쟁의식이 학생들을 이 활동에 더욱 몰입하게 만드는 요소라 생각한다.

　'앎이라고 하는 것은 듣기로 시작해서, 서로 질문하고, 답하고, 서로 나눔을 통해서 이루어진다'라는 말이 있다. 이 표현에 가장 적합한 수업 방식이지 않을까 생각한다. 이 수업 방식은 매 단원이 마무리될 때 실시하곤 한다. 그러면 학생들은 기억에 가물가물했던 오래전 수업 내용을 모두 환기하며 단원의 내용을 다시금 확인할 수 있는 효과가 있다. 물론 완벽히 문제 해결한 모둠에게는 그에 따른 약간의 보상이 주어진다. 어찌 보면 이것이 가장 학생들을 몰입하게 하는 요인일지도 모른다.

배움의 기쁨

평가만 있지 않다면 우리는 모두 '배움'에 친근할 수 있고, 즐거울 수 있다. 간혹 게임에 빠져 있는 학생들에게 이렇게 얘기를 한다. '너희 그렇게 게임이 좋니?' 밤새도록 게임하고 학교서 항상 누워 있는 학생들에게 하는 말이다. 학생들은 이구동성 답변을 한다. '예.' 그러면 다시 질문을 한다. '만약에 너희가 하는 게임을 중간고사나 기말고사에서 평가를 한다고 해도 지금처럼 즐기면서 할 수 있겠니?' 그 다음 학생들의 답변은 '갸우뚱' 이다. 우리는 배운다는 것에 즐거움을 항상 느끼고 있다. 게임도 처음 시작할 때는 나름 공부를 해야만 더 좋은 결과를 얻을 수 있다. 하지만 평가가 개입된다면 상황은 달라질 수 있다. 그렇다고 평가를 배제한 채 교육할 수는 없는 것이다. 역설적이지만 '즐거운 평가'를 할 수만 있다면 학생들은 기존의 평가를 대하는 것보다 더 친근하게 다가서게 될 것이다.

나는 고등학교 때 체육 과목을 가장 좋아했었다. 운동을 원래 좋아하기도 했지만, 체육 시간이 끝나고 나면 어느 정도 학업에 대한, 삶에 대한 스트레스가 해소되었다. 지금의 남자 인문계 고등학교 학생들 역시 나와 비슷한 생각으로 체육을 대하는 듯하다. 예를 들어 체육이 편성된 날 비가 오거나 눈이 오면 학생들은 다소 우울해 있다. 이유는 교실 체육 수업을 하기 때문이다. 우리학교는 체육관, 체력단련실, 유도장이 있기에 날씨에 관계없이 학생들이 원하는 체육 수업이 가능하지만 가끔 학교 사정상 교실 체육 수업을 할 때도 있다.

그러면 왜 학생들은 체육 수업을 좋아할까? 이유는 여러 가지가 있겠지만 그 중의 하나가 바로 '배움'이라고 나는 생각한다. '배움'은 체육 선생님으로부터, 친구들로부터 이룰 수가 있다. 하지만 이것은 '배움'으로만 끝나는 것이 아니라 '실천' 혹은 '실생활'에 바로 적용이 된다. 친구들과 하는 농구, 축구, 배구 게임은 이런 과정의 배움이 있지 않으면 게임이 원활해지지 않고, 재미도 덜해진다. 그

렇지 않기 위해 학생들은 배우려고 한다. 여기서 학생들은 '배움의 기쁨'을 누릴
수가 있는 것이다.

체육 시간 선생님으로부터 '배움'도 항상 '평가'가 뒤따른다. 하지만 그 순간에
도 대부분의 학생들은 여타 과목 평가에 비해 즐거운 편이다(물론 대입과 다소
무관한 과목이라 그럴 수도 있다). 이 지점에서 나는 내가 지도하는 과목의 수업
과 평가에 대해 작은 힌트를 얻을 수 있었다. 대학입시에 나름 큰 영역을 차지하
는 국어 과목이라 학생들은 평가에 대해 매우 민감하다. 그 민감하고 예민한 것
을 떨치게 하기란 쉽지 않겠지만 최소한 학생들에게 흥미로운 내용과 주제, 형식
으로 즐거운 평가를 만들 수는 있다고 생각을 한다.

내가 생각하고, 설계한 것
만 갖고 평가할 수는 없다.
무슨 말이냐 하면 같은 학
년, 동교과 선생님들과 협의
가 이루어져야 평가 방식을
채택할 수 있는 것이다. 나는
하고 싶지만, 다른 선생님이
그 평가 방식에 대해 달가워
하지 않는다면 현실로 옮기

기 쉽지 않다. 설득과 협의를 통해 해결해야 하지만 서로의 교육 방식과 관점, 가
치관의 차이를 좁힐 수 없다면 더 이상 현실화하기에는 어려움이 따른다.

그래서 내가 고안한 평가는 비록 공식적인 수행평가는 아니지만 학교생활기록
부 과목별세부특기사항(과세특)에 기입해 주겠다는 당근을 학생들에게 제공하
고 수업 중간중간에 과정평가를 하는 것이다. 요즘 대입제도에서 학생부가 중요
해짐에 따라 학생들은 과세특 내용 기입에 나름 민감하게 행동을 하기에 가능했
다. 몇 가지 평가 중 학생들의 호응도가 높았던 방식 하나를 소개하고자 한다. '시

를 만화로 소개하기' 수업 방식이다. 오래 전부터 많은 선생님들이 애용하던 수업 방식인데 학생들의 관심도가 매우 높다. 텍스트 이해력, 상상력, 만화 그리기, 논리적 설명하기, 협력하기, 소통하기 등의 요소가 들어 있는 수업 방식이다. 아주 간단한 방식이다. 특히 문학 수업에 적용하기 용이하다.

우선 텍스트를 모둠별로 이해해야 한다. 교사는 모둠이 원할 때만 도움을 준다. 그 도움은 문제 해결을 위한 힌트 정도만 주는 것이지 답을 제공하지는 않는다. 두 번째는 스스로 이해한 텍스트를 중심 내용별로 간단히 활동지에 적는 것이다. 세 번째는 요약된 중심 내용을 토대로 제공된 활동지에 만화로 제작하는 것이다. 여기서 평가의 주안점은 단순히 그림을 잘 그리는 것에 국한하지 않고, 특색 있고, 개성 있는, 텍스트의 핵심 내용을 표현할 수 있기만 하면 되는 것이다. 마지막으로 모둠별로 만든 만화를 다른 학생들에게 발표하면 마무리가 된다.

이 과정에서 모둠별 토의와 협력을 통해 텍스트를 더욱 깊게 이해할 수 있고, 발표를 통해 청자 학생들은 그 내용을 또 한 번 상기할 수 있다. 과거 교육 방식이 학생들의 머릿속에 지식을 넣는 것이 중심이었다면, 요즘은 그 머릿속에 있는 지식을 꺼내어 다른 친구들에게 표현할 수 있어야 한다. 그것이 참된 앎이고 지식이기 때문이다. 이렇게 함으로써 학생들은 스스로 배우고, 서로에게 배우는 과정을 겪어, 협력하고 소통하는 힘을 기를 수 있는 것이다.

이 수업 과정에 가장 핵심인 평가는 교사인 내가 하지 않는다. 모둠별 발표가 끝난 후 동료 평가를 실시한다. 자기 모둠을 제외한 다른 모둠에 투표하여 가장 잘 됐다고 생각하는 모둠에게 보상을 준다. 이 과정에서 학생들은 객관적 평가가 무엇이고, 공정성이 무엇이며, 민주적 자세의 중요성이 무엇인지 깨닫게 된다.

미래의 교육

제목만 보면 매우 거창하고, 앞으로 국어교육의 미래는 어떻게 흐를까? 하는 의미로 해석될 수 있다. 사실 그런 것은 아니고, 가까운 미래에 내가 도전해 보고 싶은 수업이라는 의미이다. 전국의 국어 선생님들이 많이 하고 있는 수업 중에 하나인데 이제야 나는 뒤늦게 도전해 보고 싶어졌다. 바로 학생들의 '성장 소설'이다. 요즘 학생들은 겉으로 보기에는 활달하고, 밝게 학교생활을 하는 것처럼 보이지만 내면에는 '외로움'이라는 감정이 내재돼 있는 듯하다. 맞벌이 부모님과의 관계, 학교 끝나고 일상적으로 다니는 학원 생활로 인해 1차 사회인 가족의 의미가 많이 퇴색되고 있고, 그 속에 있는 청소년들은 외로움을 많이 겪고 있다고 생각한다.

언젠가 어떤 학생이 저녁을 같이 먹자고 한 적이 있다. '나는 지갑에 돈이 없단다' 라고 장난삼아 답변을 했고(사실 김영란법이 먼저 생각났다), 그 학생은 침

울한 표정을 지었다. 이유를 물으니 항상 저녁을 집에서 혹은, 집 주변 식당에서 혼자 해결한다는 것이다. 정이 부족했던 것이다. 안타까운 마음이 들었다. 그래서 각자 음식값을 내기로 하고 퇴근길에 학교 주변 식당으로 향했다. 그곳에서 그 학생은 학교라는 공적인

공간에서는 들을 수, 말할 수 없었던 자신 생활의 고충을 털어놨다. 안쓰러웠다. 그 학생이 나와 저녁을 먹자고 한 것은 혼자 먹는 밥이 싫어서 보다는 누군가와 대화를 하고 싶었던 듯싶다. 이런 학생이 우리 주변에는 생각보다 적지 않다고 생각한다.

학생들에게 자신의 성장 모습을 회상하게 하고 싶다. 거기에는 행복했던 것, 슬펐던 것, 기뻤던 것, 괴로웠던 것 등 자신의 삶에서 겪었던 모든 내용이 들어 있을 것이다. 비록 자신이 주인공이 된 내용이지만, 소설로 표현하면 자신의 모습을 더욱 객관적으로 되돌아 볼 수 있다는 효과를 얻을 수 있을 것이다. 그럼으로써 미래의 내 모습을 상상하고, 계획할 수 있는 계기가 될 수 있을 것이다.

국어라는 교과적 측면에서도 많은 배움이 있을 것이다. 교과서에 제시된 유명한 소설을 분석하고, 외우는 것보다 실제 스스로 소설을 써보면서 시점, 배경, 사건, 표현법 등 소설의 구성요소들을 직접 경험할 수 있어 교육적 효과도 극대화할 수 있을 것이라 생각된다.

몇 권의 책을 다시 샀다. 수업시간에 소설 쓰기와 관련된 책들이다. 또 다시 막막해짐을 느끼지만, 또 다시 해결할 수 있다는 믿음을 가지고 몇 권의 책을 현재 읽고 있다.

3 ·

북
적
거
림
의

밑
그
림

남에게 너그럽고 나에게 엄격하게...

以責人之心으로 責己하고 [이책인지심 책기]
남을 꾸짖는 마음으로 자기를 꾸짖고

以恕己之心으로 恕人하라 [이서기지심 서인]
자기를 용서하는 마음으로 남을 용서하라

자신의 잘못이나 결점에 대해서는 늘 관대하고
남의 잘못은 정확하게 집어내어 손가락질 하며 비난합니다.
내가 하면 괜찮고 남이 하면 안 된다는 생각을 버리고
나에게 관대한 마음으로 남을 용서하고,
남을 꾸짖는 마음으로 나를 돌아보는 자세가 필요합니다.

남을 꾸짖는 엄격한 마음과 자신의 잘못을 관대하게 용서하는 마음이
서로 자리를 바꾸는 易地思之[역지사지]!

가장 지키기 어려운 약속은 자신과의 약속입니다.
자신과의 약속을 가장 잘 지키는 것이
성공의 으뜸 조건입니다.

출전 _ 송사(宋史) / 해석 : 한문 교사 송헌

학교는 교사와 학생의
상호작용이 있어야 한다

사회 교사 송윤근

#1 고민의 시작

2011년은 3학년 문과반 담임을 하던 때였다. 우리 반이었던 한 학생이 추천서를 써 달라고 했다. 성실하기는 했지만 성적이 뛰어나지 않은 학생이었지만 잘 써주고 싶었다. 그래서 지원 대학의 추천서 양식을 보고 질문에 따라 학생부를 작성하기 위해 평소 적어 놓았던 교무 수첩과 1, 2학년 학교생활기록부를 펼쳐 보았다. 쉽게 끝날 것이라고 생각했던 추천서 작성은 시간이 흐를수록 버겁기 시작했다. 추천에 필요한 다양한 학생의 특성을 학교생활기록부에서 찾기 어려웠기 때문이다. 꽤 시간을 보낸 후 추천서를 작성해 주었다. 결과는 합격이었고 학생은 감사하다는 말을 졸업한 이후 만남에서도 줄곧 해 주었다.

하지만 이 일은 일반사회 교과를 담당하고 문과 담임을 맡는 교사로서 여러 가지 생각을 하게 하는 계기가 되었다. 얼마 전까지만 해도 교과 성적과 수능만으로 대학을 가던 시절에는 수업 시간에 효율적으로 학생들이 학습할 수 있도록 이끌어주는 교사의 역할이 필요했다. 하지만 최근 교사는 수업 이외에도 학생들이 다양한 활동을 할 수 있도록 기회를 제공해주어야 하고 그 가운데 학생들의 능력을 신장시켜줘야 하는 역할이 추가되었다는 것이다.

2013년도 고3 담임을 맡게 되었다. 2010년부터 4년 연속 고3 문과 담임이다. 고3 담임이기에 입시에 신경을 써야 하지만 더 이상 미루면 안 될 것이라는 생각을 하게 되었다. 또한 이 시기만 하더라도 잘 모르는 학부모들 사이에서 송도고등학교는 과학중점반만 챙겨준다는 소문이 돌고 있을 때였다. 어떤 활동부터 시작해야 할까? 고민하던 중 토론대회를 생각하게 되었다. 교내 토론대회를 만들어서 운영해 보자는 것이다. 토론 대회는 인성, 표현하기, 비판적, 논리적 사고하기 등 다양한 능력을 신장시킬 수 있고 대회를 통해 수상을 하기에 학생들의 수월성도 나타낼 수 있다는 점을 고려한 것이었다. 또한 금융감독원과의 1사 1교 프로그램, 교과별 경시대회의 내실화 등 다양한 활동을 시작하였다.

#2 고민의 구체화

2013년 3학년 담임을 하던 중 오성삼 교장 선생님이 부임해 오셨다. 새롭게 오신 교장 선생님은 진로에 맞는 다양한 교육과정을 운영해 보자고 제안하셨고, 그 가운데 2013년 국제화 과정을 시작으로 2014년 사회과학 과정을 운영이 포함되어 있었다. 그리고 사회과학 과정은 내 몫이 되었다. 사실 사회과학 과정에 대해 긍정적으로 수용할 수 있었던 것은 지난 고3 담임을 하던 중 인문사회 과정 학생들에게 다양한 교육활동의 기회를 제공해주고 싶었기 때문이다. 또한 이는 학생들 개개인이 자신의 역량을 키워 진로에 맞는 진학을 할 수 있을 것이라고 생각했기 때문이다.

고3 담임으로 바쁜 2013년 2학기 제안을 받고 입시 지도와 병행하여 사회과학 과정의 운영 계획서를 작성하였다. 전국 고등학교, 대학교 홈페이지를 살펴보았고, 다양한 교육활동도 인터넷을 통해 살펴보고, 실제 전화를 걸어 운영 목적, 프로그램, 장단점 등에 대해 살펴보았다. 그리고 '사통팔달'이라는 사회과학 과정 운영계획서를 작성하게 되었다. '사통팔달'이라고 한 것은 사회과학은 모든 학문이 서로 유기적으로 연관되어 있음을 나타내고자 한 것이다. 또한 사회과학 과정을 통해 인문 사회 과정에 적극적으로 참여한 학생들이라면 다양한 자신의 진로를 실현할 수 있을 것이라는 의미를 나타낸다.

큰 틀에서 본다면 운영계획서는 '진로탐색', '진로선택과 집중', '진로별 맞춤형 진학 지도'로 구성하였다. 먼저, '진로 탐색' 단계에서는 진로 특강, 진로 체험, 진로별 독서 토론을, '진로 선택과 집중' 단계에서는 진로에 맞는 1그룹 1논문, NIE 시사 토론, 동아리 활동 등을. '진로별 맞춤형 진학 지도'는 사회과학 분야별 대학을 정리하여 개별 학생의 진로에 맞는 입시 지도를 계획하였다.

#3 고민의 현실화

2014학년도가 시작되고 첫 사회과학반 학생들이 입학하게 되었다. 사실 설레는 마음과 동시에 과연 잘 운영될 수 있을지 걱정도 들었다. 그럼에도 사회과학 분야에 관심을 가지고 있는 학생들이 함께 해서인지 즐겁고 유쾌한 가운데 의미 있는 '북적거림'의 시간들을 보냈다. 언론, 경제학, 경영학, 정치외교학, 행정학, 법학, 사회복지학, 소비자경제학 등 다양한 학문에 대한 진로 탐색 특강과 청와대, 인천지방법원, 인천지방검찰청, 경인지방통계청 인천사무소, 인천시의회 등 사회과학 관련 체험 활동을 진행하였다.

계획을 세워 진행하는 과정 속에서 힘듦도 있었지만 다양한 학문을 접하고 체험 활동지 이동 중에서 함께 이야기를 나누던 시간들은 기억에 오래 남을 듯하다. 진로별 독서토론 활동도 학생들을 진로별로 나눠 그룹을 형성하고, 도서를 선정하여 읽고 토론하는 시간을 가졌다. 생각보다 쉽지 않은 일임을 진행하면서 느꼈다. 우선, 바쁜 일과를 보내고 학원을 가는 아이들이 도서를 읽어 오지 않는다는 것과 토론할 시간 및 장소를 만드는 것 역시 쉽지 않았다. 결국 1년에 2번 실시하고 말았다. 하지만 그 속에서 분명 아이들은 배우고 느끼며 성장하고 있었다고 생각한다.

2014학년도 겨울이 다가오자 2학년 때 정규 교육과정에서 배울 '사회과학방법론'을 준비하기 위한 캠프가 걱정되기 시작했다. 이 캠프는 2학년 때 '진로선택 및 집중'을 위한 진로에 맞는 1그룹 1논문을 진행하기 위해 1학년 때 미리 연구방법론을 배우고 주제를 정해보는 활동이다. 시간, 장소, 활동 내용 등 어느 것

하나 계획을 세우기가 막막했다. 걱정하던 중 인천대학교와의 협의가 진행되었다. 당시 인천대학교는 동북아경제통상대학 특성화사업을 진행 중이었다.

특성화 사업 중 지역 고등학교와의 연계로 활용 가능한 우리 학교의 제안은 인천대 입장에서도 긍정적으로 수용되어 캠프는 일사천리로 진행되었다. 본교의 사회과학 과정 학생들은 2박 3일 간의 캠프 동안 인천대학교 사회과학 교수님들의 강의와 대학생 멘토들의 지도를 바탕으로 자신의 진로에 맞는 연구 주제를 정할 수 있었고, 이를 계기로 연구방법론에 대한 이해를 높이고, 2학년을 준비할 수 있게 되었다. 이러한 학술 캠프는 송도고등학교 사회중점의 핵심 교육 프로그램으로 정착되었고, 학생들의 학술적 역량을 강화하기 사업으로 진행되고 있다.

송도고등학교 사회중점 과정에서 운영하는
학술적 글쓰기 교육 프로그램

이외 다양한 동아리(트라움(경제), 류케이온(토론), 국제모의재판, 모의주식 등)와 교과 연계 외부 특강(중국특강, 논문작성법 특강 등) 다양한 교육활동을 진행하였다.

이러한 교육활동의 결과는 인천광역시 교육청으로부터 2016 일반고 교육역량 강화 사업 우수프로그램으로 선정되기도 하였다. 이는 송도고등학교 인문사회

분야 교육에 있어 더 발전할 수 있는 동기부여가 되었다. 그리고 사회과학 과정은 새로운 변화를 맞게 되었다. 2016년 교육부로부터 교과(사회-경제)중점학교로 선정된 것이다.

#4 도약을 위한 고민 그리고 또 다른 고민

교과(사회-경제)중점학교 선정된 것이 갖는 의미는 여러 가지이다.

먼저, 송도고등학교가 과학중점과 더불어 인문사회 분야의 중점학교 운영이 가능해졌다는 것이다. 이는 송도고등학교에 입학한 학생은 2009 개정 교육과정에 지향하는 꿈과 끼를 과학과 사회 분야 모두에서 펼쳐 보일 수 있게 되었다는 점이다.

둘째, 지속적인 예산 지원을 통해 보다 폭 넓고 다양한 교육활동을 운영할 수 있게 되었다는 점이다. 이는 교사의 입장에서 업무의 과중으로 인한 부담감이 될 수 있기도 하지만 다른 한편으로는 송도고등학교가 본교에 입학한 학생들에게 보다 많은 교육의 기회와 역량을 키워낼 수 있는 장이 될 수 있다는 점에서 의미가 크다. 이는 인문사회 분야에 흥미를 두고 있는 학생들이 자신들의 역량을 마음껏 발휘할 수 있는 다양한 교육 프로그램 운영이 보다 수월해졌고, 자신의 선택에 따라 사회중점 및 과학중점으로 과정 선택을 할 수 있게 되었다는 것이다.

셋째, 2015 개정 교육과정에서 지향하는 학생 선택형 교육과정 운영에 토대를 마련함으로써 교과 교육과정 운영의 다양화를 실현할 수 있다. 아직은 학생 자율 선택형이 아닌 과정 제시형이기는 하나 이 또한 학생 선택권을 보장할 수 있으며, 나아가 이 과정을 풀어 교육과정을 편성운영한다면(과정 속의 어려움이 있겠지만) 학생 자율 선택형 교육과정으로의 이행은 가능할 것이다.

교과(사회-경제)중점학교 선정 이후 운영 계획서를 작성하면서 또 다른 고민들이 생겨나기 시작하였다. 사회과학 과정 운영 프로그램이 이제 3년이 되었고, 새로운 교육 프로그램을 고민할 때가 온 것이다. 사회과학 과정 운영 계획서를 만들 때 했던 어려움이 또 시작된 것이다. 이때, 2015 개정 교육과정에서의 제시한 창의융합형 인재상과 핵심 역량이 떠올랐다. '그래, 송도고등학교의 교과중점학교 운영 방향을 창의와 융합, 그리고 핵심 역량(자기관리, 지식정보처리, 창의적 사고, 심미적 감성, 의사소통, 공동체)을 키워야겠다'는 운영의 방향성을 잡게 되었다.

　지금까지 사회과학 과정 운영이 '진로탐색', '진로선택과 집중', '진로별 맞춤형 진학 지도'의 기본 틀을 중심으로 이뤄졌다면, 앞으로는 이러한 기본 틀에 '창의·융합'적 요소를 가미하고 4차 산업 혁명 시대에 필요한 역량을 키워야겠다고 생각하였다. 이를 위해 '창의·융합'적 요소를 실현할 수 있는 교육 프로그램으로 독도 창의융합 프로젝트와 아두이노를 활용한 발명·창업를 계획하였고, 시차는 있지만 지금 운영하고 있다. 또한 2015개정 교육과정에서 강조하는 다양한 역량을 키우기 위해서는 독서와 토론이 필수라는 생각에 수업 시간에 토론이 중심이 되는 NIE사설토론활동 및 아침독서, 책 읽는 교실, 토론 캠프 등을 운영하고 있다. 수업 속에서 미래 사회를 대비하기 위해 사회적 경제에 비중을 두고 전문가와의 co-teaching 수업을 하고 있으며, 이에 대한 소개를 하고자 한다.

먼저, 독도 창의융합 프로젝트는 우연찮게 시작되었다. 송도고에서는 독도와 관련된 다양한 활동들이 진행되고 있었다. 독도 홍보대사 선발대회, 독도 ucc, 독도 과거사 대회 등이다. 이러한 활동들이 분절적으로 이루어지는 것을 보고 이를 연속성을 지닌 일련의 활동으로 구성한다면 멋질 것 같다는 생각이 들었다. 게다가 독도는 국제, 정치외교, 경제, 생물, 지구과학, 물리 등 다양한 과학과도 연계됨을 생각해 보니 창의·융합 교육 활동으로 손색이 없다는 생각이 들었다. 이에 역사과인 나지용 선생님과 함께 독도 창의·융합 프로젝트 사업을 진행하게 되었다.

독도 창의융합 프로젝트 사업은 이렇다. 3월에 호사카 유지 교수님의 강의를 시작으로 4~7월까지 독도 과거사 대회, 독도 ucc, 독도 홍보대사 선발대회를 진행하고 8월에는 독도 캠프를 진행하였다. 독도 캠프라고 하면 당연히 독도를 가야 할 것이다. 그러나 우리는 학사일정 및 비용, 독도의 일기 변화 등을 고려하여 독도를 가지

않기로 하였다. 그 대신 독도의 자연 분야에 특화된 경북대학교 독도 연구소와 인문사회분야에 특화된 영남대학교 독도 연구소를 방문하였다. 자연 생태적·인문 사회적 측면의 특강을 듣고 독도 연구소 내 박물관을 견학하고 오후에는 이를 바탕으로 독도를 주제로 한 다양한 연구 보고서를 작성하였다.

8월~10월에는 독도 창작물 만들기로 우표를 제작하였고, 우수작을 새겨 넣은 머그컵 제작도 하였다. 10월 25일이 포함된 주에는 독도 주간으로 정하여 독도 부스 운영을 하였고, 10월 25일에는 독도 계기 수업 및 독도 영유권 분쟁 사건이라는 주제로 국제모의재판 동아리가 중심이 되어 모의재판을 진행하였다. 또한 우표를 새겨넣은 머그컵은 다양한 교육활동을 통해 판매하고 그 수익금은 '평화

의 집'이라는 본교 봉사 단체가 활동하는 복지 기관에 기부하고 함께 봉사활동을 하였다. 이러한 일련의 과정을 통해 독도 창의융합 프로젝트 교육 활동이 진행되었고, 이러한 활동을 전개한 결과 교육부 장관상을 수상하기도 하였다.

둘째, 아두이노를 활용한 발명과 창업 활동은 오랜 기간 고심하던 중 2019학년도부터 진행하고 있다. 발명과 창업은 2016년 과학중점학교 결과물 발표 대회에 참여하게 되면서 과학과 교사들과 함께 차량으로 이동하던 중 문득 발명과 창업을 연계한다면 창의·융합적 인재 육성에 도움이 될 것 같다는 내용의 대화로부터 시작되었다. 이후 북적거리는 학교 생활 속에서 쉽게 접근하지 못하다가 2019년 본격적으로 기획하여 운영하게 되었다.

발명과 창업은 먼저 아두이노에 대한 개략적인 강의 및 실습을 하며 아두이노에 익숙해져야 한다. 특히 사회중점 학생들의 경우 아두이노 자체가 두려움의 대상이 될 수 있기에 기본기에 충실할 수 있도록 실습을 해 보는 것은 중요하다. 또한 모둠 구성도 2인 1모둠으로 하되 사회중점과 과학중점 학생들이 1모둠이 될 수 있도록 구성하였다. 이후 실생활 속에서 불편함이 느껴지는 것들에 대해 이야기를 하고 이를 개선할 수 있는 아이디어를 브레인스토밍 또는 브레인라이팅 기법의 형식으로 표출한다.

그리고 이를 실제 아두이노를 활용하여 제작해 보는 것이다. 아두이노를 통해 제작한 작품은 실제 창업 계획서를 작성함으로써 상품화하도록 유도한다. 이를 위해서는 시장조사 및 상품성 등 다양한 측면에 대한 논의가 이뤄질 것이다. 아직은 아이디어를 모으고 있는 과정이지만 이러한 활동을 통해 학생들은 창의·융합적 소양과 문제해결역량, 의사소통역량, 정보처리역량 등 다양한 역량을 키울 수 있을 것으로 기대되어진다.

아두이노를 활용한 발명과 창업 활동

셋째, 독서와 토론 활동은 실제
이뤄지고 있었지만 이를 보다 체
계화하고 일반화할 수 있도록 유
도하기 위해서 시작하였다. 독서
는 수행평가 및 학교생활기록부
독서 활동을 채우기 위해 학생들
이 실제 하고 있던 활동이었다.
하지만 일과 중에 수업이 끝나고

방과 후 수업을 하면 학교에서 독서는 사실 어렵다. 게다가 학원을 가거나 동아리
활동을 하면 독서 활동은 언제나 머릿속에 머물고 만다. 이에 아침 독서 프로그램
을 운영하고 있다. 1년 동안 총 6기까지 진행하고자 하였고, 1번에 2주 정도 운영
하고 있다. 운영 시간은 7시 30분부터 8시 20분까지 좀 이른 시간이지만 자율적
으로 학생의 신청에 의해 운영하였다.

1기에는 예상과 달리 40여 명이 신청을 하였다. 도서의 분야는 인문/역사, 사
회과학, 과학이라는 세 분야로 나눠 학생들은 자신의 진로나 관심에 맞는 분야
별로 추천 도서를 읽었다. 그리고 1기 마지막 날 저녁에는 분야별 독서 토론을
진행하였다. 1기를 운영하고 나서 상당히 인상적이었다. 아이들이 이렇게 호응
이 있을 줄 몰랐다. 그렇게 2기, 3기가 진행되었다. 그리고 지금 5기가 진행되고
있다.

아침 독서 프로그램을 운영하면서 아이들이 독서를 접할 수 있도록 학교에서
배려해 준다는 것은 그 자체로 의미가 있다는 생각이 들었다. 그리고 사고의 확
장을 해 보았다. 아침 이외에도 독서를 하고 싶은 친구들이 있지 않을까 싶어서
다. 송도고는 점심 시간이 80분이다. 긴 시간 동안 동아리, 체육, 학습, 산책 등 다

양한 활동을 하는데 독서를 원하는 아이들도 있을 것이라는 생각이 들었다. 그래서 '책 읽는 교실'을 마련했다. 차와 커피 등을 마련해 두고 아이들이 언제라도 와서 차를 마시며 독서를 할 수 있도록 공간을 마련해 주었다. 기대와 달리 아이들이 차와 커피만 마시고 그냥 가버리는 경우가 대부분이었다. 무척 아쉽게 느껴졌다. 독서 활동을 함께 하고 있는 이현구 선생님과 대화를 하다 이러한 생각이 들었다. 독서는 하루 아침에 습관화되거나 활성화되는 것은 아니라고 생각한다. 이렇게 자리를 마련해 주는 것만으로도 의미가 있다고 말이다.

토론은 민주시민의 기본적 자질이다. 다양성을 인정하는 자유민주주의 사회에서 서로의 생각을 나누고 합리적 대안을 모색해야 함은 당연지사일 것이다. 또한 토론을 통해 경청하는 자세를 배움으로써 남에 대한 배려와 존중을, 상대의 주장을 분석하고 반론을 함으로써 분석력, 비판적 사고, 창의력을, 새로운 대안을 모색함으로써 협업과 문제해결력을 기를 수 있다. 이 과정에서 정보처리능력과 의사소통능력 역시 키울 수 있으니 토론이야말로 2015 개정 교육과정에 반드시 포함될 교육 활동일 것이다.

이에 사회중점에서는 토론을 수업에 활용한다. NIE사설토론을 하브루타 방식의 짝 토론을 하고, 전체 발표하는 형식으로 운영하고 있다. 사회과학에 관심과 흥미를 지니고 있는 학생들로서는 우리 사회의 현재를 보며 자신의 생각을 키우고 더 나아가 우리 사회의 바람직한 모습 또한 모색해 볼 수 있다. 또한 프로젝트 발표 수업을 진행한다. 교과서 단원별 대주제를 모둠별로 선정하면 각 모둠은 다시 소주제를 정하여 PPT 발표를 한다. 그리고 발표가 끝나면 발표한 내용에 대한 질의·응답 형식의 토론을 전개한다. 때론 별 의미 없이 진행되기도 하지만 격렬한 토론이 전개되기도 한다. 토론을 통해 누가 이기고 누가 졌다는 건 중요하지 않다. 그 과정을 통해 성장하는 아이들이 중요하다고 생각한다.

토론의 또 다른 운영 방식은 토론 캠프이다. 5월이면 토론 캠프를 진행한다. 토론 전문 강사인 오미아 선생님과 함께 200명 내외의 송도고등학교 학생들의 참여를 바탕으로 진행한다. 2018년은 '학생부 종합전형 폐지', 2019년은 '난민 수용 확대'가 주제이다. 방식은 송도고등학교만의 토론 방식이다. 입론, 교차조사, 자유토론, 마무리 발언으로 구성한 이 방식은 칼-포퍼 방식과 CEDA 방식에 자유토론을 가미한 형식이다. 3일 동안 진행되는 토론 캠프는 1일차 토론의 이해 전반과 단계별 작성해 보기, 2일차 어시 디베이트(Assist debate format)를 통한 연습, 3일차 토론 실전 연습으로 운영한다. 이러한 과정을 거친 친구들과 개인적 일정으로 참여하지 못하였으나 관심이 있는 학생들은 5월 3주에 송도고등학교 토론대회에 참가하여 토론 역량을 겨루고 그 속에서 성장한다.

토론 수업과 토론 캠프 등의 활동을 통해 성장한 학생들 토론 역량은 수업 시간 학생 활동을 통해 느낄 수 있었고 이는 대외적으로도 증명되었다. 2018년 제5회 국회방송 서바이벌 토론대회에서 대상, 제15회 전국 고등학생 토론 대회에서 대상, 지역 예선에서도 금상과 대상을 수상하였다. 이는 토론 교육 활동이 학생들에게 상당한 교육적 의미가 있었다는 것을 반증해 주었으며 또 다른 동기부여가 되었다.

넷째, 2018년부터 시작된 사회적 경제와 관련된 다양한 교육 활동이다. 사회적 경제의 사전적 의미는 사회 구성원 간 상호 협력과 연대를 통해 공동의 이익과 사회적 가치 실현을 추구하는 경제 활동이다. 하지만 그 의미를 살펴본다면, 개인적, 이기적이지 않고 타인과의 관계 속에서 소통하며 이윤만이 아닌 모두가 함께 살아갈 수 있는 가치를 추구한다는 의미에서 '사람 중심의 경제'라 할 수 있다.

나만이 아닌 우리가 함께 살아갈 수 있는 경제인 사회적 경제를 실용경제 시간을 통해 아이들과 함께 하고 싶었다. 하지만 사회적 경제에 대한 지식이 부족한 입장에서 누군가의 도움이 필요하였다. 2018년 적합한 분은 찾던 중 (사) 함께하는 인천사람들의 대표셨던 김OO 대표님께 전화를 드리고 1월 중 찾아뵈었다. 한국은행 인천본부장을 역임하셨던 대표님은 경제 분야의 전문가이시다.

금융의 이론 및 실무뿐만 아니라 경제 전반에 해박한 지식을 가지고 계셨다. 실용경제 책을 꺼내고 말씀을 나눴다. 내용은 경제와 별 차이가 없었다. 실용경제인데 경제와 거의 비슷한 내용을 보고 새롭게 구성을 달리 해야겠다고 하셨다. 논의 후 실용경제 co-teaching 수업은 다음과 같이 진행되었다. 금융에 대한 수업은 현실적으로 통장 개설부터 신용불량까지 진행하였으며, 실제 수업 시간에 인근 은행을 방문하여 통장을 직접 개설해 보았다. 인천 지역 경제를 살펴보고자 인천창조경제혁신센터 및 JST(제물포 스마트 타운), 인천 항문 시설 등을 견학하였다.

2학기에는 김OO 선생님의 소개로 홍익경제연구소 김OO 박사님과 함께 사회적 경제 수업을 진행하였다. 다양한 사회적 기업에 대해 살펴보고 공정무역 및 협동조합에 대한 수업을 진행하였다. 협동조합의 개념과 협동조합 신청 절차 등에 대해 듣고 실제 모둠별 협동조합을 만들기 위한 절차 수업도 진행하였다. 아이들이 제안한 협동조합으로는 체육시간 이후 간이 샤워실 운영을 위한 협동조합, 체육시간 축구화 등을 빌려주는 협동조합, 학교 내 쓰레기를 줍는 봉사 협동조합 등 다양한 제안을 하였다. 학생들의 제안을 토대로 실제 학교협동조합을 설립하고자 하였으나 여러 어려움이 있어 진행하지는 못하였다.

2019년에는 김지혜 선생님께서 실용경제 수업을 진행하신다. 2018년 진행 방식을 토대로 공정무역과 사회적 경제를 중심으로 수업을 하며 다양한 활동을 통해 학생들의 역량을 키워내고 있다. 공정무역의 날 부스 운영, 스페셜 올림픽 부스 운영 등 다양한 활용과 수업을 통해 공정무역의 개념이 송도고등학교 구성원들에게 보편적으로 인식되고 있다.

사회적 경제 수업을 통해 나만이 아닌 모두가 함께 살아가는 법을 배울 수 있을 것이라 생각한다. 또한 교과 교육과정 내에 창의적 체험활동을 함께 운영할 수 있다는 생각을 하게 되었다. 물론 어려운 점도 많았지만 마을교육공동체가 강조되고 있는 만큼 인적 네트워크가 잘 구성되고 인력풀이 형성된다면 교과 수업 시간에 다양한 특강, 체험, 실습 등이 가능할 것이라는 기대감을 얻게 되었다.

#5 글을 마치며…

처음 사회과학 과정 운영을 위한 계획서를 수립할 때 막막하였던 기억이 떠오른다. 어디서부터, 어떻게 해야 할지 막막했다. 지금은 다양한 지역의 학교가 송도고등학교 사회중점 과정에 대해 관심을 가져 주시고 함께 공유하고 있다. 사실 엄청난 업무량에 시달리는 것도 사실이다. 하지만 교육 활동 속에서의 다양한 동기부여를 통해 아이들과 함께 행복한 성장의 여정을 보내고 있는 것 또한 사실이다.

학교는 조용한 곳이 아니라고 생각한다. 학교가 조용하다면 이는 학생과 교사가 제 역할을 하지 못하고 있는 것이다. 학교는 본디 학생과 교사의 상호작용이 지속적으로 나타나야 하는 것이다. 그 상호작용은 교실뿐만이 아니다. 학교 안의 모든 곳에서 학생과 교사의 상호작용이 나타나야 한다. 그래야 학생과 교사가 성장하고 학교가 발전한다고 믿는다.

Week Platform을 통한 과학중점학교의 효율적 운영 방안

화학 교사 양현우

Ⅰ. 배경 및 목적

1. 과학중점학교의 민낯

과학중점학교는 일반 인문계 고등학교의 성공적인 모델입니다. 수학 및 과학의 탄탄한 교육과정과 다양하고 체계적인 비교과 활동이 바탕을 이루고 있습니다. 학생들은 일반고에서 경험하기 힘든 실험 중심의 수업과 수학 및 과학 중심의 비교과 활동을 하면서 유의미한 교육을 경험하는 놀라운 혜택을 받지 않습니까? 충분한 예산에 선생님의 열정이 합쳐지며 학생들은 놀라운 수혜자가 됩니다.

학생들이 받는 수혜의 이면에는 선생님들의 희생이 따릅니다. 행복의 총합으로 보면 제로섬 게임 아닐까요? 학생들은 과학중점학교를 희망하지만 대부분의 과학 교사는 희망하지 않습니다. 이유는 분명합니다. 사업 초기부터 지속적으로 언급된 업무 과중 때문입니다. 운영 최우수교의 상황도 내부 사정을 들어보면 업무 담당 일부 교사가 일을 떠맡은 경우가 많습니다.

과학중점학교 총괄 업무를 맡은 많은 선생님들이 업무의 과중으로 몇 년 간은 버티다가 결국은 소진되어 건강을 잃거나 마음의 상처를 숨기며 과학중점학교를 떠나는 모습을 봅니다. 좋은 프로그램과 시스템이 유능한 교사와 함께 사라지면서 경험이 축적되지 못하고 해마다 시행착오가 반복되는 안타까운 모습을 보게 됩니다. 「Good to Great」에서 짐 콜린스가 말한 것처럼 우리는 「좋은 학교에서 위대한 학교」로 나아가지 못했는지 모릅니다.

2. 우리학교의 노력

2018년도에도 많은 학교에서 과학중점학교 운영을 궁금해 하시며 우리학교를 방문해 주셨습니다. 우리의 운영 방안과 문제점을 가감 없이 말씀드리면서도 과연 우리는 다른 학교와 무엇이 다를까 스스로 궁금했습니다. 송도고도 다른 과학중점학교와 기본 운영이나 교육 프로그램에서는 크게 다르지 않기 때문입니다. 다만 과학중점을 시작하면서 8년간 지속되어 온 플랫폼이 있습니다. 바른 인성과 진정성을 추구하는 연구-나눔-봉사의 선순환 시스템입니다. 이는 2015년부터 창의-연구-나눔 플랫폼으로 수정하여 적용하고 있습니다.

사람들은 플랫폼(platform)을 다양하게 정의하지만 우리는 「어떠한 계획이나 목적에 따라 사람들이 모이는 장(field)」으로 이해하고 있습니다. 버스나 철도의 플랫폼에서는 어떤 상황이 펼쳐지나요? 많은 사람들이 타고 내리면서 인적 물적 교류가 생깁니다. 자연스레 예상치 못한 많은 일들이 폭넓게 펼쳐집니다. 송도고에서는 창의-연구-나눔이라는 플랫폼에서 선생님들과 학생들이 교류하며 마음 속에 있는 교육 활동을 자발적으로 기획하고 운영하도록 배려합니다.

2018년에는 요일마다 창의-연구-나눔 플랫폼을 적절히 배분한 「과중 Week Platform」을 기반으로 운영하였습니다. '무엇을'보다는 '어떻게' 운영할지를 고민하면서 조금이나마 행복의 총합을 높이려 하였습니다. 특별하지는 않지만 「좋은 학교에서 위대한 학교」로 나아가려 노력한 송도고의 작은 몸부림을 말씀드리고자 합니다.

II. 운영

1. 창의-연구-나눔의 선순환 플랫폼

우리는 과학중점을 시작하면서 운영의 목표를 "바른 인성과 진정성을 겸비한 창의 융합적 과학인재 양성"으로 설정했습니다. 이를 위해 「창의-연구-나눔의 선순환」이 과학중점 학생들에게는 삶의 철학이 되도록 노력합니다. 창의적인 아이디어를 바탕으로 친구들과 함께 연구한 성과물을 지역 사회에 나눌 수 있도록 유도합니다. 창의적인 연구 성과를 나누다 보면 부족한 점을 다시 깨달으며 끊임없이 창의적인 아이디어를 찾아 연구하고 주위에 나눕니다. 창의-연구-나눔의 선순환이 가치관으로 자리 잡은 학생들은 무언가 분명히 다릅니다.

창의   연구   나눔

창의-연구-나눔의 선순환 플랫폼을 활용한 선생님들은 학생의 변화에 감동합니다. 해를 거듭하며 여러 선생님들이 종교적 체험을 하신 것처럼 교사로서의 자존감을 갖게 되었습니다. 어느새 학교의 수학 및 과학 프로그램은 놀라울 정도로 늘어나 송도고는 「과학중점 르네상스」 시대가 열리게 되었습니다. 과학중점으로 시작한 학교의 변화는 다른 과목 선생님들을 긍정적으로 자극하면서 사회중점, 국제화중점, IT계열, 체육중점, 의과학중점 등으로 확산되어 학교 전체의 구성원들이 바른 인성과 진정성이라는 교육의 목표로 함께하는 교육 공동체가 되어가고 있습니다.

2. 과중 WEEK PLATFORM

모든 일에는 양면성이 있지 않습니까? 좋은 일이 많아지면서 학교는 「행복한 고민」을 하게 되었습니다. 비교과 활동이 늘어나면서 일정이 겹쳐지는 경우가 많아졌습니다. 이를 위해 과학과 교사 협의를 통해 요일별로 창의-연구-나눔 활동일을 구분하고, 창의-연구-나눔을 자발적으로 기획 운영할 수 있도록 플랫폼 형태로 제시하였습니다.

가. 플랫폼을 통한 비교과 체험활동 기획 운영

학기 초에 선생님들께 요일마다 가급적 정해진 날에 활동을 운영해 주시기를 부탁드립니다. 2018년은 단위학교 영재학급 운영과 학년에서 진행하는 사업과의 조절을 위해 아래와 같이 구분을 하여 초기에 안내하였습니다.

»	**월요일**	창의	'○○ 스쿨'데이
»	**화요일**	연구-나눔	진로 강연, 봉사활동
»	**수요일**	창의	자기주도-역량강화의 날
»	**목요일**	창의-연구	진로 강연, 단위학교영재학급
»	**금요일**	창의-연구-나눔	과학포차, 동아리 연구 성과 발표
»	**토요일**	연구-나눔	SCALE UP 교실, 봉사활동

　과학부에서는 창의-연구-나눔에서 선생님들이 해 주실 수 있는 플랫폼을 구성하여 안내하면 선생님들께서는 각자 희망하는 주제의 비교과 활동으로 플랫폼을 채워 주십니다. 이를 합쳐 아래와 같이 편성표를 완성하여 진행하였습니다. 선생님들은 자발적으로 주제를 정하고 요일로 구분한 기준에 최대한 맞추어 프로그램을 운영해 왔습니다.

창의-연구-나눔(봉사) 프로그램

플랫폼		주제	인정시간	시기(월)	비고
창의·연구플랫폼	우수 과학자 강연 연구 활동	과학 진로 콘서트 연구 활동(총 5회)	4	3-11	강연 주제 사전 조사 및 강연 연구보고서와 MVP(My Vision Portfolio)에 기록 후 제출
		우수 과학·수학자 초청 강연 연구(심화토크)	4	연중	
		질문이 있는 과학특강	2	연중	
		전문가와 함께하는 STEAM 교실(리얼토크)	4	수시	
		교수 멘토단과 함께하는 전공체험	2	7-10	
	과제 연구 대회 활동	제9회 S-TEAM 과학탐구 및 포럼	20	연중	융합형(STEAM) 과제연구
		대회 활동	8	1학기 2학기	발명전시회 2018년 학생과학발명품대회 교내 예선
		과학 탐구 대회(융합과학, 과학토론)	8	4-6	2018년 과학탐구대회 교내 예선
		제5회 송도고 생태환경 사진 공모전	4	4-10	생태환경 및 제시된 과학이론을 함축적으로 표현할 수 있는 작품 공모
		전문가와 함께하는 STEAM R&E	20	4-11	심화 과제연구
		제8회 창의교구 제작 공모전	20	6-8	교구제작형 융합수학 과제연구
		송도 증강현실 앱(프로그램) 개발 경진대회	10	6	증강현실(VR)과제연구
		로봇(드론) 경진 대회	4	6	레고마인드스톰 NXT4 , VEX ROBOT을 이용한 도전 과제 수행 연구
		소프트웨어(SW) 경진대회	8	11	프로그래밍, 소프트웨어 연구
	체험 연구 교실	토종벌 살리기(플랫폼BEE)	20	연중	토종벌 생태연구, 도시양봉
		분석 스쿨(분석 장비 체험교실)	4	4	분석 장비 이론 및 실습
		저어새 자연학교	20	4-7	환경부, 인천환경연합 등 기관 연계형
		인천과학대제전 조사연구	16	11	과학부스 조사활동
		연구소 분석장비 연구 견학	8	연중	인하대, 인천교육과학연구원, 겐트대
		과학 박물관 탐구활동	8	연중	국립중앙과학관, 시립박물관
	탐구 교실	발명탐구 스쿨	5	4, 9	과학중점과정 WEEK PLATFORM
		센서탐구 스쿨	5	4, 9	
		동물해부학 멘토링 스쿨	10	4, 8	
		진로체험 스쿨	5	연중	
		교사, 학생 코딩 교실	20	7, 8	코딩교육 연수 및 프로그래밍 탐구 교실

	탐구 교실	수학교구 탐구활용교실	5	10	수학 창의교구제작공모전 우수작품 탐구
		작은 과학자 교실	16	수시	인과사(인천과학교사모임)와 함께하는 융합형 탐구 교실
		미술관, 박물관과 함께하는 융합탐구교실	8	연중	송암 미술관 등을 활용한 탐구 교실
		STEAM 융합 방탈출 제작 교실	20	연중	융합과학 내용 방탈출 체험 및 제작
		단위학교 영재학급 창의산출물 발표회	20	11	단위학교 영재학급 창의적 탐구 교실
	자율 연구 활동	학생희망 연구 프로젝트 (S-TEAM 과학탐구)	20	연중	주제별, 소집단집단 융합형 동아리 활동
나눔 봉사 플랫폼	과학 부스	주말과학체험마당	4	4-11	인천광역시교육청
		대한민국어울림축전	9	9	교육부, 시도교육청
		중학생과 함께하는 수리과학 체험교실	8	11	과학 수학의 대중화
		송도고 과학전	8	9	융합과학 체험부스 운영
		인천과학대제전	8	11	인천광역시교육청
		장애인과 함께하는 스페셜올림픽 걷기대회	8	9	송도고 및 송도 센트럴파크
		교내 과학포차 상설부스 운영	4	연중	송도고 관내 및 창의융합과학실
		LTA-STEAM 미니 축제	4	10	송도고 관내 및 교과 융합형 미니축제
	수학 부스	인천수학축전	16	10	인천광역시교육청
		송도고 수학카페	8	5-12	LTA 연계형 수학 원리 체험 부스
		국립중앙과학관 수학체험전	16	5	국립중앙과학관 수학의 대중화
	실험 캠프	선배와 함께하는 과제연구캠프(내리사랑)	8	수시	교육기부 나눔 활동
	영재 스쿨	선배와 함께 준비하는 영재스쿨	5	3	선배로부터의 영재 멘토링
	과학, 수학봉사 (SCV, MCV)	과학 조교제	4	연중	송도고 실험실
		가온누리지역아동센터 수학봉사활동(MCV)	4	3-12	격주 토요일
		인하대병원입원아동 과학봉사활동(SCV)	4	3-12	매주 화요일
		다문화가정과 함께하는 과학봉사 활동(SCV)	4	연중	다문화가정 학생 대상
		자원순환프로젝트(SCV)	20	4-10	업사이클링을 통한 자원재순환 캠페인
		송도 고-특수학교 통합교육	3	9	예림학교,은광학교,미추홀학교,연일학교
		초등학생을 위한 융합과학봉사활동(SCV)	20	연중	송도고 관내 초등학생 과학실험교실

우리학교의 비교과 활동 프로그램이 많아서 운영이 가능한지 물어보시곤 합니다. 수학교사 10명과 과학교사 14명이 각 플랫폼에서 한 가지씩만 기획하여 운영해도 산술적으로 72가지의 프로그램이 가능합니다.

`Tips` 과학중점학교 운영에서 교사 간 협력은 두 가지로 나타납니다. 한 가지 일을 함께 하거나 여러 일을 나누어 개별화하여 진행하는 것입니다. 다양하면서도 소규모의 교육 활동을 진정성 있게 운영하려면 두 가지 방식의 협력이 유기적으로 일어나지 않고는 쉽지 않습니다. 이를 위해 플랫폼 안에서 개별 교사가 진행하는 교육 활동의 자율성을 보장하고 인정하고 서로 도우면서 협력의 불씨를 소중히 다루어 교사로서의 자존감을 높이는 데 집중해야 합니다.

`Tips` 선생님들 각자는 나름의 교육적 관심과 인적 물적 자원을 가지고 계십니다. 과학부장이 모든 선생님들의 개인적인 부분을 알고 준비하여 계획하는 것은 매우 어려운 일입니다. 유튜브(Youtube)와 같이 좋은 플랫폼이 있으면 수많은 사람들이 동영상을 올리며 놀라운 진화를 거듭하는 것처럼, 선생님들이 부담 없이 교육 활동을 펼칠 수 있는 플랫폼을 제시하면 수많은 비교과 활동이 교내외에서 자발적으로 펼쳐집니다.

창의적 체험활동과 연계한 과학·수학 체험활동 편성 및 운영은 가급적 학년부나 진로진학부 등 과학부 이외의 부서에서 기획하여 운영하도록 협조를 부탁합니다.

과학-수학 공통형 프로그램

영역	주제	인정 시간	시기 (월)	비고
영역	진로 진학 탐색	6	연중	진로진학부
	주제	6	연중	
인정 시간	과학 경시대회	2	5, 10	과학수리부
	시기	2	7, 11	
	(월)	4	4, 5	
	비고	4	7, 12	진로진학부
견학 및 캠프	1학년 과학체험활동(융합형) 콘테스트	24	5	1학년부
	2학년 과학중점 사제동행 어울림 한마당	4	10	2학년부
	소규모 테마별 융합체험학습	8	연중	창의인성부
	문화 이해 교육 활동	12	연중	국제부
	LTA-STEAM 미니축제	4	10	송도고등학교
인성교육	행복-UP 인성교육 인증제	20	연중	교육연구부
	효봉사단	20	연중	인문사회부
	장애인 학교와 함께하는 통합교육	4	연중	인문사회부
	소계	120		

Tips 부서별로 진행해야 하는 업무를 사전에 파악하여 과학중점 업무와 교집합이 가능한 부분을 찾아내 협력하면 일도 수월할 뿐만 아니라 예상치 못한 교육적 성과들이 쏟아지기도 합니다.

나. 요일별 대표 활동

요일별로 프로그램을 구분한 이유는 일정 때문입니다. 정기적인 나눔(봉사) 활동이 화, 토요일에 있고, 수요일에는 동아리와 진로 활동이 격주로 2시간씩 운영되며, 목요일은 단위학교 영재학급을 운영해야 했습니다. 비교과 활동이 일요일로 밀려나거나 겹쳐질 수도 있어 요일을 구분하여 프로그램을 운영하게 되었습니다.

1) 월요일(창의) : [탐구 OO 스쿨]

과학중점 운영에서 월요일은 중요합니다. 창의 플랫폼 중에서 무언가 새로운 것을 배울 수 있는 탐구 OO 스쿨을 주로 월요일로 부탁드렸습니다. 선생님들이 운영해 주신 여러 활동 중 두 가지만 간단히 소개합니다.

[동물해부학 스쿨]

차시	수업 활동	비고
1	사전교육 : 실험실 안전교육 및 해부도구 사용법 안내	
2	오징어(연체동물) 해부 : 외형 관찰, 내부 관찰 등	
3	양(포유동물) 뇌 해부 : 외형 관찰, 내부 관찰, 세포 형태 관찰 등	생명과학 교사 3명의 코티칭
4	돼지(포유동물) 심장, 콩팥 해부	
5	포유동물 개체 해부 : 외형 관찰, 기관계 구조 관찰 등	

[분석 스쿨]

차시	수업 활동	비고
1	분석기기 자료 조사 분임 활동	화학 교사 3명 분임지도
2	분석기기의 원리 특강	서울대학교 분석화학실 연구원
3	SEM, HPLC의 원리와 실제	(주)SCINCO 분석기기 연구원
4	UV, IR, RAMAN의 원리와 실제	(주)SCINCO 분석기기 연구원
5	분석기기 활용 연구 주제 설정 실습	화학 교사 3명 분임지도

저녁 시간에 진행하는 특강은 학생들의 자발적 참여가 중요합니다. 우리학교에서는 희망자에게 수업 내용과 관련한 사전 보고서를 제출토록 합니다. 인원이 초과되면 보고서의 내용으로 선별합니다. 수업이 종료되면 수업 보고서를 제출하여 출결 및 생활기록부 기록 근거로 활용합니다. 늦은 시간이지만 자발성을 높여 학생의 만족도를 높이고자 하였습니다.

대부분 교내 선생님들은 특별한 수업을 진행하고자 하는 의지가 있습니다. 다만 계획서, 보고서, 물품 품의, 생활기록부 기재 등 수업 외적인 영역에 부담을 느껴 망설이다 포기합니다. 과학부는 이때 적극적으로 개입하고 돕습니다. 선생님들이 수업을 하실 수 있도록 인적 물적 지원을 하는 서포터즈 역할을 합니다.

2) 화요일(연구-나눔) : [진로 강연, 병원학교 봉사 활동]

과학부 주관 진로 강연회는 화요일입니다. 진로진학부 및 사회중점과정 등 다른 부서 주관의 강연과 가급적 요일이 겹치지 않도록 운영하였고, 병원학교 봉사활동은 병원학교와의 사전 협의로 요일 변경이 어려워 고정 운영하게 되었습니다.

[진로를 위한 전문가 강연]

초청 강연은 과목별 선생님이나 교장 선생님이 강사 섭외를 도와주십니다. 연수를 통해 알게 된 좋은 강연을 본인 수업의 연장선으로 생각하셔서 학생들에게 기회를 주고자 하므로 적극 활용합니다. 물론 강연은 가급적 화요일로 안내합니다.

제목	강사 및 단체
◦ 심화토크1. 4차산업과 Chemistry-Soft Robtics	위O재 교수(인하대 고분자공학과)
◦ 수학명사초청 특강-인공지능과 수학	심O보(전 국가수리과학연구소 상임연구원)
◦ 4차 산업혁명 대비 Physical Activity	김O자 선생님(인천정보산업고)
◦ 청소년 비즈쿨 전문가 특강-창업의 길(기업가정신)	김O일 팀장(인천대 창업지원단)
◦ 내리사랑1. 아두이노의 개요 및 센서 인터페이스	오O석(서울대 전기정보공학부)
◦ 내리사랑2. C언어 기반 아두이노 심화 이론 및 실습	오O석(서울대 전기정보공학부)
◦ 에너지 러닝과 에너지 마을 만들기 강연	인천 환경운동연합
◦ 리얼토크1.수학 과학 작문 융합수업을 위한 방탈출 제작	박O식(비트포비아 기획팀)
◦ IT개발자와 함께하는 Talk to IT	장O훈(넷마블 게임기획팀 밸런싱 담당자)
◦ 독도 특강-독도 영유권 문제	호O카 유O(세종대 독도연구소장)
◦ 디베이트 토론 특강	오O아,최O경,한O란(토론연구개발원)
◦ 생물 조사 방법 및 개미 생태 연구법	박O환 선생님(경기 시흥초)
◦ 소프트웨어특강-SW, 수학, 과학 융합 프로젝트	정O영 선생님(인천공항고)
◦ 애니어그램을 통한 진로탐색 및 LED 라이트 제작	빈O옥(인천환경운동연합)
◦ 리얼토크2. 스토리가 있는 문제기반형 학습 컨텐츠	강O원(마스터키제작팀)
◦ 4차 산업혁명과 스타트업 기업 문화 소개	안O샘 CTO(엘리시움)
◦ 리얼토크3. 찾아가는 고분자공학 교실	권O구 교수(인하대 고분자공학과)

Tips 강연회는 사전 조사 활동, 강연, 질문과 대답, 보고서 제출로 이루어집니다. 사전 조사지에 질문을 적게 하고, 강연회가 끝나면 질의-응답 시간을 최소 1시간 확보하여 피드백이 이루어지도록 합니다. 대부분의 강연은 희망자에 한 해 소규모 인원으로 진행합니다.

[병원학교 봉사활동, SCV]

학교의 대표적인 나눔 활동 중 하나입니다. 인하대병원의 환아학교에서 과학실험 봉사활동을 연간 매주 화요일 저녁에 진행합니다.

Tips 병원학교에 봉사활동으로 다니는 학생들은 엄선하여 선발합니다. 환아들에게 미치는 심리적 영향이 너무 크기 때문입니다. 활동하는 학생들이 자주 바뀌거나, 꾸준하지 않거나, 실험 내용이 만족스럽지 않으면, 환아들에게 상처만 주게 되므로 병원에서도 난처해합니다. 8년간 학생들이 활동할 수 있도록 병원 측에서 배려해 준 이면에는 활동하는 학생들의 진정성이 있었기 때문입니다. 학생들은 매일 LTA(Lunch Time Activities) 시간에 실험을 연구하고 개선하는 데 많은 시간을 투자하고 있습니다.

3) 수요일(창의) : [자기주도-역량 강화의 날]

수요일은 교사의 자기 계발을 위한 날입니다. 우리학교는 과별로 매주 5교시에 「교수학습 지원센터」에 의무적으로 모여 협의를 합니다. 과학과 14명의 교사는 수요일 5교시에 한 자리에 모입니다. 창의-연구-나눔의 주요 플랫폼을 요일별로 정해하게 된 것도 과학과 전문적 학습 공동체 시간에 있던 협의를 통해서였습니다.

요일	월	화	수	목	금	수 8교시
학과	국어과	영어과	과학과	사회과	수학과	희망 교사
인원	10	10	14	11	12	14

Tips 우리학교의 단위학교 영재학급(화학)은 4명의 교사가 사전에 실험 및 수업 연구를 하고, 함께 수업에 참여하여 진행합니다.

Tips 동교과 교사가 자주 모이면서 2015 개정교육과정, 학생 중심 수업, 단위학교 영재학급 지도 등을 위해 다양한 연수를 기획 운영하고, 참가하는 계기가 되었습니다.

구분	일자	내용
2015 개정교육과정	1월	평가문항 개발역량 강화 교사연수
	3월	주제중심교육 역량 강화 연수
	4월	IB 교육과정의 필요성과 특징 (서울대 이O정 교수)
	5월~6월	우수 교육과정과 함께 하는 창의·융합 교실 만들기
	5월 28일	2015 개정 교육과정 수업실천가 100인 프로젝트
	5월 28일	성장과 발달을 돕는 학생평가
학생중심수업	1월 22일~24일	2015 통합과학 선도교원 연수
	4월 21일	2018년 중등 맞춤형 수학과 직무연수 (인천과학예술영재학교)
	4월 11일	배움의 공동체 '수업이 바뀌면 학교가 바뀐다' 직무연수 (수학, 과학교사 9명)
	5월 28일	PBL로 수업하기
	3월~11월	과학과 전문적 학습 공동체 과학교사 협의회 (매주 수요일)
	4월 16일	창의 융합형 인재양성 수업혁신(중등)
교실 수업 개선 협의체 자체 연수	3월	거꾸로 수업 운영의 실제 (수학과 배O철)
	4월	디딤 영상 제작의 기초 (과학과 양O우)
	5월	특색 있는 과목별 수행평가 운영 고찰 (전교과)
	6월	평가의 기초
단위학교 영재학급 지도	5월 28일	영재교육 개론과 실제
	4월~9월	과학실험안전 연수 (과학교사 8명)
	5월~6월	영재교육연수 : 숨어있는 영재를 찾아라! (수학, 과학교사 6명)
	5월~6월	영재교육 개론과 실제 (수학, 과학교사 4명)

북적거림의 학교

4) 목요일(창의-연구) [단위학교 영재학급 운영]

우리학교는 수학-과학 1, 2학년 각 1개반, 사회과학 무학년 1개반으로 총 3개 반을 영재반으로 운영합니다. 연 80시간의 수업으로 인해 일정이 미뤄지면 보강 일정 확보에 어려움이 많았습니다. 이를 위해 목요일을 영재학급 운영의 날로 지정했습니다.

과학중점학교 업무에 단위학교 영재학급까지 더해져 선생님들의 수업 및 행정 업무 부담이 늘어났습니다. 이는 모든 운영 학교의 어려움일 것입니다. 우리학교는 수학, 과학, 사회 선생님의 총 18명 영재학급 교사 협의체를 운영하여 어려움을 줄이고 있습니다. 또한 과제연구 심화탐구 캠프와 창의 산출물 발표대회를 수학-과학반 및 사회과학반이 공동으로 운영하여 부담을 최소화하고, 요일별로 진행되는 전문적 학습 공동체에서 교사 코티칭 등으로 수업 개선 방안을 연구하여 적용하고 있습니다. 표는 연소라는 주제로 3시간 한 꼭지 운영의 예입니다.

수업	수업 활동	시간	주강사	보조 강사
1	도입 실험 [도전! 껌종이에 불붙이기]	40	남OO	양OO, 한OO, 황OO
2	연소 기본 강의	30	한OO	남OO, 양OO, 황OO
3	둥근바닥 플라스크를 이용한 연소	40	황OO	남OO, 한OO, 양OO
4	루어락 주사기를 활용한 연소	40	양OO	남OO, 한OO, 황OO

Tips 4명의 동교과 코티칭 수업은 다음과 같은 장점이 있습니다. 일과 후에 이어지는 긴 수업에 대해 체력적인 부담을 나눌 수 있고, 각 개별 교사가 가지고 있는 실험 아이디어를 공유하면서 수업에 적용할 수 있으며, 수업 중 각 모둠에 보조 강사로 참여하여 학생들의 실험을 돕고 개별적인 질문을 적극적으로 받아줄 수 있습니다.

5) 금요일(창의-연구-나눔) [과학 포차, 동아리 연구 성과 발표]

송도고는 LTA(Lunch Time Activity)를 운영하고 있습니다. 80분의 긴 점심시간을 활용하여 동아리 활동이나 예체능 활동을 마음껏 할 수 있습니다. 연구하여 준비한 성과를 금요일에 과학 동아리의 과학 포차나 수학 동아리의 수학 카페를 열도록 하였습니다. 이 활동은 과학, 수학 동아리 선생님들의 연간 계획으로 연중 진행합니다. 표는 수학 카페 활동의 일부입니다.

구분	일자	내용
수학 카페	5-12월	피타고라스 악기 만들기
		적의글자를 침몰시켜라 - 조건부확률 게임
		지뢰찾기로 암호만들기 - 암호학과 NP문제
		NOM을 이겨라! - 각종 수학게임
		트럼프 카드를 이용한 확률게임
		게임에 확률과 통계가? - 쿠폰 컬렉터 문제
		네모로직 퍼즐 풀기!-로직 부채
		위상수학에 대해 알아보자!-매듭팔찌, 한붓그리기
		기하와 벡터로 만드는 트릭아트
		일상에서 살아남기-범인을 찾아라!
		종이접기 챌린지

Tips 교내 동아리 부스 활동인 과학 포차, 수학 카페는 학교 변화에 큰 영향을 주곤 합니다. 사전 계획에 없던 동아리도 함께 참여하는 흥미로운 경우도 생겨납니다. 인문사회부에서 주관하는 독도행사에 학교 관련 여러 동아리가 함께 찬조하여 'LTA-STEAM 미니축제'로 확장하게 된 사례가 있었는데, 이는 과학과, 수학과, 역사과, 미술과, 음악과 및 동아리 지도교사가 협력하는 좋은 계기가 되었습니다.

6) 토요일(연구-나눔) [나눔, 과중 선발]

토요일은 애증의 시간입니다. 학생들과 무언가를 도모하기에 더없이 좋은 시간입니다만 추가적인 희생이 필요합니다. 토요일은 기본적으로 나눔 3가지의 활동과 과학중점학급 선발 전형을 위한 요일로 설정하여 활용하게 되었습니다.

구분	장소	내용
주말과학실험마당	인천학생과학관(영종도)	학생과학관 동아리 부스 운영 행사로 본교 9개 동아리가 선정되어 9회 참가 운영
가온누리수학봉사	가온누리복지관	초등학생을 위해 수학 교구를 활용한 수학재능기부활동을 연간 14회 운영
융합과학봉사봉아리	송도고등학교	지역 인근 초등학생을 학교로 초대하여 과학실험봉사활동을 연간 10회 운영

과학중점과정 학생 선정 (1학년 희망 학생 대상)			
1	06.16.(토) 09:00-13:00	자기추천	과학중점과정과 자신의 진로
2	07.14.(토) 09:00-13:00	과학철학	과학 철학과 과학 인식론
3	08.18.(토) 09:00-13:00	과학인재	과학 법칙에 대한 이해와 표현

Tips 과학중점과정 학생 선정은 2018 송도고 운영보고서 특화연구를 참고하시기 바랍니다.

3. 교사 참여의 확대

각종 교내 대회, 교수법, 과제연구대회 지도, 나눔, 교사 동아리 등 교육 활동의 스펙트럼이 다양해지고 교사의 참여가 더욱 증가하여 교육 생태계가 살아 숨쉬는 모습이 나타났습니다.

영역	프로그램	내용	참여 교사수	시기
평가	과학중점선발전형	1~4차에 걸쳐 선발 전형에 총 37의 교사가 평가 업무에 참여 및 기여함	37명	6~8월
	지역공동 영재학급 선발	지역영재 추천 선발을 위해 과학, 수학 교사 협의체를 구성하여 생활기록부 평가기준안 협의 및 평가 업무 수행	10명	3월
	단위학교 영재학급 선발	단위학교 영재 선발을 위해 과학, 수학 교사 협의체로, 선발과정 평가방법 개선 및 평가 업무 수행	18명	3월
	융합과학대회	수학, 과학, 국어, 미술, 한문, 역사 전공 총 14명의 교사가 과학 동영상 평가업무 자발적 참여 및 수행	14명	4월
	과학실험대회	융합적인 소재의 문항을 과학교사 협의하에 공동 개발하였으며, 물화생지 전공별 선생님들의 협력으로 대회를 진행	4명	5월
	과학탐구(토론)대회	과학토론 학생 문답지에 대해 4명의 과학교사가 공동 평가기준안 협의 및 평가 업무 수행	4명	6월
	수학 UCC 대회	융합형 수학 창의교구 제작에 관한 수학UCC 산출물에 대해 12명의 수학교사가 자발적 참여 및 평가 업무 수행	12명	8월
	창의교구 제작 공모전	융합형 수학 창의교구 제작 산출물에 대해 12명의 수학교사가 평가업무 자발적 참여 및 수행	12명	8월
교수법	거꾸로 학습법	간편한 수업 동영상 촬영 및 업로드 특강 및 실습	17명	5월
	문항출제 그래픽 연수	평가원 및 교육청 출제 교사가 진행하는 문항 출제의 그래픽 연수 진행	14명	5월
과제 연구 대회 활동	교내	제9회 S-TEAM 과학 탐구(범교과 관련 73개 주제)	16명	5~12월
	과제연구	제8회 창의교구제작 공모전(수학교구 27개 작품)	6명	6~8월
	인천학생	제36회 인천광역시학생과학실험대회를 위하여 물리, 화학, 생명과학, 지구과학 등 통합 과학 관련하여 학생들과 심화실험 수행	5명	4~5월
	과학실험대회	2018 수학창의대회, 통계활용대회 관련 과제연구	6명	9~10월
	수학 과제연구	2018 수학탐구발표대회	10명	7~9월
	소프트웨어 (SW)과제연구	로봇(드론), 증강현실 앱(프로그램) 개발, 3D 프린팅, 코딩 등 4차 산업혁명의 요구를 반영한 학생 과제 연구	8명	6~11월
나눔	과학부스	대한민국어울림축전 과학부스 2개 주제, 국립중앙과학관 수학체험전 2개 주제, 인천과학대제전 7개 주제, 주말과학체험마당 9개 주제 등	15명	4~11월
	과학·수학 봉사	인하대병원 과학봉사, 다문화가정 과학 봉사, 가온누리 수학봉사, 수리과학 체험교실, 예림학교 통합교육 등	8명	연중
교사 연구 동아리	융합인재교육 (STEAM) 연구	과학적 역량 강화를 위한 STEAM형 수업연구	14명	연중
		교과간 전문적 학습공동체 (W.O.M)	13명	
		STEAM 교사 연구회를 통합 수업 방법 및 전략 연구	5명	

III. 결론

우리학교의 Week platform은 창의-연구-나눔의 활동을 플랫폼화하여 자발적으로 교사의 교육적 참여를 유도하고, 일정의 조율을 위해 요일별로 구분하여 진행한 것에 불과합니다. 하지만 몇 가지 긍정적인 결론을 얻을 수 있었습니다.

첫째 협력과 소통의 증진입니다. 매주 수요일 5교시에 진행되는 전문적 학습 공동체 활동으로 교육적 담론의 소통이 이루어지고, 자연스레 협력하는 사례가 늘어났습니다. 이는 계획하지 않은 새로운 교육 활동으로 이어질 수 있었습니다.

둘째 교사 자존감의 회복입니다. 플랫폼에 적합한 활동을 스스로 기획하고 참여하면서 학생들과 소통하며 교직에서의 사명감을 회복하는 선생님들이 생겨나고 있습니다.

셋째 과학부의 업무 경감입니다. 과학중점 운영이란 힘든 일이 아니라 교사로서 꿈꾸던 교육 활동임을 이해하는 선생님이 늘어나고 있습니다. 자연스레 과학부만 짊어지던 기획과 운영의 업무가 여러 선생님들로 좀 더 나누어지고 있습니다.

넷째 학년부와의 마찰 감소입니다. 비교과 활동이 불규칙하고 긴박하게 진행되면서 발생하던 학년과의 마찰이 줄어들었습니다. 요일별로 활동이 고정되면서 타 교과 선생님들의 과학중점에 대한 이해와 참여가 높아졌습니다.

IV. 개선점

    Week platform은 업무의 총량을 줄이는 것은 아닙니다. 업무가 일부 교사와 특정 일에 집중되는 것을 효율적으로 분산하는 것입니다. 토요일 활동을 축소 개편하여 업무 총량을 줄여야 합니다. 또한 프로젝트형 활동은 특정 요일로 구분하기 어려워 요일이 아닌 운영 시기에 따라 업무를 분산해야 하는 점도 개선이 필요합니다.

한 줌의 흙이라도...

太山은 不讓土壤이라 故로 能成其大하고 (태산 불양토양 고 능성기대)
큰 산은 한 줌의 흙도 사양하지 않으므로 그 거대함을 이룰 수 있고

河海는 不擇細流라 故로 能就其深이라 (하해 불택세류 고 능취기심)
강과 바다는 작은 물줄기도 가리지 않으므로 그 깊음을 이룰 수 있다

우리들은
크고 높고 화려한 것에 관심 가지며 열광합니다.
하지만
작은 움직임도 유심히 살펴 보고
작은 소리에도 귀담아 들어 보며
보잘 것 없고 하찮은 것들도
정성을 다해 받아들인다면
나의 성장에는 큰 도움이 됩니다.

자기편만 좋아하고
듣기 좋은 말만 듣고
사소한 것들을 무시한다면
군자와는 거리가 먼
소인배가 되어갑니다.

출전 : 사기(史記) / 해석 : 한문 교사 송헌

저자 소개   송도고등학교

김태원	수학 교사
손진창	교장(지리 교사)
송 헌	한문 교사
송영욱	생물 교사
송윤근	사회 교사
양현우	화학 교사
오노시 마유	일본어 원어민 교사
오세훈	물리 교사
이철행	음악 교사
이현철	물리 교사
임덕균	물리 교사
장유리	SCV 동아리 지도 교사
정현희	영어 교사
차형준	수학 교사
한건우	수학 교사
한세환	일본어 교사
한인수	국어 교사

고교학점제 준비를 위한
북적거림의 학교

지 은 이 송도고 교사 17人
기   획 한인수

저작권자 송도고등학교

1판 1쇄 발행 2019년 12월 25일

발 행 처 하움출판사
발 행 인 문현광
교정교열 홍새솔
편   집 조다영
주   소 전라북도 군산시 축동안3길 20, 2층(수송동)
I S B N 979-11-6440-093-5

홈페이지 http://haum.kr/
이 메 일 haum1000@naver.com

좋은 책을 만들겠습니다.
하움출판사는 독자 여러분의 의견에 항상 귀 기울이고 있습니다.

이 도서의 국립중앙도서관 출판예정도서목록(CIP)은 서지정보유통지원시스템 홈페이지(http://seoji.nl.go.kr)와
국가자료종합목록 구축시스템(http://kolis-net.nl.go.kr)에서 이용하실 수 있습니다. (CIP제어번호 : CIP2019049992)